EILEEN
GRAY

En couverture :
Table ajustable, 1926-1929
Structure en acier tubulaire laqué ; plateau circulaire transparent
en acétate de cellulose ; hauteur réglable
Mobilier provenant de E 1027, Roquebrune-Cap-Martin
Centre Pompidou, Mnam-Cci, Paris
Inv. : AM 1992-1-3

ISBN : 978-284426-595-1
N° éditeur : 1516
Dépôt légal : février 2013

Cet ouvrage a été réalisé grâce au soutien de :

VALLOIS

EILEEN
SOUS LA DIRECTION DE CLOÉ PITIOT
GRAY

Centre Pompidou

Centre national d'art et de culture Georges Pompidou

Commissariat de l'exposition
Cloé Pitiot

Ouvrage publié à l'occasion de l'exposition « Eileen Gray » présentée au Centre Pompidou, Paris, Galerie Sud, du 20 février au 20 mai 2013.

L'exposition sera présentée au Irish Museum of Modern Art, Dublin, du 11 octobre 2013 au 19 janvier 2014.

Elle est réalisée avec le soutien de :

Culture Ireland

Uachtaránacht na hÉireann ar Chomhairle an Aontais Eorpaigh
Irish Presidency of the Council of the European Union
eu2013.ie

Remerciements

Notre profonde gratitude s'adresse tout particulièrement aux collectionneurs privés et aux galeries qui ont accepté de nous prêter leurs œuvres. Nous tenons à les remercier chaleureusement pour leur constant soutien, leur précieuse expertise et leur infinie disponibilité tout au long de la préparation de l'exposition. Cette rétrospective n'aurait pu voir le jour sans leur implication :
Peter Adam, Cheska et Robert Vallois, Galerie Vallois, Dominique Chenivesse et Gilles Peyroulet, Galerie Gilles Peyroulet, Archives Gilles Peyroulet, Julie Blum, Galerie Anne-Sophie Duval, Galerie Doria, Anthony DeLorenzo, Joe et Marie Donnelly, Torsten Bröhan, Marc Audibet, Robert Rebutato, Stephen E. Kelly, Jean Lafosse et sa famille, ainsi que tous les collectionneurs qui ont souhaité préserver leur anonymat.

Que les musées et les institutions qui ont accepté de nous prêter leurs œuvres trouvent ici l'expression de notre sincère reconnaissance :
Les Arts Décoratifs, musée des Arts décoratifs, Paris
Bibliothèque des Arts décoratifs, Paris
Bibliothèque littéraire Jacques Doucet, Paris
Bibliothèque nationale de France, Paris
Bristol Museum and Art Gallery, Bristol
Bröhan Design Foundation, Berlin
Fondation Le Corbusier, Paris
Institut national de l'histoire de l'art, Bibliothèque, collections Jacques Doucet, Paris
Irish Architectural Foundation and Irish Architectural Archive, Dublin
Musée national de la Marine, Paris
National Museum of Ireland, Dublin
RIBA Library Drawings and Archives Collections, Londres
The Museum of Modern Art, New York
Ville de Paris, Bibliothèque Forney, Paris
Victoria and Albert Museum, Londres
Virginia Museum of Fine Arts, Richmond.

Nous remercions infiniment Jean-François Archieri pour la qualité de ses nombreuses recherches et son conséquent investissement tout au long du projet, ainsi que Brigitte Loye Deroubaix et Philippe Garner pour leur profonde connaissance du sujet, leur soutien et leurs conseils avisés.

Nous exprimons nos plus vifs remerciements aux auteurs du catalogue : Jean-François Archieri, Olivier Cinqualbre, Olivier Gabet, Bénédicte Gandini, Philippe Garner, Pierre-Antoine Gatier, Jennifer Goff, Valérie Guillaume, Élise Koering, Jennifer Laurent, Brigitte Loye Deroubaix, Frédéric Migayrou, Évelyne Possémé, Daniel James Ryan, Ruth Starr, Cécile Tajan, Anne-Marie Zucchelli.

Qu'il nous soit permis de remercier très chaleureusement toutes les personnes et institutions qui ont apporté leur aide et leur soutien à ce projet. Qu'elles sachent à quel point nous leur en savons gré : Madame l'Ambassadrice Emmanuelle d'Achon et l'Ambassade de France à Dublin, Monsieur l'Ambassadeur Paul Kavanagh et l'Ambassade d'Irlande à Paris, Daniel Aram, The Architectural Archives of the University of Pennsylvania, Archives départementales des Alpes-Maritimes, Archives départementales de l'Yonne, Archives municipales de Menton, Artcurial, Eric de Baecker, Derek Bailey, Martine Baverel, Beaussant Lefèvre, Emmanuelle Bérard, Barry Bergdoll, Facundo Bo, Alain Bottaro, Pierre-Frédéric Brau, Rachel Brishoual, Kate Carmody, Frédéric Casiot, Centre culturel irlandais à Paris, Guillaume Cerruti, Patrick Cesari, Blandine Chambost, Frédérique Chapelay, Christine Chimizu, Christie's, Hannah Collins, Finbarr Connolly, Conseil général des Alpes-Maritimes, Catriona Cornelius, Christine Coulet, Bernard Dangauthier, Guillemette Delaporte, Arnaud Dercelles, Christian Derouet, Alexandre De Vos, Jacques et Janine De Vos, Galerie De Vos, Sabrina Dolla, Éditions de la Différence, Khalid El Hachimi El Idrissi, Baptiste Essevaz-Roulet, Victoria Fabling, Pierre Fauroux, Lucie Flejou, Adriana Friedman, Sonja Ganne, Philippe Garner, Véronique Gautherin, Mr et Mme Ginisty, Sarah Glennie, Isabelle Godineau, Laura Haberschill, Christopher Harbidge, Charles Hind, The Irish Museum of Modern Art, Esther Ketskemety, Sean Kissane, Sophie Labrousse, Chantal Lachkar, Meg Laffan, Catherine Lanson, Hadrien Laroche, Gaëlle Lauriot-Prévost, Sylvie Lécallier, Patrice Le Faÿ d'Etxepare d'Ibarrola, Marie-Odile Lefèvre, Antoinette Le Normand-Romain, Marianne Lère, Carolina Lucibello, Patrick Lynch, Frank Mc Donald, Mary Mc Guckian, Mairie de Menton, Mairie de Roquebrune-Cap-Martin, Poi Marr, Serge Mauduit, Marie-Thérèse Mazel-Roca, Anne-Hélène Mazzoni, The Metropolitan Museum of Art, Katja Mildner, Martine Moinot, Musée de la Mode, Musée Rodin, Musée Zadkine, The National Irish Visual Arts Library, Marie-Dominique Nobécourt Mutarelli, Raghnall O'Floinn, Colum O'Riordan, Pamela Pages, Christelle Pereira, Susan Pierce, Pierre Polemmau, Martine Poulain, Sheila Pratschke, Olivia Putman, Pauline Raoul-Duval, Valérie Renoux, Michel Richard, François de Ricqlès, Anne-Hélène Rigogne, Rijksmuseum Research Library, Sylvie Roy, Joseph Rykwert, Alice Rymill, Olivier Saillard, Béatrice Salmon, Justine Sambrook, Charlotte Schepke, Danielle Schirman, Jana Scholze, Mathias Schwartz-Clauss, Anna Sheppard, Barry Shifman, Laetitia Sibillotte, Amélie Simier, Sotheby's, Béatrice Souvignet, Mary L. Sullivan, Elizabeth Szancer Kujawski, Laure-Anne Tacier Caïsso, Rachael Thomas, Georgie Thompson, Nathalie Turturro, Cécile Verdier, Vitra Design Museum, Simon Walker, Karin Walton, Nathalie Weadick, Helen Whitcombe, Eva White, Christopher Wilks, Olivier Winchester, Chabah Yelmani, Louisa Young.

Nos sincères remerciements s'adressent à l'ensemble de nos collègues du Centre Pompidou qui se sont engagés auprès de nous et nous ont soutenus tout au long de ce projet : Mina Bellemou, Jean-Robert Bouteau, Françoise Cagli, Stéphanie Chaillou, Alexandre Colliex, Isabelle Danto, Françoise Guichon, Valérie Guillaume, Sacha Ilic, Daniel Legué, Olga Makhroff, Manuela Manzini, Franck Péquignat, Perrine Renaud, Marie-José Rodriguez, Odile Rousseau, Pierre Ryngaert, Jonas Storsve et Anne-Michèle Ulrich.

ainsi qu'à l'équipe de la Bibliothèque Kandinsky : Karine Bomel, Nathalie Cissé, Christine Courregelongue, Agnès Leroux de Bretagne, Christiane Projetti, Catherine Tiraby, Brigitte Vincens.

Exposition

Commissaire
Cloé Pitiot

Attachée de conservation
Marielle Dagault-Ferrari

Chargées de recherches
Élise Koering
Jennifer Laurent
Nicole Perez, stagiaire

Chargées de production
Dominique Kalabane
Véronique Labelle

Architecte-scénographe
Corinne Marchand
Lisa Naudin, stagiaire

Régisseur des œuvres
Marine Sentenac

Régisseur des espaces
Anne-Marie Spiroux

Conception graphique
Margaret Gray

Ateliers et moyens techniques

Installation des œuvres
Michel Naït, responsable d'atelier
Jean-Marc Mertz
Laurent Melloul
David Rouge

Éclairage
Dominique Fasquel, responsable d'atelier
Philippe Fourrier
Thierry Kouache
Jacques Rodrigues

Peinture
Mokhlos Farhat
Lamri Bouaoune
Dominique Gentilhomme
Emmanuel Gentilhomme
Sofiane Saal

Atelier montage-documents
James Caritey
Françoise Perronno et Magali Sanheira

Atelier électromécanique
Jonathan Faustin Girault
Rémi Navarro

Menuiserie
Philippe Delapierre, responsable d'atelier
Pascal Dumont
Raphaëlle Jeandrot
Patrice Richard

Service audiovisuel

Responsable artistique et technique
Gérard Chiron

Chargée de production audiovisuelle
Murielle Dos Santos

Laboratoire photographique
Guy Carrard, responsable
Bruno Descout

Photographes
Guy Carrard
Georges Meguerditchian
Bertrand Prévost
Hervé Véronèse

Multimédia - diaporamas
Bernard Lévèque

Exploitation audiovisuelle
Vahid Hamidi, responsable
Christophe Bechter
Éric Hagopian
Emmanuel Rodoreda

Magasin audiovisuel
Nazareth Hékimian

Musée national d'art moderne - Centre de création industrielle

Directeur
Alfred Pacquement

Directeurs adjoints
Catherine Grenier
(recherche et mondialisation)

Brigitte Leal
(collections)

Frédéric Migayrou
(création industrielle)

Didier Ottinger
(programmation culturelle)

Administratrice
Catherine Perdrial

Service Design

Chef de service par intérim
Frédéric Migayrou

Assistante du chef de service
Joëlle Lavoine

Attachée de collection
Sophie Blanc

Documentaliste principale
Anne-Marie Zucchelli

Service Architecture

Chef de service
Olivier Cinqualbre

Adjointe au chef de service
Sabine Vigoureux

Attachée de conservation
Valentina Moimas

Attaché de collection
Jean-Claude Boulet

Monteur-régisseur des réserves
Maria Pasvantis

Documentaliste principale
Anne-Marie Zucchelli

Service des Collections

Chef de service
Ariane Coulondre

Adjointe au chef de service
Alexia Szumigala

Bibliothèque Kandinsky

Chef de service
Didier Schulmann

Cabinet de la photographie

Conservateur
Clément Chéroux

Attachée de conservation
Lucie Le Corre

Attachée de collection
Carole Hubert

Service de la Restauration

Chef de service
Véronique Sorano-Stedman

Adjointe du chef de service
Valérie Millot

Restauratrices
Isabelle Prieur
Clotilde Cooper

Catalogue

Direction d'ouvrage
Cloé Pitiot

Assistée de
Marielle Dagault et Jennifer Laurent

Chargées d'édition
Irène Tsuji
Geneviève Munier
Marion Diez

Avec la collaboration de
Audrey Klébaner

Conception graphique et mise en pages
Dune Lunel

Traduction de l'anglais
Jean-François Allain

Fabrication
Audrey Chenu

SOMMAIRE

AVANT-PROPOS

Alain Seban, président du Centre Pompidou

Le Centre Pompidou est la première institution française à rendre hommage à la créatrice Eileen Gray (1878-1976). Irlandaise aux multiples talents, aussi bien peintre que décoratrice ou architecte, femme à l'esprit aussi libre que déterminé, elle fait le choix en 1906 de s'établir à Paris. Soixante-dix ans de création vont faire d'elle un emblème de l'Art déco, puis une figure iconique de la modernité.
Symbole d'une époque, à l'image de Virginia Woolf ou de Natalie Clifford Barney, elle exprime son exigence d'indépendance à travers la création d'œuvres inclassables. Non dénuée d'humour, elle s'applique avec rigueur, génie et talent à composer mobilier, espace, architecture et paysage dans un esprit mêlant dissonance et harmonie.
Le XXe siècle doit à l'avant-gardisme visionnaire d'Eileen Gray quelques-uns de ses plus beaux chefs-d'œuvre de mobilier, qu'ils soient en laque ou en tube de métal chromé, ainsi qu'un chef-d'œuvre de l'architecture moderne, la villa *E 1027*. Saluée par la critique de l'époque puis tombée dans l'oubli, elle est révélée en 1968 par l'historien Joseph Rykwert.
Depuis plusieurs décennies, beaucoup tentent de percer le mystère de la très discrète Eileen Gray. C'est pourquoi il a fallu, pour réaliser cette rétrospective, engager une exploration parallèle de son œuvre et de sa vie, et entreprendre de nombreuses recherches en lien avec une collection et des archives très dispersées et lacunaires. L'exposition replace Eileen Gray dans son contexte d'artiste anglo-saxonne ayant choisi Paris, capitale littéraire et artistique en effervescence, comme lieu de résidence propice à sa démarche de création.
Parvenir à réunir un aussi grand nombre d'œuvres majeures a constitué une véritable prouesse et je félicite la commissaire, Cloé Pitiot, conservatrice au Musée national d'art moderne, qui a su relever ce défi avec la complicité et la bienveillance de Peter Adam. Je tiens également à remercier Cheska et Robert Vallois pour leur implication et leur générosité de chaque instant, Gilles Peyroulet et Dominique Chenivesse pour leur collaboration dévouée, et l'ensemble des musées et des collectionneurs privés qui ont accepté de se séparer pour plusieurs mois de ces joyaux si fragiles.
L'exposition aspire à révéler aux visiteurs du Centre Pompidou, au-delà de la femme designer, encore insuffisamment reconnue, les multiples facettes du travail de cette artiste au talent éblouissant et à l'univers unique et fascinant, si profondément moderne.

PRÉFACE

Alfred Pacquement, directeur du Musée national d'art moderne - Centre de création industrielle

En 1913, le public découvrait à Paris les premières pièces de mobilier de l'artiste irlandaise Eileen Gray, au 8e Salon de la Société des artistes décorateurs. Un siècle plus tard, ses œuvres sont dans les collections des plus grandes institutions du monde et la villa *E 1027*, qu'elle a construite en 1926-1929 avec Jean Badovici, est classée à l'Inventaire des monuments historiques. Emblème de l'Art déco, devenue figure iconique de la modernité, la créatrice, peintre de formation, décoratrice, architecte, photographe, a résolument marqué de ses œuvres l'histoire de l'art. Elle a laissé derrière elle des réalisations uniques reconnues pour leur exception, leur avant-gardisme et leur originalité.

Le Musée national d'art moderne a choisi de consacrer à cette créatrice singulière la rétrospective que jamais auparavant elle n'avait eue en France. Dotée d'un esprit absolument libre et déterminé, Eileen Gray a su renouveler son art en l'adaptant aux idées et aux contraintes de son temps. Historiens, critiques, architectes, designers, collectionneurs, de l'époque et d'aujourd'hui, tous s'accordent à reconnaître le talent de cette femme au profil aussi audacieux que discret.

Tombées dans un relatif oubli pendant trois décennies, ses œuvres sont redécouvertes à la faveur de la parution d'un article de Joseph Rykwert dans la revue *Domus* en 1968, puis de la vente de la collection Jacques Doucet en 1972 et enfin de l'exposition que lui consacre le Royal Institute of British Architects en 1973. De nouveau propulsée sur la scène des arts, Eileen Gray se voit dédier une grande exposition, « Eileen Gray Designer », à Londres, au Victoria and Albert Museum en 1979, et au Museum of Modern Art à New York en 1980. Le Design Museum de Londres choisit d'exposer ses pièces en 2005. Il semblait incontournable que l'œuvre de cette artiste intimement moderne, qui créa en France pendant plus de soixante-dix ans, fasse l'objet d'une rétrospective, ici, à Paris, au Centre Pompidou.

Neuf de ses pièces de mobilier sont dans les collections du Musée national d'art moderne : le fauteuil *Transat*, la *Table ajustable*, le cabinet à tiroirs pivotants, la *Table élément*, la

coiffeuse-paravent, le *Divan courbe*, la table roulante, le fauteuil et la chaise de salle à manger. Les huit premières pièces, provenant de la villa *E 1027*, furent acquises lors de la vente par Sotheby's à Monaco, le 13 octobre 1991, au moment de la création de la collection design du Musée. La neuvième pièce, la chaise, don de la Société des amis du Musée, a rejoint les précédentes à la suite de la vente par Christie's des collections du château de Gourdon le 31 mars 2011. Des dessins d'architecture de *Tempe a Pailla* et du *Centre de vacances* sont venus compléter cet ensemble de mobilier en 1998. Un important fonds photographique est également conservé à la Bibliothèque Kandinsky. La collection de mobilier du Musée est, après celle du National Museum of Ireland, la plus vaste de l'époque moderniste de la créatrice dans les collections publiques.
Cette rétrospective propose de restituer l'ensemble des champs de création d'Eileen Gray et de les replacer dans leur continuité. Cette approche diffère des précédentes présentations de son œuvre, souvent restreinte à ses créations Art déco ou à son architecture moderniste. L'exposition et le catalogue resituent cette artiste, souvent présentée au seul regard artistique de la scène parisienne, dans son contexte et son réseau anglo-saxon. Rare femme à avoir opéré à la fois dans l'art du laque, le tissage de tapis, la conception de mobilier et d'environnements intérieurs, l'architecture, la photographie et la peinture, Eileen Gray est ici montrée traversant les époques, les styles et les mouvements avec une liberté conceptuelle absolue, créant des œuvres résolument inclassables, sur des supports à chaque fois renouvelés.
Cette exposition, dont le projet initial revient à Olivier Cinqualbre, a été conçue et réalisée avec brio par Cloé Pitiot, que je remercie ici pour ce magnifique travail auquel il convient d'associer l'ensemble des équipes qui y ont participé. La réunion de cet ensemble n'aurait pu voir le jour sans la complicité, l'engagement et les encouragements de l'ami et biographe de l'artiste, Peter Adam, de Cheska et Robert Vallois, dont le soutien nous a été particulièrement précieux, de Dominique Chenivesse et Gilles Peyroulet, ainsi que de tous les prêteurs publics et privés que je remercie ici très chaleureusement. Je tiens tout spécialement à saluer la collaboration du National Museum of Ireland et du Victoria and Albert Museum. Enfin je me réjouis qu'à l'issue de sa présentation à Paris, cette rétrospective se déplace au Irish Museum of Modern Art de Dublin et j'adresse à sa directrice, Sarah Glennie, mes plus sincères remerciements pour cet accord entre nos institutions.

Eileen Gray, *Nu au fusain*, 1900-1902. National Museum of Ireland, Dublin

Eileen Gray, *Sans titre*, gouache et collage sur papier, *circa* 1940. Collection particulière

EILEEN GRAY, LA POÉSIE DE L'ÉNIGME

Cloé Pitiot

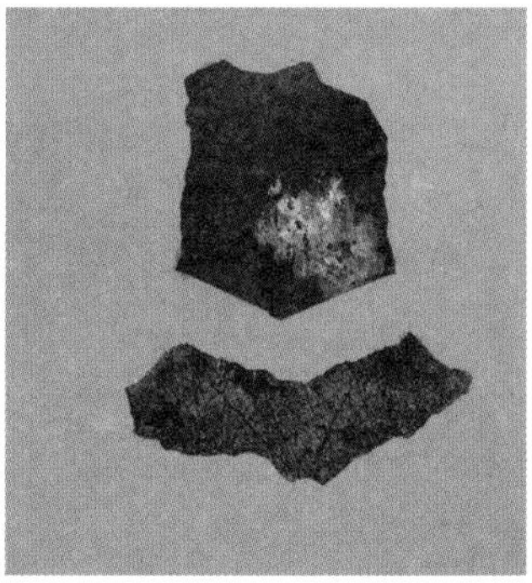

D'Eileen Gray, il reste des œuvres uniques, résolument audacieuses, des archives lacunaires et… une série de mystères. Si elle ne souhaitait laisser aucune trace d'elle-même, une de ses notes retrouvées dans ses archives permet d'entrevoir certains des champs artistiques qu'elle a traversés, ceux qui l'ont interpellée, voire inspirée, tout au long de sa carrière : « le surnaturel, le lyrisme des signes et des formes, la poésie rebelle[1] », mais aussi « l'art nègre, le fauvisme, le cubisme, le futurisme, l'art abstrait en Russie[2] ».
La rétrospective que le Musée national d'art moderne-Centre de création industrielle présente au Centre Pompidou se propose, à partir des archives de l'artiste, de la connaissance et de l'analyse des pièces, de mettre en perspective de nouvelles informations, d'éclairer des zones d'ombre et, finalement, d'établir un changement de paradigme. Nos recherches, associées à la somme des ouvrages scientifiques publiés par Joseph Rykwert, Jean-Paul Rayon, Brigitte Loye Deroubaix, Philippe Garner, Caroline Constant et la biographie de Peter Adam[3], inscrivent aujourd'hui l'œuvre de Gray dans un processus de conception et de création relevant du *Gesamtkunstwerk* (« œuvre d'art totale »). La critique a souvent scindé la carrière de Gray en deux parties, l'une relevant des arts décoratifs et l'autre de l'architecture moderniste. Aujourd'hui, son travail est replacé dans sa linéarité, que ce soit à travers une pratique du dessin, de la peinture, du laque, de la décoration intérieure, de l'architecture ou de la photographie[4]. Autant de champs artistiques qui se chevauchent au sein de son œuvre

1. Notes [s. d.], Archives d'Eileen Gray, collection particulière, Paris. **2.** Notes [s. d.], Archives d'Eileen Gray, collection particulière, Paris. **3.** Joseph Rykwert, « Un omaggio a Eileen Gray, pioniera del design », *Domus*, Milan, décembre 1968, p. 33-46 ; Jean-Paul Rayon et Brigitte Loye, « Eileen Gray 1879-1976 », *Casabella*, vol. 46, n° 480, mai 1982, p. 38-45 ; B. Loye, *Eileen Gray, 1879-1976. Architecture, design*, préfacé par Michel Raynaud, Paris, Analeph / J.P. Viguier, 1984 ; Philippe Garner, *Eileen Gray. Design and Architecture, 1878-1976*, Cologne, Taschen, 1993 ; Caroline Constant, *Eileen Gray*, trad. de l'anglais par Jacques Bosser, Paris, Phaidon, 2003 ; Peter Adam, *Eileen Gray, Architect/Designer. A Biography*, New York, H. N. Abrams, 1987 (édition française : *Eileen Gray, une biographie*, trad. de l'anglais par Jean-Baptiste Damien, Paris, Adam Biro, 1989). **4.** Voir Philippe Garner, « Eileen Gray et la photographie : performances, documents et expérimentations », p. 136-141 dans le présent ouvrage.

et qui se nourrissent les uns des autres. Gray incite l'artiste à ne « néglig[er] aucun moyen d'expression », à « être simple et sain » et à comprendre « le sens de chaque chose »[5]. Profondément de son temps, elle souhaite exprimer à travers ses réalisations toutes les formes de la vie intérieure, avec le souci de satisfaire « l'homme d'une certaine époque avec les goûts, les sentiments et les gestes de cette époque[6] ». Qu'elle soit picturale, décorative ou spatiale, l'œuvre de Gray, par la combinaison des modes d'expression, des champs artistiques et des techniques, prône un retour à l'émotion.

En 1900, Gray a vingt-deux ans. Si elle est souvent décrite comme discrète et solitaire, elle n'en est pas moins indépendante, déterminée et en quête d'absolue liberté. Elle sait ce qu'elle veut et trouve les moyens de le mettre en œuvre. Cet état d'esprit restera le sien tout au long de sa vie.

Lorsque la jeune Irlandaise manifeste le souhait de s'extraire de la très victorienne sphère familiale, de renoncer au mariage, d'entrer dans une école d'art, puis de partir vivre seule en France, sa famille comprend ses choix, même si elle n'y adhère pas pleinement, et lui fournit les moyens de réaliser ses désirs en subvenant à ses besoins.

Eileen Gray décide tout d'abord d'entrer à la Slade School of Fine Art à Londres, attirée par l'enseignement avant-gardiste qui y est délivré. Elle découvre dans cet établissement des artistes (Percy Wyndham Lewis, Kathleen Bruce [ill. p. 36], Jessie Gavin, Jessica Dismorr) qui aspirent à la liberté et à la découverte du monde. Au-delà de l'Europe, chacun rêve d'explorer l'Égypte, les États-Unis, les Indes ou l'Amérique du Sud. Paris, plus souple que Londres en matière de mœurs, devient la capitale où souhaitent vivre tous les artistes. Gray s'y installe en 1902.

Cette année-là, elle s'engage dans une voie résolument picturale et expose une aquarelle[7] au 120e Salon de la Société des artistes français, au Grand Palais. Installée près du quartier de Montparnasse, elle s'inscrit successivement à l'Académie Colarossi et à l'Académie Julian. Elle n'a, à cette époque, aucun lien avec l'univers de la décoration ou avec celui de l'architecture. La jeune femme évolue dans un milieu artistique exclusivement anglo-saxon. Elle a pour amis le peintre Wyndham Lewis – qui réalise en 1902 un portrait de Gray intitulé *Lady with a French Poodle* –, le portraitiste Gerald Festus Kelly, le poète occultiste Aleister Crowley [ill. p. 36], le photographe Stephen Haweis et son épouse, la poétesse Mina Loy, Kathleen Bruce et Jessie Gavin, ses amies de la Slade School venues avec elle à Paris. Par l'entremise de Crowley et Bruce, elle fait la connaissance d'Auguste Rodin et, par celle de Haweis et Loy, elle approche – certainement beaucoup plus tôt qu'on ne le soupçonne – l'écrivain Gertrude Stein.

Comme l'analyse Frédéric Migayrou[8], grâce à ces artistes, peintres et poètes, elle vit les prémices de l'imagisme et du vorticisme, deux mouvements majeurs outre-Manche qui viendront nourrir son œuvre. Du courant poétique de l'imagisme, qui puise ses sources tant dans la culture japonaise que dans l'antiquité grecque ou égyptienne, Gray retient une façon de « donner aux objets cette forme idéogrammatique complexe où fusionnent usages culturels, références et fonctions[9] ». Du rayonnement dynamique des lignes propre au langage plastique du vorticisme, elle reprend le fractionnement des axes selon des jeux de rotations

5. Eileen Gray et Jean Badovici, « De l'éclectisme au doute », *E 1027. Maison en bord de mer*, numéro spécial de *L'Architecture vivante*, Paris, Éd. Albert Morancé, 1929 ; rééd. : Marseille, Éd. Imbernon, 2006, p. 6.
6. *Ibid.*, p. 7. **7.** *Derniers rayons de soleil d'une belle journée.* **8.** Voir Frédéric Migayrou, « Esthétique d'Eileen Gray : dissynchronies de la mesure », p. 23-28. **9.** *Ibid.*, p. 28.

Eileen Gray, tapis, laine, décor géométrique en relief dans les tons beige, brun, bleu cyan et vert céladon, *circa* 1922-1924. Mobilier provenant de l'appartement de Mme Tachard. Collection particulière

ou de décalages qui participent à la multiplication des fonctions de son mobilier en tube de métal chromé [ill. p. 26 et 28].

Analyser les sources des créations de Gray en ne se référant qu'à la scène parisienne et aux décorateurs et architectes français reviendrait à sous-évaluer, comme l'analyse Olivier Gabet[10], l'importance de ses origines. Jennifer Laurent conforte le fait que les années de formation et le réseau amical et artistique de Gray ont eu, à n'en pas douter, un impact incontestable sur sa carrière[11].

En 1905, Gray expose une peinture[12] au 123e Salon de la Société des artistes français au Grand Palais. Mais l'obligation de rentrer en toute hâte à Londres, au chevet de sa mère, vient bouleverser l'ordre des choses. La jeune femme décide alors de reprendre contact avec l'artisan restaurateur de laque D. Charles. Ses toiles deviennent dès lors panneaux et la peinture se mue en laque. Deux ans plus tard, à vingt-huit ans, Gray, définitivement installée au 21, rue Bonaparte, à Paris, choisit d'orienter son activité vers le rigoureux travail nécessaire à la maîtrise de ce médium. Elle fait la rencontre de Seizo Sugawara, auprès de qui elle se perfectionne dans cette technique exigeante[13], et expérimente de nouveaux procédés de mise en œuvre des pigments, s'accordant même la liberté de dépasser les codes ancestraux en créant des laques d'un bleu profond, une couleur jamais vue jusqu'ici dans ce matériau.

En 1908-1909, Gray apprend à teindre et à tisser les fils de laine avec son amie Evelyn Wyld[14] dans les contreforts de l'Atlas. En 1910, elle ouvre deux ateliers, l'un dédié au laque, 11, rue Guénégaud, et l'autre au tissage de tapis, 17-19, rue Visconti[15]. Cette année ouvre le temps des collaborations, collaborations multiples qui dureront plus de vingt ans. Elle s'entoure des meilleurs artistes et artisans japonais, Seizo Sugawara, mais aussi Kichizo Inagaki, ébéniste talentueux, socleur de Rodin, qui manie à la perfection les essences de bois.

10. Voir Olivier Gabet, « Portrait de l'artiste en jeune fille : l'héritage d'outre-Manche », p. 29-34. **11.** Voir Jennifer Laurent, « Londres et Paris : les premières années », p. 35-38. **12.** *Femme au sablier.* **13.** Voir Ruth Starr, « Seizo Sugawara, maître laqueur », p. 43-46. **14.** Voir Anne-Marie Zuchelli, « Ateliers de tissage Evelyn Wyld : collaborations et amitiés », p. 84-87. **15.** Voir Jennifer Goff, « Eileen Gray et la création de tapis », p. 76-83.

Eileen Gray et Seizo Sugawara, *Le Magicien de la nuit*, panneau en laque de Chine gravé façon Coromandel et rehaussé de couleurs, à incrustations de burgau, sur fond uni de laque rouge sang-de-boeuf; encadrement d'origine en laque noir. Signé au dos «Sougawara», *circa* 1913. Collection particulière

Panneaux de laque et tapis sont désormais ses nouveaux supports d'expression. Chaque pièce laquée ou tissée, au préalable dessinée et peinte à la gouache, s'incarne désormais dans la densité et l'épaisseur des matériaux. Le travail en deux dimensions intègre peu à peu la mesure de la profondeur.

Comme elle, mais trois ans plus tard, à Londres, dans un héritage du mouvement Arts and Crafts, des membres du Bloomsbury Group ouvrent les Omega Workshops, des ateliers qui voient naître objets d'art, d'artisanat et de décoration à partir des dessins de Vanessa Bell, Duncan Grant ou encore Wyndham Lewis. Bientôt dissident du groupe, ce dernier crée le Rebel Art Centre. Il sera surtout reconnu en tant que membre fondateur du vorticisme en 1914 et pour son texte *The French Poodle*, publié en 1916 dans la revue *The Egoist*. Si les liens qui unissent Gray à Wyndham Lewis au regard de l'histoire de l'art restent encore à déterminer, il est certain qu'ils sont au fondement du repositionnement de l'œuvre de la créatrice dans une histoire plus britannique que française. Des années 1900 jusqu'à la fin de la Grande Guerre, l'œuvre de Gray est assurément liée de près ou de loin à toute l'avant-garde artistique anglaise.

En 1913, si Gray poursuit le tissage des tapis, supports de ses recherches sur l'abstraction, ses panneaux de laque s'assemblent, s'articulent et deviennent mobiles. Le paravent devient le marqueur temporel de sa prise en considération de l'espace. *Le Destin* [ill. p. 40] est à ce titre doublement emblématique : tridimensionnel, il signe aussi chez la créatrice le glissement du figuratif à l'abstraction.

Eileen Gray est dès lors considérée comme décoratrice plutôt que comme artiste – ce qui ne l'empêche pas, toutefois, de penser ses œuvres dans une démarche de création totale. Grâce à Jacques Doucet, elle va pouvoir mettre à exécution son désir d'aborder la conception de mobilier et produire certaines de ses pièces en laque les plus saisissantes (la *Table*

Eileen Gray, *Table aux chars*, bois laqué rouge et noir, tiroir à poignée d'ébène et d'ivoire, conçue pour Jacques Doucet, *circa* 1915. Collection particulière, courtesy Galerie Vallois, Paris

aux chars, la *Table aux lotus*, la *Table au bilboquet*)[16]. Dans la filiation de la pionnière de la décoration, l'Américaine Elsie de Wolfe, Gray va créer à partir des années 1920 ses premiers environnements intérieurs pour Madame Mathieu Lévy.

Elle ouvre sa galerie, Jean Désert, le 17 mai 1922, au 217, rue du Faubourg-Saint-Honoré, au cœur d'un quartier dédié à l'art et au luxe. Comme l'analyse Valérie Guillaume[17], Gray y développe un véritable réseau relationnel, commercial[18] et culturel, majoritairement parisien et américain. Curieusement, elle ne revendique ni le titre de conceptrice ni celui de décoratrice et inscrit simplement sur sa carte de visite : « Paravents en laque, meubles en laque, meubles en bois, tentures, lampes, divans, glaces, tapis, décoration et installation d'appartements[19] ». Si elle y présente ses créations, Gray prend la décision singulière d'exposer également non pas d'autres décorateurs, mais d'autres artistes[20]. Ce parti pris exprime, en filigrane, ses aspirations premières. Si la majeure partie de la critique retient de son projet de *Chambre à coucher boudoir pour Monte-Carlo* [ill. p. 74] une décoration étrange, atypique, voire inspirée des décors du film expressionniste allemand *Le Cabinet du docteur Caligari*, d'autres, comme J. J. P. Oud et Jan Wils ou Frederick Kiesler, reconnaîtront dès 1923 toute la modernité de sa démarche. L'architecte roumain Jean Badovici, créateur de la revue avant-gardiste *L'Architecture vivante*, comprend mieux que quiconque l'artiste qui se dissimule derrière Gray, créatrice qui a su imposer « une atmosphère d'infinité plastique où les plans se perdent les uns dans les autres, où chaque objet n'est plus saisi que comme un élément d'une unité mystérieuse et vivante qui le dépasse. L'espace n'est plus pour Eileen Gray qu'une matière plastique qu'on peut transformer et modeler selon les exigences de la décoration et qui offre à l'artiste des possibilités infinies[21]. »

Jean Badovici lui insuffle l'énergie et la confiance nécessaires pour qu'elle édifie avec lui, de 1926 à 1929, ce que chacun reconnaît comme l'un des chefs-d'œuvre du modernisme :

16. Voir Évelyne Possémé, « Créations pour Jacques Doucet », p. 51-54. **17.** Valérie Guillaume, « Eileen Gray à Paris : luxe et arts », p. 59-64. **18.** Charles et Marie-Laure de Noailles, Philippe de Rothschild, Elsa Schiaparelli, Jean-Henri Labourdette, Boris Lacroix, Henri Pacon, René Raoul-Duval, Damia, Romaine Brooks ou Loïe Fuller font, entre autres, partie de sa clientèle. **19.** Carton d'invitation pour la galerie Jean Désert, V&A Museum Archive, Londres. **20.** La galerie a notamment exposé les sculpteurs Chana Orloff et Ossip Zadkine, ou encore les études d'étoffes colorées de Loïe Fuller. Voir Cécile Tajan, « Jean Désert : une aventure », p. 65-68. **21.** J. Badovici, « Entretiens sur l'architecture vivante [Eileen Gray] », *L'Architecture vivante*, 1924.

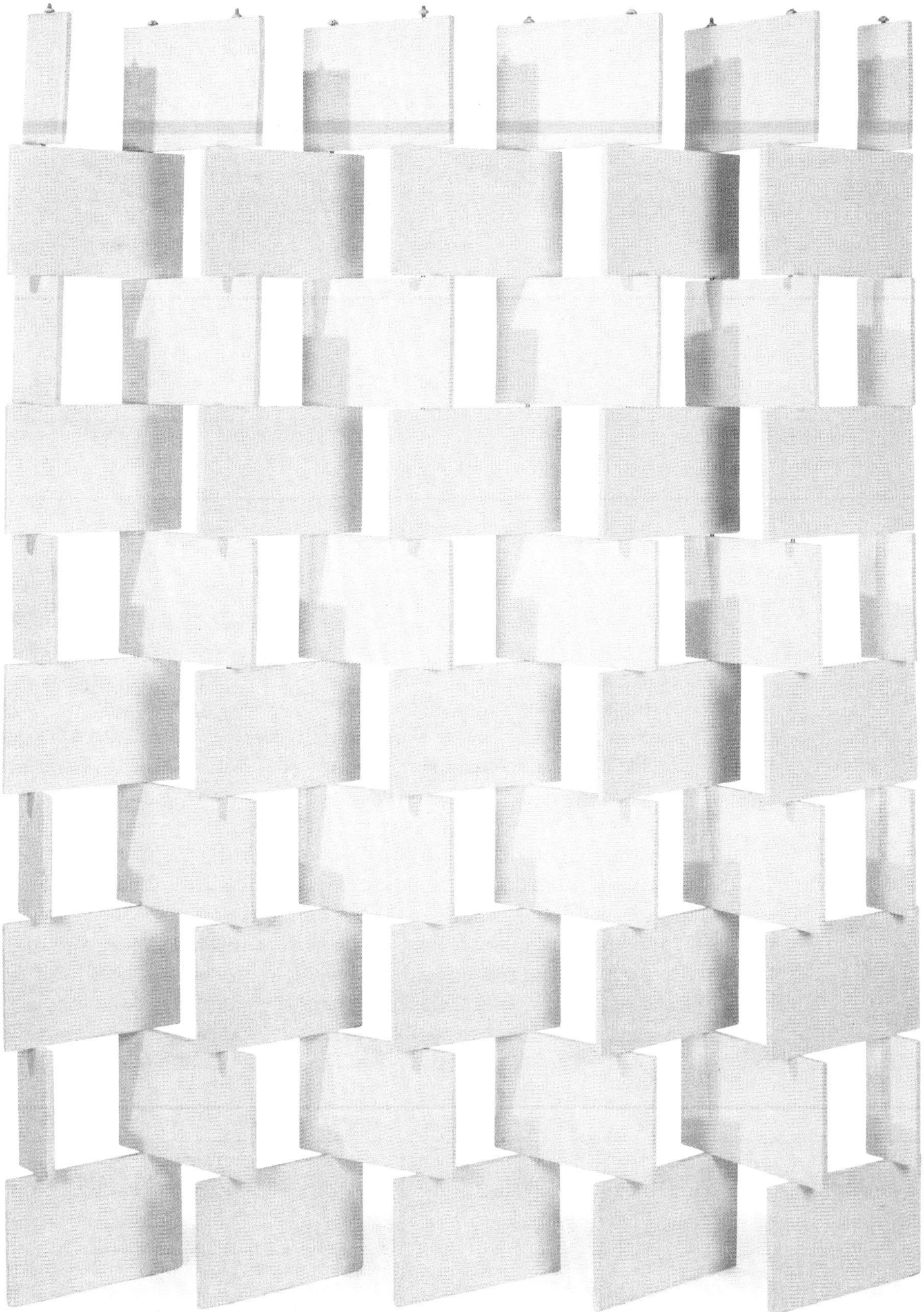

Eileen Gray, paravent en briques, bois peint en blanc, conçu pour *Une chambre à coucher boudoir pour Monte-Carlo*, exposée au Salon des artistes décorateurs, Paris, 1923. Christie's Images

Vue de la façade sud de la villa *E 1027* depuis la mer, Roquebrune-Cap-Martin, s. d. Centre Pompidou, Bibliothèque Kandinsky, Paris. Fonds Eileen Gray

la villa *E 1027*. De ses débuts à la Slade School à *E 1027*, Eileen Gray n'a pas reçu a priori de formation en matière d'architecture, si ce n'est par l'intermédiaire de la revue *L'Architecture vivante* et de ses archives. La villa, conçue sur la base d'un programme minimum, est la traduction architecturale du dialogue que Gray et Badovici publient dans *L'Architecture vivante* sous le titre « De l'éclectisme au doute » en 1929, l'année même où Gray participe à la fondation de l'Union des artistes modernes. Unité organique dotée d'une âme, *E 1027* est un modèle de modernité sensible dans lequel « les meubles mêmes, perdant leur individualité propre, se fondent dans l'ensemble architectural[22] », les murs et cloisons accompagnant les mouvements du corps, le mobilier extensible s'adaptant aux gestes de l'utilisateur, cette relation nouvelle au corps étant développée par Élise Koering[23].

Après la prouesse à quatre mains d'*E 1027*, pour laquelle il est difficile d'apprécier l'implication de chacun, comme le souligne Jean-François Archieri[24], le duo Gray-Badovici aurait pu récidiver, mais Eileen Gray préfère reprendre sa liberté et concevoir son propre refuge sur la route de Castellar à Menton, la maison *Tempe a Pailla*. Cette réalisation signe le passage à une autre forme d'architecture, combinaison d'éléments modernes et vernaculaires, qui met en évidence l'indépendance conceptuelle de Gray. Elle y développe des prototypes multifonctionnels[25], à l'image du *Siège-escabeau-porte-serviettes* [ill. p. 195].

Dans son essai, Olivier Cinqualbre[26] met en lumière un pan énigmatique de l'œuvre de Gray qui, après la construction de *Tempe a Pailla* au milieu des années 1930, produit des dizaines d'esquisses de projets d'architecture. Non construits, ils sont tous en résonnance parfaite avec les idées et les préoccupations de leur époque.

D'abord encensée par la critique avant-gardiste dans les années 1920, Eileen Gray a sombré dans l'oubli pour renaître, en 1968, sous la plume de l'historien Joseph Rykwert, qui lui redonne ses lettres de noblesse dans la revue *Domus*[27]. Grâce à Cheska et Robert Vallois,

22. E. Gray et J. Badovici, « De l'éclectisme au doute », art. cité, p. 8. **23.** Voir Élise Koering, « Les exigences du corps et de l'esprit », p. 103-109. **24.** Voir Jean-François Archieri, « Jean Badovici : une histoire confisquée », p. 88-93. **25.** Voir Brigitte Loye Deroubaix, « Une vie de prototypes », p. 114-117. **26.** Voir Olivier Cinqualbre, « L'architecture à l'épreuve du trait », p. 122-127. **27.** J. Rykwert, « Un omaggio a Eileen Gray, pioniera del design », art. cité, p. 33-34.

puis à Gilles Peyroulet, nombre de ses pièces de mobilier sont sauvées à partir du début des années 1970. En 1972, la vente de la collection de Jacques Doucet lui redonne sa place sur la scène des arts décoratifs et, en 2009, celle de Pierre Bergé et Yves Saint Laurent la promeut au rang des designers les plus reconnus du XXe siècle. Ces deux ventes mettent en lumière des pièces conçues, pour l'essentiel, dans le courant des années 1910 (notamment le paravent *Le Destin*, la *Table aux lotus* et la *Table au bilboquet* créés pour Jacques Doucet; le *Fauteuil aux dragons* et l'enfilade réalisés pour Madame Mathieu Lévy).

Un quart des œuvres de Gray sont aujourd'hui conservées dans des collections de musées[28]. Les trois quarts restants, qui illustrent plus particulièrement le travail du laque et le mobilier vendu dans la galerie Jean Désert, sont répartis sur les cinq continents dans des collections particulières. Les archives sont partagées entre deux institutions publiques: le National Museum of Ireland et le Victoria and Albert Museum. Aucun des environnements intérieurs construits par Eileen Gray n'a été conservé. Seules subsistent ses maisons, mais dépouillées de la majeure partie de leur mobilier durant la Seconde Guerre mondiale.

Il nous a semblé intéressant, pour cette exposition, de rassembler les œuvres de Gray par ensemble, notamment pour le *Boudoir Monte-Carlo*, la chambre de la rue Bonaparte, *E 1027* ou encore *Tempe a Pailla*. Pour le visiteur d'aujourd'hui, les suggestions de restitution sous la forme de *period rooms* permettront de mieux se représenter la parfaite expression d'« une somme de possibles », dont l'« apparence varie indéfiniment avec le mouvement et la lumière »[29].

28. National Museum of Ireland, Victoria and Albert Museum, Bristol Museum and Art Gallery, Leicester Museum, Vitra Design Museum, Metropolitan Museum of Art et Museum of Modern Art de New York, Virginia Museum of Fine Arts, Saint Louis Art Museum, Centre Pompidou, Musée national d'art moderne-Centre de création industrielle et Musée des arts décoratifs, à Paris. **29.** J. Badovici, « L'art d'Eileen Gray », art. cité.

ESTHÉTIQUE D'EILEEN GRAY : DISSYNCHRONIES DE LA MESURE

Frédéric Migayrou

Érigée en figure iconique de la modernité, Eileen Gray semble aujourd'hui d'évidence appartenir au panthéon des créateurs qui ont marqué le xxe siècle d'une empreinte originale, d'une singularité que l'on peut reconnaître dans ses œuvres et dont la villa *E 1027* resterait le manifeste. Pourtant, cette reconnaissance reste en partie indéterminée, fruit d'une redécouverte récente croisant de multiples approches qui cherchent toutes à recomposer l'unicité, à formaliser la cohérence d'un parcours et d'une position esthétique, critique, sociale ou sexuelle. Cette tentative d'identification d'une femme semble pourtant se perdre dans l'insaisissable. Le premier niveau d'interprétation, qui relève presque d'une nécessité, consiste à affirmer le positionnement d'Eileen Gray « au cœur du mouvement moderne[1] », assertion confirmée sans ambiguïté par la participation de la créatrice à l'UAM, par ses références avouées à Adolf Loos, De Stijl, Le Corbusier, ainsi que par l'indexation de la villa *E 1027* dans nombre de publications, à commencer par la monographie publiée par Gray et Jean Badovici[2]. Des premiers articles de Joseph Rykwert, qui soulignent « malgré la modeste production [...] une qualité suffisante pour propulser Eileen Gray auprès des maîtres du mouvement moderne[3] », à la multiplication actuelle des publications et des recherches la concernant, l'œuvre de Gray

1. « L'art d'Eileen Gray se situe au cœur du mouvement moderne. Eileen Gray est moderne par toutes ses tendances [...]. Elle a compris que notre temps apportait, avec de nouvelles formes de vie, la nécessité de nouvelles façons de sentir ; la formidable importance de la mécanique ne pouvait pas ne pas transformer la sensibilité humaine. » (Jean Badovici, « L'art d'Eileen Gray », *Wendingen*, 6e série, nº 6, Amsterdam, 1924, p. 12). **2.** Eileen Gray et Jean Badovici, *E 1027. Maison en bord de mer*, numéro spécial de *L'Architecture vivante*, Paris, Éd. Albert Morancé, 1929, rééd. : Marseille, Éd. Imbernon, 2006. En outre, on mentionnera les publications suivantes : « Wohnhaus am Meeresufer bei Cap Martin », *Baumeister*, vol. 28, nº 10, octobre 1930, p. 421-424 ; Siegfried Giedion, « L'Architecture contemporaine dans les pays méridionaux : 1. Midi de la France, Tunisie, Amérique du Sud », *Cahiers d'art*, vol. 6, nº 2, 1931, p. 102-103 ; Karel Teige, *Nejmenši Byt*, Prague, V. Petr, 1932, p. 206, 208 et 233 ; Alberto Sartoris, « L'architettura razionale », *Gli elementi dell'architettura funzionale*, Milan, Ulrico Hoepli, 7 avril 1932, p. 168-171. **3.** Joseph Rykwert, « Eileen Gray. Two Houses and an Interior, 1926-1933 », *Perspecta*, nº 13-14, New Haven (Conn.), The Yale Architect Journal, 1971, p. 67.

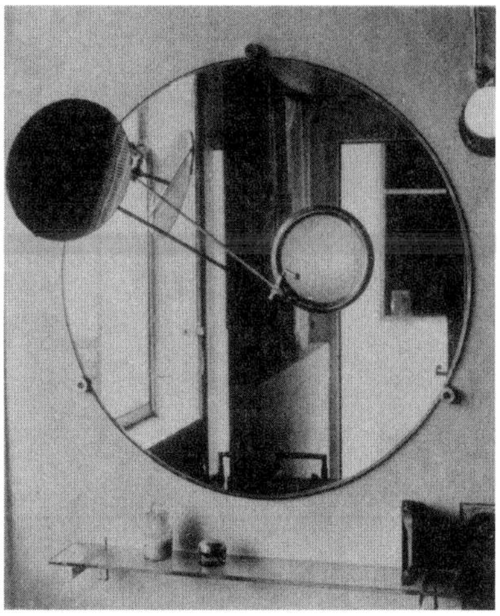

Eileen Gray, miroir *Satellite* placé dans la salle d'eau de la chambre d'amis, villa *E 1027*, Roquebrune-Cap-Martin, 1926-1929. Centre Pompidou, Bibliothèque Kandinsky, Paris

serait à interpréter à partir du champ critique des grands modernes, à l'ombre d'un rationalisme architectural d'ailleurs largement déterminé, à partir de 1923, par la succession des publications de *L'Architecture vivante*. Après la rencontre d'Eileen Gray avec Jean Badovici au début des années 1920, la revue semble bien suivre cette évolution, passant de la publication des œuvres d'Auguste Perret, de Tony Garnier ou des architectes de l'école d'Amsterdam à un modernisme plus radical qui accorde une place importante aux créateurs de De Stijl puis à Le Corbusier. Mais la relation d'Eileen Gray à l'architecture moderne doit être suivie en synchronie et il serait hasardeux de découper son œuvre en périodes, de lier les formes esthétiques à des moyens d'expression – laques, tapis, matériaux, meubles – pour ne lui accorder un réel accomplissement qu'au travers d'un schématisme spatial qui trouverait sa forme définitive dans l'architecture moderne. La modernité de Gray semble antérieure et la question ne se pose pas pour un J. J. P. Oud qui, séduit, lui écrira une carte postale[4] suite à la publication du *Boudoir Monte-Carlo* (14e Salon des artistes décorateurs, 1923 [ill. p. 74]) dans le numéro de *L'Architecture vivante*, où est aussi présentée comme un autre intérieur la *Composition Espace-Couleur* – sous la seule signature du peintre Vilmos Huszár[5]. La singularité de l'œuvre d'Eileen Gray ne peut se résoudre dans un jeu d'oppositions ou d'affiliations, dans une stratégie de démarcation par rapport aux créateurs de la période moderne avec lesquels elle est en dialogue. Bien sûr on peut, à partir de la table dite *De Stijl* (1923) [ill. p. 168] et de la *Petite Maison pour un ingénieur* (1926) [ill. p. 126], comparer les systèmes de séparation qui animent son architecture aux plans et aux écrans de la maison Schröder de Rietveld, y voir une critique du *Raumplan* de Loos ou y retrouver la filiation corbuséenne, avec l'application des cinq points d'une architecture nouvelle (ossature sur pilotis, toit-terrasse, plan libre, fenêtre en bande et façade libre).

Mais la spécificité d'Eileen Gray ne peut s'appréhender selon une simple démarcation critique. Elle porte sa logique propre, une singularité plastique qui caractérise chacune de ses

4. La carte que J. J. P. Oud adresse à Eileen Gray date du 31 août 1924. Cette correspondance fait suite à l'exposition des œuvres de Gray à Amsterdam et à la publication du numéro spécial de la revue *Wendingen* (art. cité).
5. Cette *Composition*, créée à Berlin en 1923, est en réalité l'œuvre de Vilmos Huszár et Gerrit Rietveld.

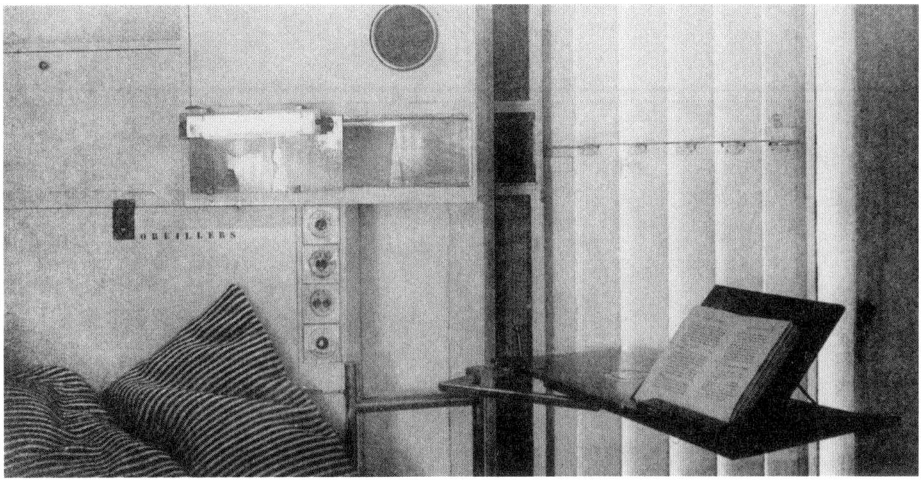

Eileen Gray, tablette extensible de la chambre d'appoint, villa *E 1027*, s. d. Centre Pompidou, Bibliothèque Kandinsky, Paris

créations et qui correspond à une démarche esthétique continue et cohérente dès l'origine. L'œuvre de Gray est également traversée par cette tension entre une hétérogénéité des matériaux, des formes, des assemblages, mais aussi des références historiques et culturelles, qui se recomposent judicieusement en un tout cohérent, une unité, « une harmonie curieuse[6] ». La lente maturation de l'œuvre, jalonnée d'apprentissages successifs – celui de la peinture, du laque, des tapis, de la conception concernant tant les objets que les intérieurs, puis, enfin, de l'architecture –, constituerait en fait le parcours continu d'une déconstruction critique par laquelle l'artiste soumettrait en permanence la complexité des procédures d'élaboration de l'objet et de sa composition à un déplacement du sens et de la fonction, de l'identité et de sa représentation. Confrontée aux multiples mouvements de l'avant-garde, Eileen Gray semble toujours assimiler ces nouveaux champs de recherche sans jamais s'enfermer dans le dogmatisme des manifestes. Elle revendique un principe d'« unité organique » fondé sur une dynamique des relations qui doit « faire pénétrer du réel dans [l']abstraction [...] L'art n'est pas dans l'expression des rapports abstraits ; il doit aussi enfermer l'expression des rapports les plus concrets, des exigences les plus secrètes de la vie subjective[7]. » On pourrait alors s'attacher à cette logique de l'interrelation qui nourrit aussi bien la sphère poétique – par l'appel à l'altérité des cultures (Égypte et Grèce antiques, arts primitifs, etc.) – que l'ensemble de son économie spatiale : surface des matériaux, systèmes des objets et définition des fonctions pris dans des réseaux de liaisons qui instruisent la dynamique des dispositifs, la relation entre les espaces ou les fonctions de séparation – ouvert-fermé, intérieur-extérieur. « Le mur lui-même [...] est conçu comme [...] une membrane qui peut se transformer en un volet coulissant, en un ensemble de tapis, de miroirs, de rideaux ou en un écran mobile[8]. » Mais cette morphodynamique semble aussi toucher l'intégrité même des objets qui nient l'abstraction du plan libre, cet espace mis en retrait des éléments qui l'habitent. Eileen Gray s'empare de cette impermanence des plans,

6. « [...] les recherches d'un cubisme inquiétant de M. Pierre Legrain et de Mlle Eileen Gray, la chambre de cette dernière réalisant toutefois dans son excentricité une harmonie curieuse » (René Chavance, « Salon de 1923 », *Beaux-Arts*, Paris, 1er juin 1923). Un anonyme écrit encore : « C'est cocasse, c'est anormal, il s'en dégage cependant une atmosphère dont on ne peut nier l'harmonie. » (« Le 14e Salon des artistes décorateurs », *Art et Décoration*, vol. 43, janvier-juin 1923). **7.** E. Gray et J. Badovici, « De l'éclectisme au doute », *E 1027. Maison en bord de mer*, *op. cit.*, p. 6-7. **8.** Yehuda Safran, « La Pelle », dans Richard Burdett et Wilfried Wang (éds), *9H. On Rigor*, Cambridge (Mass.), The MIT Press, 1989, p. 155.

Vue de l'escalier menant au toit-terrasse, villa *E 1027*, s.d. Centre Pompidou, Bibliothèque Kandinsky, Paris

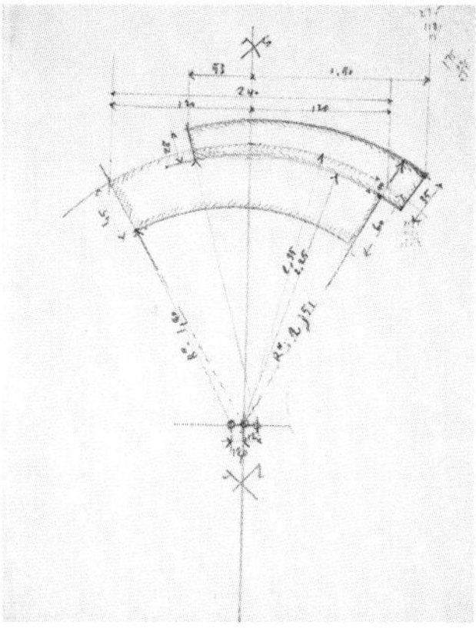

Eileen Gray, dessin du *Divan courbe*, crayon sur papier, 1927-1931. Victoria and Albert Museum, Londres

accentue progressivement les écarts vis-à-vis de la rigueur géométrique des parallèles, créant ainsi des variations, des effets de décalage proches du Frederick Kiesler de *City in Space* (1925) ou de l'espace selon Theo Van Doesburg : « Chaque plan est relié à un espace excentrique où la construction doit être regardée comme un phénomène de mise en tension plutôt qu'une mise en relation de plans[9]. » Du déplacement des axes d'articulation des paravents au permanent redoublement des lignes repérable dans les motifs des tapis, dans le dessin des meubles, le jeu sur les parallèles instruit une grammaire complexe des rotations et des décalages qui outrepasse la fonction rigoureuse des axes fixes démultipliant les fonctions (cloisons, fenêtres, tables, etc.) de la maison Schröder.

Paradoxalement, cette variation permanente sur la limite, qui modifie aussi bien la notion d'objet que celle d'environnement, sera le principal instrument d'une intégration du mobilier à l'architecture, les partitions de l'espace intérieur incorporant de multiples fonctions – rangements et appareillages, équipements sanitaires –, les ouvertures du bâtiment se transformant en appareils, fenêtres-paravents et volets régulant la lumière et la température. On peut ainsi souligner cette interdépendance des éléments physiques qui matérialisent l'espace, des qualités tactiles et cérébrales des matériaux à la création de dispositifs générant de multiples fonctions : Gray « n'isole jamais un élément individuel ni ne le laisse représenter l'ensemble. Les contours des éléments ne sont plus des frontières mais s'étendent aux plans des murs voisins[10] ». L'architecture perd sa dimension fondamentalement géométrique pour créer des séquences spatiales mais aussi temporelles, ouvertes aussi bien au corps – se posant en cela contre l'atrophie de sensualité imposée par le modernisme –, qu'à la cognition, au narratif. « Il ne s'agit pas seulement de construire de beaux ensembles de lignes, mais avant tout, *des habitations pour hommes*[11]. » Déplacement, désaxement, critique de toute affirmation identitaire, Eileen Gray introduit l'idée d'un « modernisme non-héroïque », pour reprendre l'expression de Caroline Constant, qui pourrait caractériser une esthétique

9. Theo Van Doesburg, « Schilderkunst : van Kompositie tot contra-kompositie », *De Stijl*, vol. 7, nº 73-74, série XIII, 1926, p. 18. **10.** Caroline Constant, *Eileen Gray*, trad. de l'anglais par Jacques Bosser, Paris, Phaidon, 2003, p. 109. **11.** E. Gray et J. Badovici, « Description », *E 1027. Maison en bord de mer*, *op. cit.*, p. 11. **12.** Jasmine Rault, *Eileen Gray a nd the Design of Sapphic Modernity*, Farnham, Ashgate Publishing Ltd., 2011, p. 98. **13.** L'article de Beatriz Colomina consacré à *E 1027* et particulièrement aux fresques de Le Corbusier ne dit finalement rien d'Eileen Gray. La description de la violence de l'architecte, de cette « guerre » des sexes, ne laisse aucune place à une analyse de l'esthétique propre d'Eileen Gray, ne suppose rien d'une logique spatiale que Le Corbusier aurait mise à mal. Beatriz Colomina, « War on Architecture: E 1027 », *Assemblage*, nº 20 : *Violence, Space*, avril 1993, Cambridge (Mass.), Londres, The MIT Press, p. 28-29.

Système de cloison sur rail, studio de Jean Badovici, 17, rue Chateaubriand, Paris, 1930-1931. Centre Pompidou, Bibliothèque Kandinsky, Paris

Fenêtre circulaire avec système d'ouverture désaxé, façade ouest de la villa *E 1027*, 1926-1929. Centre Pompidou, Bibliothèque Kandinsky, Paris

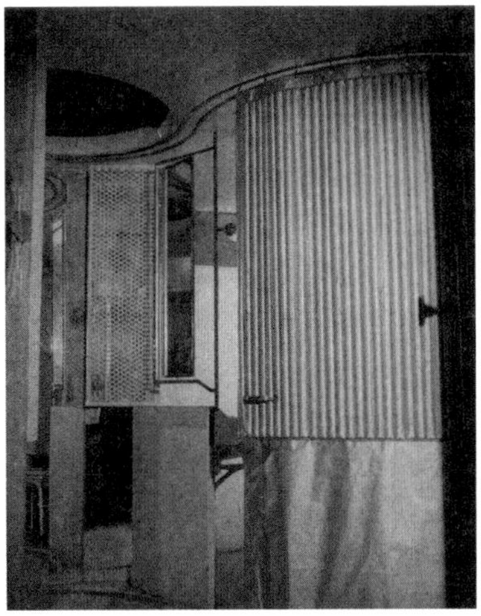

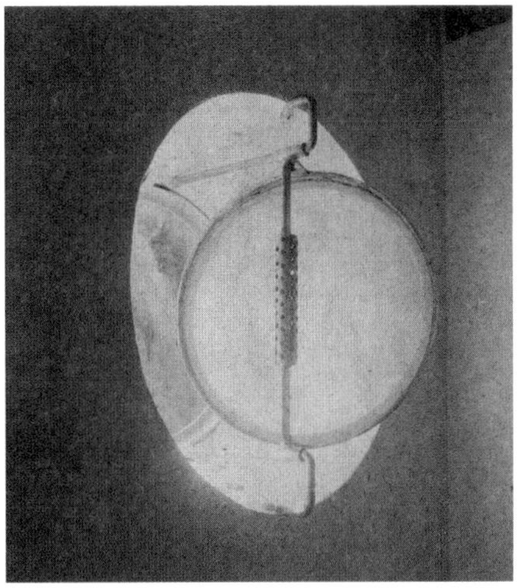

générale de Gray participant à la déconstruction des catégories de représentation du masculin dans l'architecture, incarnées en majeure partie par la figure de Le Corbusier. Au-delà des éléments biographiques relatifs à l'homosexualité de Gray, c'est bien dans le principe de l'écran, dans la connotation de la charnière ou du pliage du paravent que pourrait résider l'essence générique de son œuvre, métaphore du voilement, du mystérieux, du différent, d'une subjectivation refusant l'idéologie de la machine à habiter comme sa quête arbitraire d'hygiénisme et de transparence. « Cette stratégie provocante d'obstruction, qui comprend les dispositifs d'écrans de son architecture aussi bien que le design de son mobilier, dissimule la fonction complète et les multiples aspects de ces objets, qui sont tout à la fois suggérés et cachés[12]. » Si, d'évidence, cette interprétation rend compte d'une dimension architectonique de l'œuvre, de son économie de la séparation, elle affirme sa dimension sociocritique dans une confrontation ouverte – identité sexuée contre identité sexuée – avec un modernisme fort s'incarnant dans l'acte destructeur de Le Corbusier recouvrant de ses fresques les murs de *E 1027*, jusqu'à effacer la présence de Gray. Sans nier l'outrage, l'arrogance et la suffisance de Le Corbusier, il semble bien que l'identité d'Eileen Gray se soit située sur un autre registre, dans une stratégie de retrait et d'enveloppement plus complexe que ne peut aucunement éclairer la littérature des *Gender Studies* sur le sujet[13].

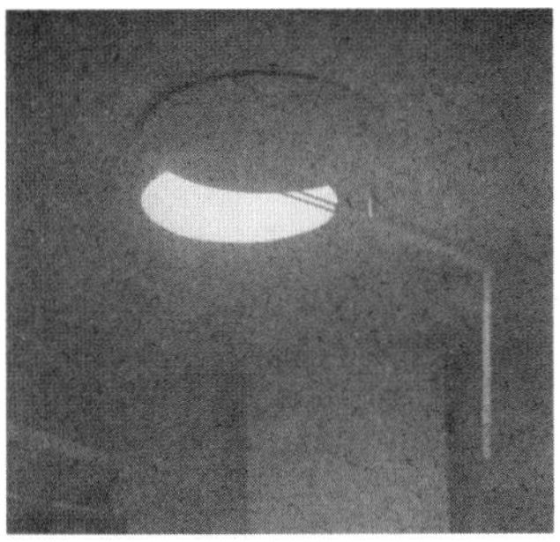

Trappe d'ouverture sur le ciel avec disque ajustable, chambre à coucher, maison *Tempe a Pailla*, Castellar, 1931-1935. Victoria and Albert Museum, Londres

L'ancrage moderniste de Gray ne saurait être analysé à partir de la seule scène parisienne et sans tenir compte de l'important réseau anglo-saxon avec lequel elle restera toute sa vie en étroite relation. Eileen Gray le répétera, son passage à Londres reste déterminant et « l'enseignement de la Slade School était plus avant-gardiste qu'à Paris[14] », notamment en 1898-1900, dates auxquelles Percy Wyndham Lewis est présent dans l'école – avant de partir lui aussi pour Paris. Que Wyndham Lewis réalise en 1902 un portrait d'Eileen Gray confirme les relations de la jeune femme avec les élèves de la Slade School of Fine Art qui constitueront le noyau du vorticisme (notamment Helen Saunders et Jessica Dismorr), mouvement ainsi

14. Eileen Gray, « Trois survivants des Années folles : Eileen Gray, l'ensemblière, Marcel Coard, le décorateur, Michel Dufet, le designer », *L'Estampille*, n° 40, 1973, p. 44. Outre Wyndham Lewis, sont aussi présents en 1901 à la Slade School Vanessa Bell et Duncan Grant, qui participeront avec Virginia Woolf au Bloomsbury Group, qui récusait toute hiérarchie entre beaux-arts et arts décoratifs. La fondation en 1913 par Duncan Grant et le critique Roger Fry des Omega Workshops, un atelier collectif de production d'arts décoratifs, croise les préoccupations d'Eileen Gray qui, dès 1910, s'engage dans cette dynamique.

Eileen Gray, table à thé modulaire, verre, acier et liège, villa *E 1027*, s.d. Centre Pompidou, Bibliothèque Kandinsky, Paris

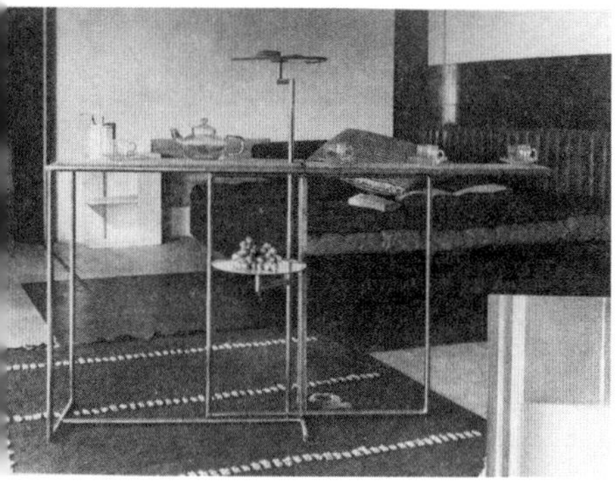

baptisé par Ezra Pound au moment où le poète américain se détourne du courant poétique de l'imagisme - qui rassemblait entre autres Hilda Doolittle (H.D.), Richard Aldington et T.E. Hulme (traducteur d'Henri Bergson), et dont Pound était le chef de file. Or les premiers modèles imagistes, puisés tant dans la culture japonaise que dans la poésie grecque de Sappho, cherchent à travailler avec différentes sources pour produire une écriture plus proche de l'abstraction s'adressant instantanément à l'œil et à l'esprit : un univers complexe, un jeu d'interactions qui, au lieu de se déployer dans le temps, doivent s'unifier dans le mot exact comme dans le *d'un seul coup* de l'image : « Une image, c'est ce qui présente un complexe d'ordre intellectuel et émotionnel dans le temps de l'instant. [...] C'est une présentation instantanée d'unités complexes qui procure cette impression de liberté soudaine [...][15] ». La première matrice critique de l'œuvre de Gray semble bien s'enraciner dans l'imagisme, dont l'égérie reste H. D.[16]. La poésie d'Hilda Doolittle, qui emprunte ses références à la Grèce et à l'Égypte antiques, multiplie l'ambiguïté des dualismes – homme-femme, père-mère –, se jouant d'images parallèles dont les similarités associent visions, rythmes et temporalités distinctes sous la forme de palimpsestes. Au-delà d'un contexte culturel encore dominé par le symbolisme et de l'empreinte de Romaine Brooks[17] sur certaines de ses créations, l'imagisme permet de comprendre comment l'engouement de Gray pour le Japon, pour la rigueur procédurale du laque, pour l'apparition de références grecques ou égyptiennes donne naissance à une poétique où, finalement, l'aspect cryptique de la figure trouvera toute sa place, indiquant secrètement l'intention littéraire et artistique voilée derrière cette sémantique. Gray enrichira, développera et déformera au fil des ans cette *logopeia*, pour reprendre le terme de Pound, jusqu'à donner aux objets cette forme idéogrammatique complexe où fusionnent usages culturels, références et fonctions, une destruction de la représentation qui laisse alors place à l'événement d'une simple « présentation ». Palimpseste de couches successives de laque, assemblage de matériaux hétérogènes choisis pour leur force symbolique, imagisme dans le tapis – pour faire écho au titre de la fameuse nouvelle d'Henry James –, dissymétries des mobiliers, il reste alors à relire l'ensemble de son œuvre, pièce à pièce, comme autant de poèmes extatiques, des « stanses » en fuite au front des cultures masculines identitaires. Cette *logopeia* gardera d'ailleurs pour Eileen Gray cette capacité de diffraction vers différents domaines d'expression, celle d'un « art in discord » – pour reprendre les mots employés par Wyndham Lewis dans *The Artist* (1939) lorsqu'il en appelle à la nécessaire ouverture du champ de l'art aux contradictions, aux oppositions – dont témoigne les jeux sur les noms des tapis, sur les mots égrenés dans *E 1027*, mots ouvrant l'accès à un « Sens Interdit[18] ». « Toute œuvre d'art est symbolique. Elle traduit, elle suggère plutôt l'essentiel qu'elle ne le représente. C'est aux artistes de trouver, dans cette multitude d'éléments contradictoires, ceux qui constituent l'armature intellectuelle et émotive de l'homme individuel et social à la fois[19]. »

15. Ezra Pound, « A Few Don'ts by an Imagiste », *Poetry. A Magazine of Verse*, mars 1913. Ce statut de l'image, Ezra Pound l'ancre dans la méthode idéogrammatique d'Ernest Fenollosa, le premier introducteur aux États-Unis de l'art et de la littérature japonaise et chinoise, dont il édite les textes. **16.** H.D., à qui Ezra Pound dédie un texte, « H.D. Imagiste », qui la consacre comme fondatrice du mouvement, utilise un monogramme plutôt que son nom. Elle restera proche de Dora Marsden, féministe activiste, éditrice de *The New Freewoman* et corédactrice de *The Egoist*, le plus important magazine moderniste anglais, qui publia James Joyce, Ezra Pound et D. H. Lawrence. H. D. initie dans ses textes une économie complexe basée sur les transferts d'identité et joue sur sa bisexualité, comme dans son roman autobiographique, *HERmione*, prénom dont s'emparera Gray à une période de sa vie. **17.** Je renvoie ici à l'article de Valérie Guillaume, « Eileen Gray à Paris : luxe et arts », publié dans ce catalogue p. 59-64. **18.** Selon l'inscription présente dans l'atrium d'entrée de la villa *E 1027*. **19.** E. Gray et J. Badovici, « De l'éclectisme au doute », art. cité, p. 6.

PORTRAIT DE L'ARTISTE EN JEUNE FILLE : L'HÉRITAGE D'OUTRE-MANCHE

Olivier Gabet

Tous ceux qui ont croisé Eileen Gray à la fin de sa vie ont relevé son allure de lady, elle qui a grandi en partie dans la demeure familiale de Brownswood, dans le comté irlandais de Wexford, descendant par sa mère des comtes de Moray, une ascendance brillante malmenée par le mariage de cette dernière avec James MacLaren Smith, un peintre de médiocre extraction. Même si les frasques paternelles lui font mener une vie sans doute moins étiolée que celle de ses amies de l'aristocratie victorienne et édouardienne, elle connaît ce qui rythme leur quotidien : interminables *weekend parties* et journées ennuyeuses dans les *country houses* de sa parentèle ou de ses amis. Brownswood illustre à merveille la nuance mélancolique qui caractérise la grande demeure irlandaise dans la littérature du XXe siècle, à travers, par exemple, les romans d'Elizabeth Bowen ou de William Trevor. À la mort de son oncle, la mère d'Eileen Gray, simple Mrs Smith, poussée par sa fille Ethel et son gendre, reçoit en 1893 le titre de baronne Gray, pairesse d'Écosse : Eileen devient « *Honorable* », un titre sésame dans la société britannique. La jeune fille ressemble à une héroïne de Henry James ou d'Edith Wharton. Si elle a sans doute eu tout le loisir de lire les romans de cette dernière, peut-être a-t-elle aussi, comme nombre de ses contemporains, parcouru *The Decoration of Houses*, publié en 1897 avec l'architecte américain Ogden Codman, dans lequel elle aura apprécié le bon sens et le pragmatisme de Wharton, son refus des dogmes en architecture, la primauté donnée à la fonctionnalité, au confort et à une forme d'originalité.

La famille d'Eileen Gray ne prétend certainement pas rejoindre la haute aristocratie irlandaise, représentée par les ducs de Devonshire à Lismore Castle – immense château dans l'esprit du Gothic Revival – ou les FitzGerald, chevaliers de Glin, dans le comté de Limerick[1]. Dans un climat souvent rude, les intérieurs de ces demeures sont conçus pour être baignés de lumière, ménageant confort et élégance. Brownswood, bien que d'une échelle plus modeste, est à l'image de ces demeures ambitieuses. En 1895, Henry Lindsay, le beau-frère d'Eileen, rénove le manoir resté dans son état géorgien de la seconde moitié du XVIIIe siècle, aux volumes simples et lumineux grâce à de grandes fenêtres à guillotine, et en fait une imposante bâtisse suivant le goût élisabéthain, pâtisserie indigeste dans la veine de ce qu'aime alors une élite sociale avide de manifester son rang dans la pierre.
Quelques traits ont pu marquer la jeune Eileen, tant ils sont omniprésents dans ces décors des *country houses* de l'époque, qui reprennent à plaisir les styles passés des héritages successifs. On retrouve dans ces châteaux la tradition du mobilier héraldique, où les armoiries deviennent les éléments constitutifs des meubles, comme ces *hall chairs*, chaises placées dans les vastes entrées, et dont les dossiers sont d'une grande plasticité – animaux symboliques, figures fantastiques aux couleurs franches souvent pétries d'histoire ou de généalogie. Ainsi, le fauteuil *Sirène*, conçu pour son amie Damia, en est la parfaite réinterprétation par Gray, loin d'une quelconque tradition décorative française, dans laquelle le mobilier héraldique reste rare. Dans ces intérieurs, on use de grands paravents en laque de Chine, du Japon ou de Coromandel, qui viennent couper les pièces, d'une manière fonctionnelle et esthétique. Parmi les éléments de mobilier récurrents figurent, dans les salles à manger, ces dessertes qui permettent de déposer des plats de service ou des objets purement décoratifs, une originalité typiquement britannique qu'a su relever Edith Wharton[2]. Depuis le XVIIIe siècle, des ébénistes et décorateurs comme les frères Adam, Hepplewhite ou Sheraton en ont donné une réinterprétation continue. Gray, quant à elle, en livrera sa propre version en 1920-1922 avec sa grande enfilade en laque arraché. Elle reprend une composition familière aux connaisseurs d'arts décoratifs anglais, si frappante qu'on croirait presque y deviner un meuble ancien ou un modèle de George Walton ou C. F. A. Voysey, figures des Arts and Crafts. Parfois, ces intérieurs font la part belle à ce mobilier de trophées animaux – peaux de bêtes sauvages, massacres de cerfs, pieds d'éléphants sectionnés et reconvertis en porte-parapluies. Gray n'oublie pas l'animalité de cette nation de *sportsmen* quand elle jette sur un lit ou au sol des peaux d'ours ou de zèbres[3].
L'élite britannique affectionne également l'*horror vacui* typique du décor de l'intérieur victorien, envahi d'objets d'art aux styles variés, et cet éclectisme semble servir à Gray de postulat de départ à dépasser. Quand ce goût revient à la mode à la fin des années 1930, elle ne cessera de le condamner : « La décoration d'intérieur est dans une impasse totale. La folie du style Napoléon III et du début de l'ère victorienne ne faiblit pas[4]. » À l'évidence, l'installation, après-guerre, au 21, rue Bonaparte, de la décoratrice et antiquaire Madeleine Castaing n'a pas laissé indifférente sa voisine irlandaise…
S'il reste difficile de connaître les références d'une artiste discrète, voire « taiseuse », il est tentant de relever chez Gray la fascination exercée par l'héritage de William Morris. À y regarder

1. Voir Hugh Montgomery-Massinberg et Christopher Simon Sykes, *Great Houses of Ireland*, Londres, Laurence King, 1999. **2.** Edith Wharton, Ogden Codman, *The Decoration of Houses* [1897], New York, Classical America / Arthur Ross Foundation / Norton, 1997, p. 157 : « La célèbre desserte anglaise, avec sa batterie de bouilloires, de plateaux et de seaux à rafraîchir, était inconnue en France. » **3.** Peter Noever (dir.), *Möbel als Trophäe / Furniture As Trophy*, Nuremberg, Verlag für Moderne Kunst, 2009, p. 58 et 63. **4.** Citée par Peter Adam, *Eileen Gray, une biographie*, trad. de l'anglais par Jean-Baptiste Damien, Paris, Adam Biro, 1989, p. 340.

Eileen Gray,
fauteuil *Sirène*, *circa* 1919.
Structure en bois sculpté et laqué,
assise en velours.
Anthony DeLorenzo

de plus près, son chef-d'œuvre architectural *E 1027* reprend bien des caractéristiques de la *Red House*, un jalon de la modernité européenne conçu par l'architecte Philip Webb pour Morris au début des années 1860. Dans *Pioneers of Modern Design* [Pionniers du mouvement moderne], dont la première édition date de 1936, Nikolaus Pevsner met en exergue la place fondatrice de la *Red House* de Morris, sans y évoquer sa reverdie méditerranéenne – Gray n'y est d'ailleurs jamais citée. On y décèle pourtant le même principe d'articulation entre des volumes généreux, de raffinement et de simplicité dans le partage entre espaces de réception et de vie intime, et dans le traitement de l'ouverture des baies et des portes sur l'espace extérieur du jardin. La cuisine de la villa *E 1027*, qui flirte avec le ciel, a un air de famille avec celle imaginée par Webb et Morris comme une percée sur la nature du jardin, d'abord dédiée au plaisir sensuel. Dans son exégèse du projet d'*E 1027*, Gray précise sa pensée, en reprenant des éléments de celle de John Ruskin et de Morris : « Le plan intérieur ne doit pas être la conséquence accidentelle de la façade ; il doit vivre d'une vie complète, harmonieuse et logique. [...] Comme à l'époque gothique, il doit être un tout homogène, construit pour l'homme, à l'échelle de l'homme, et équilibré en toutes ses parties[5]. » La référence au gothique révèle une connaissance intime des principes défendus par Morris et une large partie des architectes du Gothic Revival, ainsi que par leurs descendants dans l'Art nouveau européen, quelques décennies plus tard. En 1924, dans l'article que Jean Badovici consacre à Gray dans la revue *Wendingen*, il dépeint d'ailleurs cette dernière « dans notre siècle de machinisme », comme « profondément romantique[6] », adjectif qui caractérise un certain goût anglais, entre le roman noir gothique et les rêveries d'un William Beckford ou d'un Walter Scott.

On a pu rapprocher visuellement l'œuvre d'Eileen Gray de celle de l'Écossais Charles Rennie Mackintosh – jusqu'à fantasmer l'existence d'une exposition de ce dernier à Paris en 1900, et sa prétendue influence sur Gray lors de sa visite de l'Exposition universelle organisée cette même année[7]. Si Mackintosh triomphe alors, c'est plutôt lors de l'exposition de la Sécession à Vienne, dévoilant l'une des sources les plus tangibles de la modernité viennoise. Selon toute vraisemblance, Gray a connu l'œuvre de Mackintosh – il est, dans ces mêmes années, bien difficile d'y échapper, tant les articles fleurissent dans la presse artistique, que Gray lit avec attention. Cependant, il y a un monde entre la peinture laquée blanche des meubles de Mackintosh et la surface inlassablement travaillée de ceux exposés quelques années plus tard par Gray. Mackintosh s'ingénue à toujours laisser planer un doute sur la matérialité de l'objet, en créant une impression d'évanescence. On sait combien il est à rebours de la construction architecturale des meubles créés par Morris et ses héritiers, cette *sincérité* de matériaux jamais masqués par l'afféterie décorative – le décor peint en souligne au contraire la composition générale. De même dans l'œuvre de Gray, la lumière n'estompe pas les formes, mais les fait vibrer, et le travail du laque, lent et pénible, témoigne encore du labeur de l'artiste. Le mot « honnêteté » a pu aussi être employé pour les meubles de Gray, en ce qu'ils laissent leur structure visible – principe ruskinien par excellence, mis notamment en pratique par l'architecte et designer A. W. N. Pugin, si habile à créer un mobilier qui fait fi des placages et des marqueteries pour laisser voir les tenons, les chevilles, l'articulation technique et la structure. Dans son entretien avec Badovici, Gray

5. *Ibid.*, p. 195. **6.** *Ibid.*, p. 164. **7.** Voir P. Adam, *Eileen Gray...*, *op. cit.*, p. 25, à propos d'une participation jamais avérée de Mackintosh à l'Exposition universelle de Paris en 1900.

approuvera l'idée, proche de celle de Ruskin, d'un ressourcement de l'émotion, « une émotion purifiée » : « Le seul choix d'une matière belle en soi, et travaillée avec une simplicité *sincère*[8], y suffit quelquefois... »[9] Et, même si elle ne l'a jamais exprimé ainsi, sa préférence pour la beauté d'un geste collectif, dans son travail avec ses laqueurs et ses lissiers, comme son attention aux questions sociales, de plus en plus prégnantes à partir des années 1920-1930, trouvent sans doute leurs racines dans ce foyer de la modernité anglaise.

Gray n'est pas moins sensible aux manifestations architecturales et décoratives de l'Aesthetic Movement, qui connaît un succès considérable en Grande-Bretagne depuis les années 1870. Alors que Gray retient les postures et les théories de l'Arts and Crafts, les citations de l'Aesthetic Movement semblent plus littérales dans son œuvre. Lectrice d'Oscar Wilde, elle puise dans ce mouvement maintes sources d'inspiration. Liant peinture, décoration et littérature, l'écrivain revendique, à la suite de « l'Art pour l'Art » de Théophile Gautier, la suprématie de la pure valeur esthétique sur toute autre considération morale et sociale, où l'Art serait avant tout créé pour susciter le plaisir. Cette notion de sensualité est au cœur de son œuvre, et Gray ne s'en départira jamais, y compris en prenant ses distances avec Le Corbusier : elle récuse le principe de « machine à habiter », auquel elle préfère l'idée plus organique de « coquille de l'homme, sa prolongation, son élargissement, son rayonnement spirituel, replaçant l'humain au cœur de tout »[10]. Suivant l'expression « *The House Beautiful* », l'art décoratif se met au service du foyer devenu le but ultime de la rénovation esthétique, avec une prédilection pour les bois noirs rehaussés d'or, l'engouement pour le japonisme, l'utilisation effrénée des formes de la nature. Décorateur talentueux, Edward W. Godwin crée un corpus protéiforme qui marque les intérieurs anglais au tournant du siècle. Il y promeut la synthèse inédite entre un fonctionnalisme pratique et une élégance empruntée au mobilier anglais du XVIIIe siècle, privilégiant des meubles transportables au gré des envies, dans ces styles Sheraton ou Hepplewhite auxquels s'ajoute son admiration pour le mobilier japonais – ainsi sa fameuse *folding table*, dite « Smallhythe », inspirée des *tansu*, meubles de rangement japonais. Nul doute que le souvenir de ce type de création, qui illustre le versant « cérébral » du japonisme, ait pu inspirer Gray, avec par exemple la table à thé de la villa *E 1027* [ill. p. 28], aux disques et plateaux amovibles, réalisée quelques décennies plus tard. L'autre mouvance du japonisme, plus fantaisiste, va également offrir à Gray une inspiration nouvelle : ces motifs et ornements venus d'Asie, à travers les broderies et soieries, qui, à la fin du XIXe siècle, connaissent un vaste engouement, sont visibles au South Kensington Museum, devenu en 1899 le Victoria and Albert Museum, que Gray fréquente assidûment. Si ces importations ont été présentées à Londres dès l'Exposition universelle de 1862, elles ne seront commercialisées avec succès par la galerie d'art londonienne Liberty and Co qu'en 1875, date de sa fondation par Arthur Lasenby Liberty. Lors de ses séjours londoniens, Gray visite fréquemment la galerie, où l'on peut voir de chatoyants *fukusa* qui offrent de beaux exemples de fleurs et de dragons ennuagés, brodés de cordonnets de soie – motifs repris dans le *Fauteuil aux dragons* créé pour Juliette Lévy (épouse de Mathieu Lévy), rue de Lota –, à l'instar des effets chromatiques de certaines broderies sur fond de velours noir qui font écho à des surfaces laquées. Liberty associe de nombreuses influences présentes dans l'œuvre de Gray, sensible

8. C'est l'auteur qui souligne [Ndle]. **9.** « De l'éclectisme au doute », repris dans P. Adam, *Eileen Gray...*, *op. cit.*, p. 220. **10.** Le Corbusier, cité dans P. Adam, *Eileen Gray...*, *op. cit.*, p. 305-306.

James McNeill Whistler,
Harmony in Blue and Gold.
The Peacock Room, huile et feuille d'or sur toile, cuir et bois, 1876-1877. Freer Gallery of Art, Smithsonian Institution, Washington D.C.
Don de Charles Lang

Eileen Gray,
Fauteuil aux dragons, bois, cuir et feuilles d'argent patinées, *circa* 1917-1919. Christie's Images

Edward W. Godwin,
table pliante de style anglo-japonais, dite «de Smallhythe», bois teinté et laiton, 1872.
Louvre Abu Dhabi

au *Zeitgeist* de la galerie. Dans l'aventure décorative de la *Peacock Room* [Salle aux paons] imaginée au milieu des années 1870 pour la maison londonienne de l'armateur Francis R. Leyland à Princes Gate, on repère quelques effets bientôt chers à Gray. L'architecte Richard Norman Shaw a livré le bâtiment et James McNeill Whistler, artiste emblématique du mouvement, peint *Princess of the Land of Porcelaine* [Princesse du Pays de Porcelaine] destinée à la salle à manger décorée par Thomas Jeckyll. Provoquant la fureur de ce dernier, Whistler décore les murs de la pièce de grands motifs de paons dorés sur un fond vert profond, projet dont il discute avec Liberty, ces grandes plumes devenant le symbole même de l'Aesthetic Movement – quelques années plus tard, c'est dans une parure ainsi emplumée que Gray posera devant l'objectif [ill. p. 137]. Est-ce là un signe? Toujours est-il que la sensualité du décor, le choix des matériaux, les effets de surface murale rappellent les paravents et les intérieurs conçus par Gray dans les années 1910 et 1920, comme rue de Lota. Ce sont les mêmes principes que développe alors le projet non réalisé d'une chambre « tout en papier argent, avec au plafond un cercle noir brillant à l'intérieur d'un cercle blanc brillant. Mobilier en étain. Rideaux gris[11] ».

L'autre aspect de l'Aesthetic Movement auquel Eileen Gray fait allusion est un certain vocabulaire ornemental emprunté à l'Égypte antique. Depuis la fin du XVIIIe siècle, l'égyptomanie constitue un véritable phénomène en Grande-Bretagne. En 1884, Liberty en offre un exemple remarquable, vendu partout en Europe au point de devenir, de citation archéologique, une icône du design moderne : le tabouret *Thèbes*, inspiré d'une pièce provenant de ce site archéologique, daté de la XVIIIe dynastie (XVIe-XIVe siècles av. J.-C.), joyau du British Museum. Cette veine égyptienne inspire un designer comme Christopher Dresser, qui y trouve une forme de synthèse propre à servir son projet d'un mobilier pour le plus grand nombre. Le tabouret *Thèbes*, grand succès de Liberty jusque dans les années 1930, témoigne de la fascination des modernes pour l'égyptomanie – on le trouve dans les intérieurs allemands, viennois et chez Adolf Loos – et ce bien avant la découverte du trésor de

11. P. Adam, *Eileen Gray…, op. cit.*, p. 53.

Gravure anonyme illustrant le catalogue *Eastern Art Manufactures and Decorative Objects from Persia, India, China, and Japan: on view at Messrs. Liberty & Co.'s East Indian Art Warehouses* (Londres, Novello, Ewer & Co., 1881), reprise et adaptée à de nombreuses reprises

Toutankhamon par Carter et Carnarvon en 1922[12]. Gray exprime également son enthousiasme pour l'Égypte : la *Table aux lotus* est livrée à Jacques Doucet dès 1915, et le divan aux pieds palmés est conçu pour Juliette Lévy vers 1920-1922. Plus tard encore, l'appartement du boulevard Suchet revu par Paul Ruaud comprendra quelques vases canopes ne déparant en rien les meubles de Gray, et un ouchebti posé délicatement sur une table en laque, exposée à la galerie Jean Désert, viendra y parfaire l'effet.

Comme un dernier regard détourné sur l'influence de Liberty sur Gray, il faudrait enfin choisir la gravure qui illustre le catalogue publié par la galerie en 1881, consacré aux *Eastern Art Manufactures and Decorative Art Objects*. Cette illustration sera reprise durant des décennies par Liberty pour servir de publicité : elle montre une femme « esthétique », à l'éventail déployé, langoureusement allongée dans un de ces « hamacs de jardin indiens[13] ». Dans la forme oblongue du hamac, on peut voir la matrice visuelle et formelle de la chaise longue *Pirogue* [ill. p. 56] et, dans la pose à la fois décontractée et chic, quelque chose de l'élégance à venir de Madame Mathieu Lévy dans la photographie devenue célèbre [ill. p. 40].

Entre Aesthetic Movement et goût Liberty, il y aurait bien d'autres rapprochements à faire avec l'œuvre de Gray, ne serait-ce que dans ces injonctions : « Défense de rire ! » et « Entrez lentement », qui ponctuent les murs d'*E 1027*, et dont on retrouve les échos dans les pensées qui égayent les intérieurs des années 1880-1890. Sens de l'humour et maîtrise délicate de l'ironie sont aussi les liens que Gray entretient avec cet héritage britannique de la fin du XIXe siècle. Artiste secrète, ayant élagué avec soin les traces indésirables de sa biographie, Gray a su construire sa légende. Bien qu'elle en ait biffé avec vigueur certains épisodes, comme les années Doucet, elle n'a jamais fait de même pour ces années de jeunesse qui ont forgé son caractère et sa culture.

Christopher Dresser, chaise « égyptienne », bois noirci, *circa* 1880. Victoria and Albert Museum, Londres

12. Stephen Calloway, *Le Style Liberty. Un siècle d'histoire d'un grand magasin londonien*, Paris, Armand Colin, 1992, p. 76-77, et Donato Esposito, « From Ancient Egypt to Victorian London. The Impact of Ancient Egyptian Furniture on British Art and Design, 1850-1900 », *The Journal of The Decorative Art Society*, 2003, vol. XXVII, p. 81-93. **13.** S. Calloway, *Le Style Liberty…*, *op. cit.*, p. 119. L'illustration figure en page 118.

Eileen Gray à Paris, *circa* 1900. Collection particulière

LONDRES ET PARIS : LES PREMIÈRES ANNÉES

Jennifer Laurent

L'un des romans anglais fin de siècle les plus populaires, *Trilby*, de George du Maurier, raconte l'histoire d'un trio d'artistes britanniques qui mène la vie de bohème parisienne sur la Rive gauche. Ce roman a connu un immense succès auprès de toute une génération de jeunes artistes qui rêvaient d'échapper à l'atmosphère étriquée de l'Angleterre victorienne pour vivre leur liberté dans l'épicentre du monde de l'art occidental moderne. Paris, écrit le journaliste Clive Holland en 1904, est « La Mecque des étudiants en beaux-arts[1] », et la ville est particulièrement appréciée des expatriés britanniques. Dans ses *Confessions*, le poète, philosophe et occultiste britannique Aleister Crowley [ill. p. 36] évoque l'attrait qu'exerce la communauté artistique parisienne, ouverte d'esprit, et la compare à la situation en Angleterre, où « [...] il n'y a guère d'interactions sociales. Quand les artistes et les écrivains ne sont pas isolés, ils appartiennent à des cliques mesquines [...]. En France, les échanges sociaux entre artistes jouent un rôle civilisateur, ils les hissent à un niveau commun [...]. En Angleterre, la moindre étincelle d'individualité est un outrage à la décence[2]. »

La jeune Eileen Gray est, elle aussi, attirée par la vie artistique parisienne au tournant du siècle. Elle découvre la capitale française en 1900, en visitant avec sa mère l'Exposition universelle. Profondément marquée par l'expérience, elle décide, de retour chez elle, de s'inscrire dès l'automne à la Slade School of Fine Art, à Londres. Les années qui suivent – jusqu'à son installation définitive à Paris en 1907 – sont très formatrices pour Gray, à la fois imprégnée d'un enseignement artistique rigoureux et de l'influence de son cercle social immédiat, composé essentiellement de jeunes Britanniques, étudiants en beaux-arts, peintres et écrivains, qui habitent le quartier de Montparnasse.

1. Clive Holland, « Lady Art Students' Life in Paris », *The Studio*, 1904, p. 225. **2.** Aleister Crowley, *The Confessions of Aleister Crowley. An Autohagiography*, New York, Hill & Wang, 1969, p. 338.

Kathleen Bruce en 1907.
Collection particulière

Aleister Crowley en 1907.
Yorke Collection, Warburg Institute,
University of London

Ci-contre :
Lettre d'Eileen Gray à Auguste Rodin,
fin 1902-début 1903.
Archives du Musée Rodin, Paris

Entrée à la Slade à l'automne 1900, Gray quitte l'école au cours de l'année scolaire 1901-1902. Elle occupe à l'époque un logement appartenant à sa famille, au 169 S.W. Cromwell Road à Londres, près de South Kensington. En visitant le Victoria and Albert Museum (situé dans la même rue), elle découvre les laques asiatiques et décide de s'initier à cette technique ; elle s'engage donc comme apprentie chez le laqueur D. Charles, dont l'atelier se trouve Dean Street, à Soho, non loin de la Slade. Cette période londonienne est importante pour Gray, car les relations qu'elle noue à l'époque serviront de fondement au réseau social plus vaste qu'elle développera au cours de ses premières années à Paris. À la Slade, elle se lie d'amitié avec Kathleen Bruce, fille orpheline d'un pasteur anglais, qui se fera connaître comme sculpteur, et Jessie Gavin, issue d'une famille bourgeoise aisée des Midlands, qui entrera par mariage dans la famille du riche industriel français René Raoul-Duval. À la fin de 1901, les trois jeunes femmes décident de quitter la Slade School et de se rendre à Paris.

Au début du xxe siècle, écrit Bruce dans ses mémoires, une jeune fille qui partait étudier les beaux-arts et vivre sa vie à Paris « se condamnait irrémédiablement à l'Enfer[3] ». Au-delà de l'exagération de ces propos, il est certain que la décision du trio est audacieuse. À Paris, les trois femmes trouvent à se loger dans une pension, 3, rue Joseph-Bara, près de Montparnasse ; elles s'inscrivent à l'Académie Colarossi, institution progressiste appréciée des étrangers, où les classes de dessin d'après modèle vivant sont mixtes. Gray y fait la connaissance des Britanniques Mina Loy et Stephen Haweis, qui convoleront en justes noces en 1903. Plus tard, Loy s'orientera vers la poésie et le roman, et ses œuvres lui vaudront l'admiration de T.S. Eliot, Ezra Pound et Gertrude Stein. Haweis, pour sa part, se tournera vers la photographie et entretiendra toute sa vie une liaison épistolaire avec Gray. Peu après, Gray entre à l'Académie Julian – institution privée plus onéreuse qui prépare l'entrée à l'École des beaux-arts –, où elle étudie le dessin. Les classes sont séparées, mais les femmes y bénéficient du même enseignement que les hommes, souvent dispensé par des personnalités reconnues, comme Jean-Paul Laurens et Adolphe-William Bouguereau.

Durant ses premières années à Paris, Gray fréquente surtout ce que Crowley appelle dans ses *Confessions* la « colonie anglaise de Montparnasse[4] ». Bruce, Gavin, Loy et Haweis sont tous des expatriés britanniques. Un autre membre important de ce cercle est le portraitiste britannique Gerald Festus Kelly (futur président de la Royal Academy), qui, diplômé en poésie de Trinity Hall à Cambridge, avait aussi quitté Londres en 1901 pour se lancer dans une carrière de peintre à Paris. Gray et Kelly sont relativement proches ; la première passe beaucoup de temps dans l'atelier du second, qui exécute son portrait. C'est là qu'elle rencontre Aleister Crowley, ancien camarade d'études de Kelly à Cambridge, qui, arrivé à Paris en 1902, demande Gray en mariage et lui offre une broche en diamant. Le mariage ne se concrétisera pas, mais plusieurs poèmes composés à l'époque par Crowley font référence à Gray. Dans *Rosa Mundi and Other Love Songs*, les poèmes 14 à 16, 18 et 21 à 28 sont inspirés de cette fiancée d'un temps, et le poète confirmera par ailleurs qu'elle a également inspiré « The Star » dans *The Star and the Garter*[5].

Les fréquentations de Gray ne se limitent toutefois pas uniquement au cercle de la « colonie anglaise de Montparnasse ». Comme d'autres de ses amis, elle rencontre Auguste Rodin,

3. Kathleen Bruce Kennet, *Self-Portrait of an Artist. From the Diaries and Memoirs of Lady Kennet, Kathleen, Lady Scott*, Londres, John Murray, 1949, p. 23-24. **4.** *Ibid.*, p. 335. **5.** *Ibid.*

3. Rue Bara

fin 1902 ou début janvier 1903

Chère Maître.

J'ai appris de Monsieur Crowley que la petite Danaïde allait être prête et je vous envoie le chèque montant de la somme qui a été convenue entre nous. Cette possession sera pour moi une éducation constante en même temps qu'un inappréciable plaisir.

Veuillez agréer, chère maître, l'expression de mes remerciements et de ma respectueuse admiration

Eileen Gray.

Auguste Rodin, *La Danaïde*, petit modèle, bronze, 1885. Musée Rodin, Paris

dont Kelly a fait la connaissance par l'entremise de Paul Durand-Ruel. Bruce étudie et devient amie avec le sculpteur. Haweis photographie ses œuvres. Crowley aussi noue des liens d'amitié avec Rodin : deux de ses sonnets, *Rodin* et *Balzac*, lui valent d'être invité à Meudon pour continuer à écrire sur l'œuvre du maître. Pour ce qui est de Gray, une lettre de la fin de 1902 ou du début de 1903 montre qu'elle est (par l'intermédiaire de Crowley) en contact avec le sculpteur [ill. p. 37], à qui elle achète une petite version en bronze de sa *Danaïde*. « J'ai appris de Monsieur Crowley que la Petite Danaïde allait être prête [...] », et elle ajoute : « Cette possession sera pour moi une éducation constante en même temps qu'un inapréciable [*sic*] plaisir[6]. » Dans une autre lettre, elle évoque « avec joie les rares instants qu'il m'a été donné de passer auprès de vous à Meudon et pendant lesquels vous m'avez fait comprendre un peu de la beauté qui existe en toutes les choses humaines[7] ». Il est indéniable que, dans ses premières années à Paris, Gray a été marquée par la personnalité du grand sculpteur.
Ainsi, le milieu social que fréquente Eileen Gray à ses débuts est un microcosme de jeunes artistes et écrivains britanniques, avec, en toile de fond, Paris au tournant du siècle. Comme certains de ses amis de l'époque, Gray décidera finalement d'opter pour une autre voie artistique que celle qu'elle avait initialement choisie. Cependant, malgré la place qu'occuperont dans sa carrière la création de meubles, puis l'architecture, elle conservera toute sa vie le goût des arts plastiques et ne cessera d'expérimenter durant toute sa carrière diverses techniques picturales, créant des séries de gouaches et des collages, pratiquant la photographie : autant d'activités qui attestent de l'empreinte durable laissée par sa formation artistique initiale.

Traduit de l'anglais par Jean-François Allain

6. Lettre d'Eileen Gray à Auguste Rodin, fin 1902-début 1903, Archives du Musée Rodin, Paris.
7. Lettre d'Eileen Gray à Auguste Rodin, vers 1902-1903, Archives du Musée Rodin, Paris.

INFLUENCES EXTRÊME-ORIENTALES

Ruth Starr

Eileen Gray est surtout connue pour avoir fait œuvre de pionnière dans les débuts de l'architecture moderniste, mais on connaît moins ses créations pourtant remarquables de meubles laqués, domaine dans lequel elle fait preuve d'une appréciation très fine des qualités uniques de l'art du laque japonais.

Les premières rencontres de Gray avec le japonisme remontent à des visites de musées et d'expositions, notamment du musée de South Kensington (le Victoria and Albert Museum), à Londres, proche de chez elle, et de l'Exposition universelle de Paris en 1900.

Une autre influence, irlandaise, peut être évoquée: dès les années 1880, l'actuel National Museum of Ireland (NMI) possédait de nombreux objets japonais, notamment de magnifiques laques authentiques[1], acquis pour la plupart entre 1879 et 1897, avec un maximum de vingt-quatre pièces en 1897[2]; autrement dit, l'importance accordée aux laques en Irlande coïncide avec les années de formation de la jeune designer irlandaise.

Au début du XXe siècle, l'intérêt pour les paravents japonais en Grande-Bretagne est suffisant pour que Yamanaka & Co. organise à Londres une exposition-vente annuelle[3] et que des entreprises de laque comme D. Charles aient pignon sur rue à Soho. Non loin de là, à la Slade School of Fine Art, les femmes sont plus nombreuses que jamais à participer au mouvement Arts and Crafts de William Morris[4]. Au cours de ses études dans cet établissement (1900-1902), Gray découvre la dimension artisanale et profondément humaine du mouvement qui va structurer et inspirer ses activités dans le domaine du laque[5]. Un peu plus tard, elle se proposera pour travailler avec D. Charles et acquérir les techniques du laquage.

Gray semble avoir été naturellement attirée par l'expérience esthétique japonaise du « toucher »; pour pouvoir être appréciés dans toute leur sensualité, en effet, les objets en laque doivent être « vus » avec les mains. Elle semble également partager la conviction de

1. Ces laques, conçus pour le marché intérieur japonais, ne prennent donc pas en compte les goûts européens. **2.** *Decorative Arts of Japan*, Dublin, National Museum of Ireland, 1985, p. 5. **3.** Keiko Itoh, *The Japanese Community in Pre-War Britain. From Integration to Disintegration*, Richmond, Curzon, 2001, p. 76. **4.** Lynne Walker, « Architecture & Reputation. Eileen Gray, Gender & Modernism », dans Brenda Martin et Penny Sparke (éds), *Women's Places. Architecture & Design 1860-1960*, Londres, Routledge, 2003, p. 97. **5.** *Ibid.*

Eileen Gray, paravent *Le Destin* (face et dos), bois laqué, 1914. Collection particulière, courtesy galerie Vallois, Paris. Acquis par le couturier Jacques Doucet en 1914

Madame Mathieu Lévy photographiée par le Baron de Meyer dans son appartement, 9, rue de Lota, Paris, reposant dans la chaise longue *Pirogue* conçue par Eileen Gray, *circa* 1920. Centre Pompidou, Bibliothèque Kandinsky, Paris. Fonds Eileen Gray

l'écrivain Tanizaki (1886-1965), pour qui « la teinte sombre est un élément indispensable de la beauté des laques[6] ». La photographie prise par le baron de Meyer de l'appartement de la rue de Lota – la première commande de décoration intérieure de Gray – laisse voir les « motifs étincelants » dans des « pièces sombres » qu'évoque l'auteur[7].

En 1907, Gray s'établit de façon permanente à Paris, y rencontre le laqueur japonais Seizo Sugawara (1884-1937)[8] [ill. p. 44] et commence à créer ses propres laques. Avec son aide, elle achève son premier paravent ; c'est le début d'une collaboration qui durera vingt ans. Au départ, elle se contente de noter soigneusement ses recettes[9], mais elle se met bientôt à innover, par exemple en créant des laques d'un bleu profond jamais vu jusqu'ici.

Nombre de ses premières créations sont très personnelles. *Le Destin*, grand paravent en laque rouge à quatre panneaux, rappelle les paravents japonais peints, la « face » illustrant un sujet (un drame mystérieux entre deux jeunes nus gris-bleu et un vieil homme enveloppé d'un vaporeux linceul argenté), et l'arrière étant simplement décoré de formes majestueuses argent et or. Il est important de se souvenir qu'au Japon un paravent, comme un rouleau, n'est pas censé être vu d'un seul coup d'œil ; le regard se déplace en lisant la scène d'un panneau à l'autre, de la droite vers la gauche[10]. Gray connaissait sans doute cette convention quand elle crée *Le Destin*. De même, *Le Magicien de la nuit* [ill. p. 18] peut être lu de droite à gauche : à droite, une figure en retrait observe la figure centrale, qui offre une fleur de lotus incrustée de nacre à une figure en silhouette à gauche. Le lotus est un symbole oriental qui revient souvent chez Gray.

La forte impression qu'avait produite sur elle l'Exposition universelle de Paris en 1900 était peut-être due aux trois paravents d'un artiste de l'école Rimpa, Ogata Korin (1658-1716), exposés dans le pavillon japonais[11]. Bien que la question excède le présent essai, il convient de rappeler que l'intérêt des spécialistes, collectionneurs et musées publics occidentaux pour l'art Rimpa avait été croissant entre les années 1880 et 1914[12].

6. Jun'ichiro Tanizaki, *Éloge de l'ombre* [1933], première traduction en anglais et en français, 1977, Paris, Éd. Verdier, 2011. **7.** *Ibid.* **8.** Voir Ruth Starr, « Seizo Sugawara, maître laqueur », dans le présent ouvrage, p. 43-46. **9.** Archive of Art and Design, V & A Museum Archive, Londres. **10.** Oliver R. Impey, *Japanese Folding Screens from the Victoria and Albert Museum and Ashmolean Museum*, Oxford, Weatherhill/Ashmolean Museum, 1997, p. 13. **11.** Anna Jackson, « Orient and Occident », dans Paul Greenhalgh (éd.), *Art Nouveau 1890-1914*, Londres, V & A Publications, 2000, p. 438. **12.** Yuzo Yamane, Masato Natio et Timothy Clark, *Rimpa Art from the Indemitsu Collection, Tokyo*, Londres, British Museum Press, 1998, p. 69.

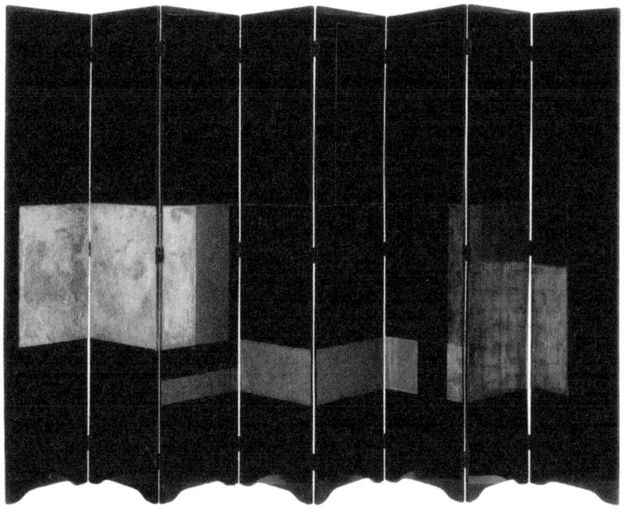

Eileen Gray,
paravent à huit panneaux,
bois laqué avec décoration en laque
texturé et argent, s.d.
Victoria and Albert Museum, Londres.
Don de Prunella Clough

« Le paravent en bois laqué avec décoration en laque texturé et argent » peut être interprété – si on le lit de droite à gauche – comme un crépuscule argenté évoluant vers une aube dorée sur fond de ciel laqué d'un noir intense et somptueux, tel un écho au « monde unique et strict du contraste entre la lumière et l'obscurité[13] » de Korin. En outre, peut-être Gray fait-elle allusion à l'esthétique de l'école Rimpa, qui consiste à réduire les « motifs » à leur quintessence. Elle raffine les « panneaux » du paravent pour en faire des paravents de « briques » laquées [ill. p. 42], sans motif ni sujet de distraction hormis la luminosité même de la surface laquée. Les *shoji* japonais (portes coulissantes) laissent passer la lumière tout en garantissant une certaine intimité. Gray adopte un principe comparable dans ses paravents en briques et, plus tard, en celluloïd et en métal perforé. Au Japon, le paravent est un élément temporaire qui, partiellement déplié, peut être placé n'importe où dans une pièce, et c'est souvent la seule décoration importante qui vienne briser l'angularité rigide d'une pièce. Dans le hall d'entrée de la rue de Lota (1922-1924) [ill. p. 57], les paravents de Gray sont d'abord placés contre les murs, comme des briques ; puis leurs blocs de laque texturés se déplient perpendiculairement au mur, venant casser un espace jugé « trop long[14] ». On peut aussi considérer ces paravents comme des structures éphémères dans un intérieur provisoire : en effet, l'appartement de la rue de Lota sera redécoré à deux reprises en moins de dix ans[15], mais, curieusement, les meubles de Gray conservés dans les intérieurs ainsi réaménagés ne sont jamais crédités dans les images publiées[16]. Et pourtant, dans les années 1920, ces interprétations modernes du japonisme étaient manifestement considérées comme des accessoires indispensables pour créer l'image parfaite d'un intérieur à la mode.
Cependant, le laque va finir par être considéré comme un médium décoratif. Or, rationalité et fonctionnalité sont les grands mots d'ordre du mouvement moderne, pour lequel « l'ornement est un crime[17] ». À mesure que Gray évolue dans le sens des manifestes du mouvement moderne et de son architecture, les vingt années qu'elle a consacrées à ce médium

13. *Ibid.* p. 32. **14.** Philippe Garner, *Eileen Gray. Design and Architecture, 1878–1976*, Cologne, Taschen, 2006, p. 20. **15.** Peter Adam, *Eileen Gray, Architect/Designer. A Biography*, Londres, Thames & Hudson, 1987, p. 105. **16.** *Ibid.*, p. 102. **17.** Adolf Loos, *Ornement et Crime* [1908], trad. par Sabine Cornille et Philippe Ivernel, Paris, Éd. Payot et Rivages, 2003.

Eileen Gray, paravent en briques de bois laqué noir, *circa* 1923. Victoria and Albert Museum, Londres. Don de Charles et Lavinia Handley-Read

« décoratif » deviennent une sorte de fardeau ; allant de l'avant, elle renie presque ce qu'elle a réalisé dans ce médium, le plus japonais de tous[18], mais elle conserve sa sensibilité japonaise et la développe d'autres manières, car celle « dont les yeux ont été formés à l'Orient voudra rarement les ouvrir à l'Occident[19] ».

Traduit de l'anglais par Jean-François Allain

18. Conversation de l'auteur avec Alan Irvine, commissaire de l'exposition « Eileen Gray, Pioneer of Design » (Heinz Gallery, Londres, 1972), le 22 octobre 2005, à Dublin. **19.** Sherban Cantaccuzino, *Welles Coates. A Monograph*, Londres, Gordon Fraser, 1978, p. 11.

SEIZO SUGAWARA, MAÎTRE LAQUEUR

Ruth Starr

Durant vingt ans, Eileen Gray collabora avec l'artisan laqueur japonais Seizo Sugawara (1884-1937). C'est le contact le plus direct qu'elle ait jamais eu avec le Japon, et, pourtant, il semble que le rôle joué par Sugawara au début de la carrière de Gray ait été involontairement sous-estimé[1]. On connaît la personnalité réservée de Gray et, jusqu'à récemment, on ne savait à peu près rien de la vie ou de la personnalité de Sugawara[2] [ill. p. 44]. Des recherches récentes ont néanmoins permis de brosser le portrait d'un homme facile à vivre, méticuleux, généreux, qui avait quelque chose d'une figure paternelle.

Sugawara naît le 29 janvier 1884 à Sakata, dans la préfecture de Yamagata[3], célèbre pour sa tradition du laque, ce qui explique peut-être l'intérêt qu'il porte très tôt à cette technique. En 1905, il se rend à Paris en compagnie de Shoka Tsujimura (1867-1929), professeur de laque à l'École des beaux-arts de Tokyo. Dans son journal de voyage, Tsujimura qualifie son jeune compagnon, alors âgé de vingt et un ans, de « joyeux et innocent[4] ». La décision de Sugawara et de ses compatriotes de se rendre en Europe s'explique peut-être par la difficulté de poursuivre une carrière artistique traditionnelle au Japon après l'adoption de nombreuses pratiques occidentales à partir de 1868, c'est-à-dire à la suite de la restauration Meiji. Plus tard, avec l'émergence de l'Art nouveau à l'Exposition universelle de Paris, en 1900, l'École des beaux-arts de Tokyo et d'autres écoles enseignant les arts traditionnels créent des départements d'arts décoratifs[5]. Cette formation permettra à plusieurs artisans japonais – parmi lesquels Tsujimura[6] – de travailler dans l'atelier parisien Gaillard[7].

1. Conversation de l'auteur avec Alan Irvine, commissaire de l'exposition « Eileen Gray, Pioneer of Design » (Heinz Gallery, Londres, 1972), le 22 octobre 2005, à Dublin. **2.** Ruth Starr, « Eileen Gray: a Child of Japonisme? », *Artefact*, Dublin, n° 1, 2007. **3.** Centre des archives diplomatiques, ministère des Affaires étrangères, Tokyo. **4.** Dr Hinako Kawakami, « Sugawara Seizo no Rirek ni Kansuru Chousa-Shiryo », *Shukugawa Gakuin College, No. 34, Research Bulletin* (réimpression), mars 2006, p. 40. **5.** Anna Jackson, « Orient and Occident », dans Paul Greenhalgh (éd.), *Art Nouveau 1890-1914*, Londres, V & A Publications, 2000, p. 113. **6.** *Tokyo Bijutsu Gakko Koyukai Geppou*, vol. 4, n° 9, 7 juin 1906. **7.** A. Jackson, « Orient and Occident », art. cité, p. 113.

Seizo Sugawara photographié par Eileen Gray, dans son atelier, 11, rue Guénégaud, Paris, s. d. National Museum of Ireland, Dublin

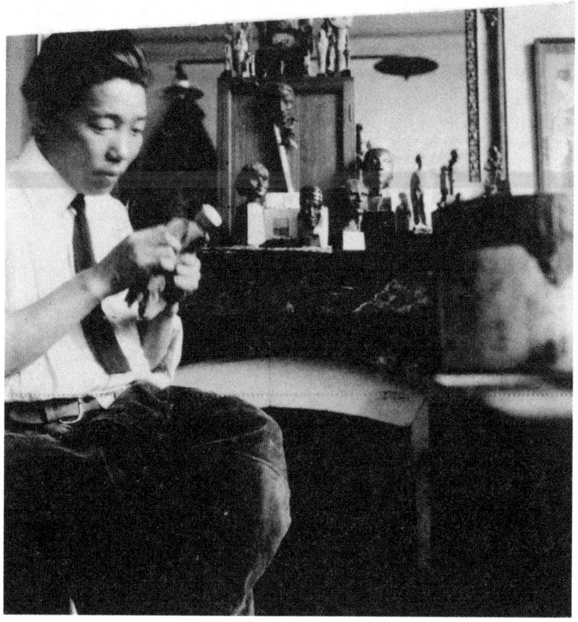

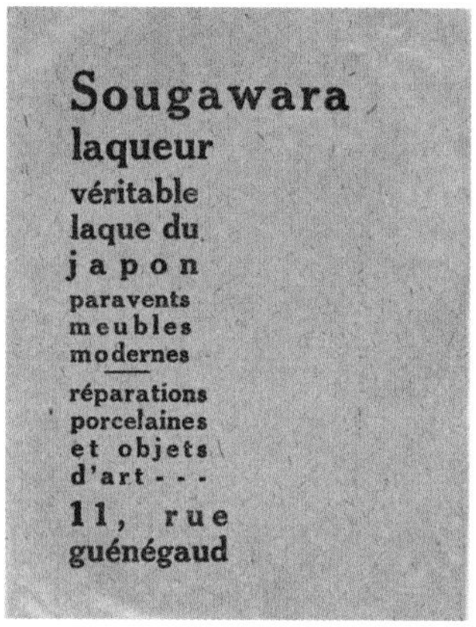
Sougawara
laqueur
véritable
laque du
japon
paravents
meubles
modernes
réparations
porcelaines
et objets
d'art - - -
11, rue
guénégaud

Carte de l'atelier de Seizo Sugawara, 11, rue Guénégaud, Paris, s. d. National Museum of Ireland, Dublin

Ci-contre : Les outils de laqueur d'Eileen Gray, s. d. National Museum of Ireland, Dublin

La création à Paris, en 1900, d'un groupe d'artisans japonais réunis sous le nom de « Panthéon » montre que la capitale française compte déjà un nombre assez important d'artistes nippons expatriés[8]. Cependant, les artisans laqueurs se rendent compte que la technique laborieuse du laquage a encouragé les Occidentaux à trouver des raccourcis[9], ce qui – ajouté aux mauvaises conditions de travail[10] – incitent certains Japonais à rentrer dans leur pays d'origine. D'autres bénéficient de bourses du gouvernement japonais, et la durée de leur séjour à Paris est limitée. Ceux qui s'établissent à Paris – c'est le cas de Sugawara – semblent avoir vécu et travaillé dans le quartier de la rue du Théâtre[11].

En collaborant avec Gray à partir de 1907, Sugawara est sans doute l'un des premiers Japonais à entrer dans un partenariat artistiquement fructueux[12]. Gray le présentera au ferronnier d'art suisse Jean Dunand (1877-1942) ; en 1912, le compatriote de Sugawara à l'atelier Gaillard[13], Kichizo Inagaki (1876-1951), travaillera pour Auguste Rodin[14].

Bien qu'il se brouille bientôt avec l'influent Dunand – qui, lui aussi, voulait court-circuiter certains stades de la technique pour accélérer le processus de séchage[15] –, il semble que Sugawara ait été un homme affable et serviable, un sculpteur et un enseignant respecté[16]. Peut-être sa personnalité amène, associée à ses compétences professionnelles, a-t-elle fait de lui le partenaire parfait pour Gray. De six ans son cadet, il l'accompagne à Londres en 1915, où ils se réfugient durant la Grande Guerre. Leur relation professionnelle ne prendra fin que quand Gray fermera sa galerie, Jean Désert, en 1930.

Durant les années où il collabore avec Gray, Sugawara est très apprécié dans la colonie des Japonais expatriés comme mentor, enseignant et artiste[17]. En 1933, Kakichi Katayama

8. *Tokyo Bijutsu Gakko Koyukai Geppou*, *op. cit.* **9.** *Ibid.* **10.** *Ibid.* **11.** Seifu Tsuda, *Rougaka no Isshou* (vol. 1), Cyuou Kouron Bijutsu Shuppan, 1963, p. 225-226, et Bénédicte Garnier, *Rodin. Le rêve japonais*, Paris, Éditions du Musée Rodin/Flammarion, 2007, p. 87. **12.** Philippe Garner, *Eileen Gray. Design and Architecture, 1878-1976*, Cologne, Taschen, 2006, p. 11. **13.** *Tokyo Bijutsu Gakko Koyukai Geppou*, vol. 6, n° 9, 17 juin 1908. **14.** B. Garnier, *Rodin...*, *op. cit.*, p. 87. **15.** Ryo Yanagi, *Atelier*, vol. 14, n° 7, septembre 1937, rubrique nécrologique. **16.** Miho Moriya, « Seizo Sugawara », dans *Satsuma Jirohachi to Paris no Nihongakatachi*, Kyodo Tsushinsha, 1998, p. 116. **17.** *Ibid.*

reconnaît que c'est « une figure majeure de l'art du laque en Europe et qu'il n'a pas d'égal dans la technique picturale[18] ». Katsu Hamanaka, ancien étudiant de Sugawara, sera considéré dès le début des années 1930 comme l'un des plus grands laqueurs japonais en Europe[19]. Vers la fin des années 1920, il expose régulièrement au Salon d'automne des sculptures d'avant-garde créées selon la technique traditionnelle japonaise du laque sec[20]. Il est actif comme membre du comité d'organisation de la 4e Exposition des artistes japonais, qui se tient à Paris en novembre 1927 et 1928, et participe à la création de l'Association des artistes japonais en France[21]. Cette période d'intense activité s'explique peut-être par l'intérêt croissant que Gray accorde à l'architecture et par sa relative désaffection pour les objets laqués.

Sugawara monte son propre atelier et emploie jusqu'à vingt artisans, avant de fermer à son tour. Il travaillera plus tard pour les Rothschild, qui avaient été des clients de Gray[22]. Sugawara résidera dans leur maison de vacances de Cernay-la-Ville, où il mourra d'une maladie du foie en 1937[23].

J'aimerais remercier le Dr Hinako Kawakami, Setsunan University, Osaka, et Monsieur Mitsuyoshi Atsuta d'avoir facilité mes recherches sur Seizo Sugawara.

Traduit de l'anglais par Jean-François Allain

Meuble d'échantillons de laques, s. d., don de Seizo Sugawara à Eileen Gray. Collection particulière

Eileen Gray, bureau en laque noir, poignées en ivoire sculptées par Kichizo Inagaki, 1923. Collection particulière, courtesy galerie Vallois, Paris

18. Kakichi Katayama, « Paris o Chushinatoshita Oshunagai Shikkouka Ryakuki », *Urushi to Kogei*, nº 382, 1933, p. 19-20. **19.** *Ibid.* **20.** R. Yanagi, *Atelier*, *op. cit.* **21.** M. Moriya, « Seizo Sugawara », art. cité, p. 116. **22.** *Eileen Gray. Architect + Furniture Designer (1878-1976). Design Museum Collection*, Londres, Design Museum, 2005. **23.** R. Yanagi, *Atelier*, *op. cit.*

EILEEN GRAY : UN MONDE DE TALENTS

Cloé Pitiot

Étudier la déclinaison des matériaux dans le mobilier d'Eileen Gray revient à s'interroger sur les sources de leurs techniques d'assemblage, fruits de savoir-faire complexes, et des finitions de leurs surfaces, d'une sophistication extrême. Ce n'est nullement sa formation artistique à la Slade School of Fine Art, à l'Académie Colarossi ou à l'Académie Julian qui prodigue à Gray un tel savoir technique. Assemblages de matériaux atypiques, teintes inédites, vernis insoupçonnés : derrière chaque innovation de la créatrice se lit la virtuosité d'artisans plus que confirmés – laqueurs, ébénistes, peintres, émailleurs, bronziers, dinandiers, tisserands, tapissiers, créateurs textile…

Si elle se lance au début du siècle dans la peinture, exposant ses toiles à deux reprises – en 1902 et en 1905 au Grand Palais lors du Salon de la société des artistes français[1] –, Gray préfère les découvertes que lui offre la pratique du laque. Ses rencontres en 1905 avec D. Charles, artisan restaurateur de laque à Londres, et Seizo Sugawara, maître laqueur japonais arrivé à Paris en 1907, sont déterminantes pour la suite de sa carrière. Grâce à Charles, elle apprend des recettes et techniques, avec la lenteur que requiert le laque. Grâce à Sugawara, elle développe la maîtrise de ce médium jusqu'à la perfection, et accède à un réseau d'artisans japonais. Gray ouvre avec Sugawara en 1910 un atelier au 11, rue Guénégaud, alors qu'elle vient d'ouvrir un atelier de tissage avec Evelyn Wyld au 17-19, rue Visconti. Dans son travail du laque, elle se distingue de ses contemporains par l'audace de ses mélanges – par exemple l'amalgame du laque avec de la pierre du Japon réduite en poudre. Si sa gamme chromatique de prédilection se décline du noir au blanc, dans une

1. L'aquarelle *Derniers rayons de soleil d'une belle journée* a été présentée au 120e Salon de la société des artistes français, en 1902, et la peinture *Femme au sablier* au 123e Salon de la société des artistes français, en 1905.

Eileen Gray, suspension en laque et œuf d'autruche, 1920-1922. Collection particulière, courtesy galerie Vallois, Paris

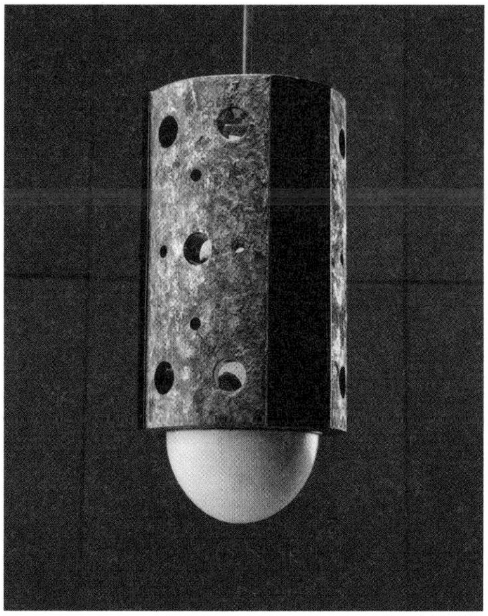

Kichizo Inagaki (1876-1951), s. d. Collection particulière

famille de gris-bruns colorés ponctués d'or ou d'argent – comme dans l'intérieur créé pour Madame Mathieu Lévy au 9, rue de Lota –, ses recherches lui permettent d'introduire de nouvelles teintes. La création de son bleu nocturne pour les panneaux *La Nuit* et *Le Magicien de la nuit* [ill. p. 144] et du bleu profond pour le paravent *Le Destin* [ill. p. 40] est un tour de force technique reconnu de tous ses pairs.

C'est par Sugawara qu'elle fait la connaissance de l'ébéniste Kichizo Inagaki (1876-1951), socleur privilégié de Rodin qui arrive à Paris en 1906. Les deux Japonais partagent depuis la fin des années 1910 le même logement au 16, rue du Théâtre avec les artistes Tanaka, Nomura et Osoumi[2]. Maître dans l'art du vernissage, diplômé des Beaux-Arts de Tokyo, Inagaki a été formé à Murakamimachi dans l'atelier de son père, Sue Kichi Inagaki, aux techniques du vernis appliqué sur des bois exotiques et des chênes. Si les fabricants français des années 1910 et 1920 tentent de copier son veiné, ils n'aboutissent jamais qu'à un chêne cérusé, modeste copie exempte de la délicatesse de son travail. Les colorants qu'il utilise, à base de poudres végétales (d'écorces, de feuilles ou de fleurs), ont la qualité de ne jamais craqueler. En 1915, Gray part avec Sugawara à Londres, où elle ouvre un atelier près de Cheyne Walk dans le quartier de Chelsea, mais reste en contact avec Inagaki. De retour à Paris à la fin de la Grande Guerre, alors qu'elle rouvre ses ateliers de laque et de tissage de tapis, elle fait à nouveau appel à lui pour l'aménagement de l'appartement de Madame Mathieu Lévy. Les factures retrouvées au début des années 1920 dans les archives du Victoria and Albert Museum à Londres témoignent de la fécondité de leur collaboration : sculpture de panneaux, lanternes, pièces de bois étoilées, dessous de table, tête sculptée, pieds sculptés, œufs d'autruche destinés à des luminaires… Les couleurs à l'état pigmen-

2. Voir Jean Lafosse, *Inagaki. Nostalgie du pays perdu, ébénisterie et Ukiyo-e* [mémoires non publiés].

Eileen Gray, table-coiffeuse, chêne et sycomore ; plateau en verre, *circa* 1920. Galerie Vallois, Paris. Exposée dans *Une chambre à coucher boudoir pour Monte-Carlo*, Salon des artistes décorateurs, Paris, 1923. Le veiné du chêne a été travaillé par Kichizo Inagaki.

Eileen Gray, paravent à cinq panneaux, feuilles de celluloïd, fabriqué par Worbla, 1931. National Museum of Ireland, Dublin

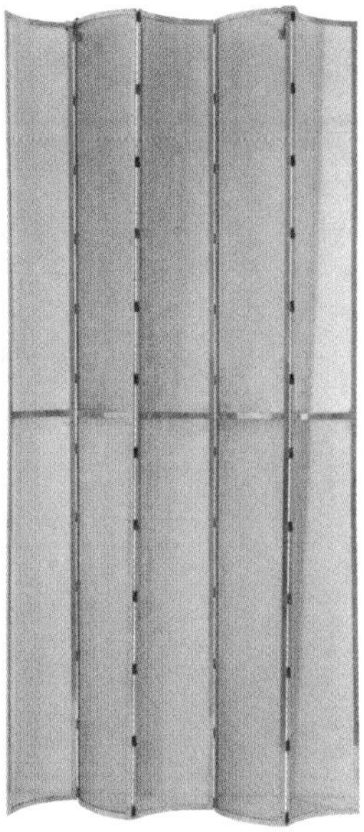

taire disparaissent au profit des étonnantes déclinaisons de teintes offertes par les essences de bois, comme le sycomore blond du meuble d'architecte dit *Pacon* et de la table *De Stijl*, le bois d'ébène et le sycomore de la coiffeuse, le chêne imitant l'ébène, le sycomore du fauteuil *Transat* [ill. p. 187], le bois traité en aluminium mat du *Meuble mobile pour pantalons* [ill. p. 194], le bois de zebrano de la banquette de la *Chambre à coucher boudoir pour Monte-Carlo* [ill. p. 74]...

Des notes conservées dans les archives du Victoria and Albert Museum laissent penser qu'elle sollicite également le peintre symboliste Armand Point, expert en émaux. Dans les recommandations que ce dernier donne à Eileen Gray sur la « manière de faire des laques chinoises[3] », il définit un protocole d'exécution – choix des bois (tilleul, érable, poirier), des toiles (mousseline), technique de polissage (usage de la prêle, de la pierre pilée en poudre, de la ponce, du tripoli), recettes de vernis (gomme laque et alcool, gomme laque à l'esprit de vin, vernis à l'ambre), technique d'introduction de la poudre d'or et d'argent – et liste les adresses des meilleurs fournisseurs, en France et en Allemagne.

Cette diversité de matériaux dans le mobilier de Gray se manifeste à l'extrême à partir de 1922, date d'ouverture de sa galerie Jean Désert, et jusqu'à l'achèvement de sa deuxième maison, *Tempe a Pailla*, au milieu des années 1930. Avec la plus délicate sensibilité, elle travaille durant cette période de nombreux matériaux qu'elle assemble et confronte – parchemin, toile cirée, ivoire, cuir, peau de zèbre, liège, cuivre rouge, fer chromé, aluminium, verre, miroir, moleskine, Rhodoïd gris fumé, rose ou jaune... En plus de ses propres ateliers, elle s'entoure des meilleurs artisans parisiens – Worbla pour les feuilles de Rhodoïd, A. Pilleux pour les textiles, coussins et matelas, les établissements Rougier et Cie pour les meubles en

3. Lettre non datée d'Armand Point à Eileen Gray, correspondance avec Armand Point, V&A Museum Archive, Londres.

Ensemble de mobilier présentant la diversité des matériaux employés par Eileen Gray : *Table ajustable* en tube de métal chromé et verre, tapis de laine et paravent en briques de bois laqué, s. d. Centre Pompidou, Bibliothèque Kandinsky, Paris. Fonds Eileen Gray

rotin, A. Coulon pour la mise en œuvre des profilés tubulaires, Naïmi et Leclercq pour le polissage, le nickelage, le cuivrage et le chromage des pièces, les bronziers Louis Sand, Leyrit & Jossand ou l'entreprise Aixia, A. Meunier pour les ouvrages de ferblanterie, de tôlerie, le travail du cuivre, de l'aluminium et du zinc. Elle confie à Abel Motté, l'éditeur exclusif des sièges de Francis Jourdain, la réalisation de certaines pièces de mobilier comme le *Divan courbe* et le *Tabouret* avec assise en cuir rouge et poignée cachée. Eileen Gray joue ainsi avec des combinaisons de matière et de lumière, de matité et de brillance, de transparence et d'opacité. Ses meubles ne se perçoivent plus seulement comme des entités indépendantes de l'espace dans lequel ils sont placés, mais viennent ouvrir un véritable dialogue avec celui-ci.

La critique de l'époque accorde à Gray « le secret des bois, la beauté de la matière et le volume désirable des meubles[4] ». Il serait nécessaire aujourd'hui de lui reconnaître également le génie dont elle a fait preuve dans l'orchestration, pendant près de vingt ans, d'un discret mais audacieux monde de talents, qui permit la production des plus astucieux meubles-prototypes du XXe siècle.

4. Élisabeth de Clermont-Tonnerre, « Les laques de Miss Eileen Gray », *Feuillets d'art*, 2e année, n° 3, février-mars 1922, p. 147-148 et pl. XLIV-XLVI.

CRÉATIONS POUR JACQUES DOUCET

Évelyne Possémé

Couturier, collectionneur et mécène, Jacques Doucet (1853-1929) voit le jour dans le milieu de la couture et commence à collectionner dès l'âge de vingt ans[1]. De santé fragile, élevé à la campagne et sans éducation culturelle très poussée, il fait pourtant montre d'un goût très sûr pour découvrir avant tout le monde les jeunes artistes prometteurs, comme s'accordent à le dire tous ses contemporains. Il se forme lui-même, passant d'une collection à une autre, d'un siècle à un autre, d'une demeure à une autre, en accord avec son intérêt du moment. Il aménage deux demeures successives à Paris – rue de la Ville-l'Évêque, puis rue Spontini – pour ses collections de peintures, dessins et mobilier du XVIIIe siècle, collections dont il se sépare en 1912 lors d'une vente mémorable qui deviendra la référence absolue pour les amateurs de l'art de cette période[2]. Sa nouvelle résidence, un appartement avenue du Bois (actuelle avenue Foch), accueille ses tableaux impressionnistes et modernes ainsi qu'un nouveau mobilier contemporain. Les années 1910 voient les débuts d'un nouveau style de décoration intérieure, plus tard baptisé Art déco. Dans les dernières années de sa vie, le studio de la rue Saint-James à Neuilly[3] sera sa dernière création, espace où le collectionneur pourra présenter aux amateurs les peintures et les sculptures contemporaines, les objets d'Afrique et d'Orient ainsi que le mobilier rassemblé depuis les années 1910 [ill. p. 52].

Curieux de nouveaux talents, Jacques Doucet ne manque pas de visiter les salons annuels des différentes sociétés d'artistes. C'est ainsi qu'en 1913, il découvre au Salon des artistes décorateurs les premières œuvres en laque d'Eileen Gray. L'artiste expose des panneaux laqués : un dessus de cheminée *Om Mani Padme Hum*, une frise, des panneaux pour bibliothèque, l'un jaune et argent, l'autre intitulé *La Forêt enchantée*[4]. Le plus connu de ces panneaux représente trois figures – deux femmes encadrant un personnage vu de dos tenant dans la main gauche un lotus. Doucet rencontre Eileen Gray quelques jours plus tard

1. François Chapon, *Mystère et Splendeurs de Jacques Doucet, 1853-1929*, Paris, Jean-Claude Lattès, 1984 et *C'était Jacques Doucet*, Paris, Fayard, 2006. Les parents de Jacques Doucet étaient eux-mêmes collectionneurs d'art du Moyen Âge et de la Renaissance. **2.** *Collection Jacques Doucet*, en trois parties (*Dessins et pastels, Sculptures et peintures, Meubles et objets d'art du XVIIIe siècle*), Paris, Galerie Georges Petit, 1912.
3. Le studio a été aménagé par l'architecte Paul Ruaud dans le bâtiment entre rue et cour de l'hôtel particulier le Pavillon du loup, offert par Jacques Doucet à sa maîtresse, Jeanne Roger, qu'il épousera en 1919.
4. 8e Salon de la Société des artistes décorateurs (22 février-31 mars 1913), Musée des arts décoratifs, no 6-7.

Le cabinet d'Orient attenant au studio, publié dans André Joubin, «Le studio de Jacques Doucet», *L'Illustration*, 3 mai 1930, nº 4548. Institut national d'histoire de l'art, Bibliothèque, coll. Jacques Doucet

Double *Porte aux athlètes* de René Lalique, dans l'appartement de Jacques Doucet, 46, avenue du Bois, Paris, s.d. Institut national d'histoire de l'art, Bibliothèque, coll. Jacques Doucet

Ci-contre : L'escalier du rez-de-chaussée menant au studio, publié dans André Joubin, «Le studio de Jacques Doucet», *L'Illustration*, 3 mai 1930, nº 4548. Institut national d'histoire de l'art, Bibliothèque, coll. Jacques Doucet

dans son atelier, 21, rue Bonaparte, où elle travaille à un paravent à quatre feuilles, *Le Destin*[5] [ill. p. 40], qu'elle terminera en 1914 et qu'il lui achètera immédiatement, en lui demandant de le signer[6].

Cette première acquisition sera suivie par quelques autres entre 1913 et 1915, date du départ de l'artiste pour l'Angleterre pendant la guerre. Trois nous sont connues : la *Table aux chars*, la *Table au bilboquet* et la *Table aux lotus*. Deux de ces meubles sont visibles sur les photographies de l'appartement de l'avenue du Bois[7]. La petite *Table au bilboquet* est visible dans le salon devant le canapé de Marcel Coard. Dans le vestibule, la *Table aux lotus* est disposée devant la double *Porte aux athlètes* de René Lalique, qui ouvre sur le bureau de Jacques Doucet, aux côtés de la commode en galuchat vert de Paul Iribe, dans un espace consacré aux collections d'Orient avec des miniatures persanes et des peintures chinoises accrochées aux murs. Elle présente des objets orientaux sur son plateau.

D'autres meubles sont cités sans que leur apparence soit connue : ainsi une armoire en laque rouge et bleu s'ouvrant de bas en haut comme le rideau d'une boutique pour contenir de précieux objets orientaux. Il semble qu'une porte inachevée, reproduite dans un article en 1917[8], ait été réalisée sur commande de Jacques Doucet, mais celui-ci, furieux que l'œuvre soit reproduite dans un magazine, annula la commande[9]. Le vaste vestibule de l'avenue du Bois était effectivement orné de portes originales réalisées par Guy-Pierre Fauconnet pour celles de la salle à manger et par le sculpteur Gustave Miklos[10], ce qui rend tout à fait possible une commande à Eileen Gray entre 1913 et 1917. Deux lettres de Gray conservées dans les archives Doucet font état d'autres meubles[11]. Dans la première, datée du 26 mai 1913, elle indique le prix d'un paravent à douze feuilles (1 500 francs) et d'un cadre (500 francs). Dans

5. Visite rapportée par Peter Adam, ami et biographe d'Eileen Gray, dans son livre *Eileen Gray, Architect/Designer. A Biography*, Londres, Thames & Hudson, 1987, p. 76 et 80. **6.** Pour une bonne reproduction de cette signature – un cercle noir avec, en réserve sur fond rouge, « EGray » et, en-dessous, « 1914 », au revers haut du quatrième panneau–, voir Philippe Garner, *Eileen Gray. Design and Architecture, 1878-1976*, Cologne, Taschen, 1993, page de garde. **7.** Photographies conservées à l'INHA, fonds Jacques Doucet, carton nº 3. **8.** A.S., « An Artist in Lacquer », *Vogue*, Londres, août 1917, p. 29. **9.** Ces deux dernières œuvres sont citées par Peter Adam dans son ouvrage sur Eileen Gray. Le projet de porte y est reproduit deux fois, avec l'article de *Vogue* d'août 1917 et une photographie d'archives où le panneau représentant deux femmes sur un fond abstrait est entouré d'un cadre en laque argent. **10.** Voir Félix Marcilhac, *Gustave Miklos, Joseph Csaky*, Budapest, Kalman Maklary Fine Arts, 2010. **11.** INHA, fonds Jacques Doucet, Inv. Ant 641 (22) 77588, 77589, 77590 et 77591. Les deux lettres sont signées « Aline Gray » !

Vue du studio, publiée dans l'article d'André Joubin, « Le studio de Jacques Doucet », *L'Illustration*, 3 mai 1930, n° 4548. Institut national d'histoire de l'art, Bibliothèque, coll. Jacques Doucet

la seconde, non datée mais écrite à Samois-sur-Seine[12], elle répond à une lettre de Doucet, auquel elle annonce qu'elle s'apprête à finir un cadre et fait pour lui un petit paravent « Nuages et aéroplanes », bien qu'il lui ait défendu de reproduire des aéroplanes.

Lorsque Jacques Doucet s'installe définitivement à Neuilly-sur-Seine, tous les meubles d'Eileen Gray trouvent leur place dans le studio de la rue Saint-James, aménagé par l'architecte Paul Ruaud et le décorateur Pierre Legrain : la *Table aux chars* dans le vestibule d'entrée, au pied de l'escalier de métal conçu par le sculpteur Joseph Csaky ; la *Table au bilboquet* au centre de la galerie devant le canapé de Marcel Coard, tandis que le paravent *Le Destin* ferme l'accès au cabinet d'Orient meublé au centre par la *Table aux lotus*, dont le plateau présente les objets orientaux qui décoraient le vestibule de l'avenue du Bois. Nulle trace sur les photographies du studio réalisées en 1930[13], après la mort de Jacques Doucet, de l'armoire en laque rouge et bleu, mais nombre de meubles ou d'œuvres se trouvaient désormais dans l'hôtel particulier situé entre cour et jardin où vivaient au quotidien le collectionneur et son épouse.

À cette époque, Eileen Gray a délaissé le laque pour le tube métallique et entamé une seconde carrière consacrée à l'architecture. À la fin de sa vie, elle aura beaucoup de mal à reconnaître cette partie de son œuvre. Elle montre notamment une réticence certaine vis-à-vis de la *Table aux lotus*, qui témoigne, selon elle, du goût de Doucet plus que du sien, et affirme que l'idée des passementeries avec cordons et pompons était de lui[14]. Pourtant, force est de constater que parmi tous les artistes qui ont travaillé pour Jacques Doucet – Pierre Legrain, Marcel Coard, Paul-Louis Mergier, Rose Adler –, seuls Paul Iribe et Eileen Gray peuvent être rapprochés. Les œuvres de la laqueuse ne peuvent être confondues avec aucune autre des créations rassemblées par le grand couturier.

Vue du studio de Jacques Doucet, 33, rue Saint-James, Neuilly-sur-Seine, 1926-1928. Institut national d'histoire de l'art, Bibliothèque, coll. Jacques Doucet

12. Eileen Gray achète une maison à Samois-sur-Seine près de Fontainebleau en 1921. Ce document semble démontrer qu'elle a continué à travailler pour Doucet après 1917. **13.** Un article de la revue *Fémina* en février 1925 (p. 29-32) fut consacré à l'appartement de l'avenue du Bois. Un autre, d'André Joubin, dans *L'Illustration* du 3 mai 1930 (sans pagination), fut consacré au studio de Jacques Doucet. **14.** Éveline Schlumberger, « Eileen Gray », *Connaissance des arts*, n° 258, août 1973, p. 70-81.

LES INTÉRIEURS DE MADAME MATHIEU LÉVY

Élise Koering

Au sortir de la Grande Guerre, Eileen Gray est approchée par la modiste et grande couturière Juliette Lévy, épouse de Mathieu Lévy et propriétaire de la maison de couture J. Suzanne Talbot, qui souhaite faire décorer son appartement de la rue de Lota, dans le XVIe arrondissement de Paris. À l'origine de cette importante commande, peut-être Pierre Legrain ou Jeanne Tachard, dont les liens avec la modiste sont avérés, mais surtout une rencontre entre deux personnalités originales et éprises de modernité. Suzanne Talbot, comme l'appellent ses contemporains, est alors une célébrité, ses chapeaux et vêtements faisant la joie de l'élite parisienne.

La rue de Lota est un chantier majeur de Gray qui, pour la première fois, fait œuvre de décoratrice-ensemblière, statut exceptionnel pour une femme des années 1910. Il n'est plus question ici de dessiner çà et là des pièces vouées à un ensemble composé par un autre décorateur, mais de devenir son propre décorateur en chef.

Chez Madame Lévy, les « moulures disgracieuses[1] » et les « inutiles ornements[2] » doivent disparaître au profit de l'ensemble. Entre la fin des années 1910 et 1922, Gray habille les murs de panneaux laqués et de tentures « tissées à la main[3] », couvre le sol de tapis et complète le tout de meubles laqués. Elle poursuit alors ses recherches initiées avant-guerre en imaginant un décor à l'opposé de la création contemporaine française, un décor nourri d'inspirations exotiques, d'évocations mystérieuses, d'invention créative et d'élégance. Un décor où l'abstraction est reine. À l'image du *Destin* [ill. p. 40], des lignes fluides et dynamiques animent les panneaux et paravents du salon, formant un paysage rêvé de montagnes japonisantes survolées par des figures graphiques et aériennes. Les cadres des portes, laqués et poudrés d'or, sont en harmonie avec le reste de la pièce ; panneaux et paravents laqués ou rideaux dont le tissage en bandes constitue le seul motif articulent les espaces.

1. Eileen Gray, portfolio, National Museum of Ireland, Dublin, réf. NMIEG 2000.250.
2. Élisabeth de Clermont-Tonnerre, « Les laques de Miss Eileen Gray », *Feuillets d'art*, 2e année, no 3, février 1922, p. 147. **3.** E. Gray, portfolio, National Museum of Ireland, Dublin, réf. NMIEG 2000.250.

Dans le boudoir et la salle à manger, des tentures souples contrastent avec la nudité du haut des murs. Pour ce décor luxueux mais simple, la créatrice dessine plusieurs meubles et luminaires d'une grande originalité. La pièce phare en est la chaise longue dite *Pirogue*, dont la forme évoque les embarcations des continents américain ou africain, les valves flexueuses d'un coquillage et la carapace d'animaux exotiques. Un lit de repos qui joue des contrastes : alors que l'intérieur argenté oppose sa surface lisse à la matière rugueuse du laque arraché façon écaille de tortue, la dureté et la brillance du laque répondent à la souplesse, la matité ou le chatoiement des textiles et fourrures qui le couvrent. Un dialogue propre à l'art de Gray. À cet étonnant objet s'ajoutent des meubles qui ne le sont pas moins – bibliothèque, tables aux « pieds sculptés[4] », lit égyptien, enfilade, fauteuil dont les accotoirs figurent des serpents – ainsi que des luminaires d'une inventivité désarmante, mêlant bois, laque, œuf d'autruche, et permettant divers éclairages souvent discrets, tel le plafond en ciel étoilé du boudoir.

Les tons sombres et « nocturnes[5] » – brun, fauve ou noir –, rehaussés d'éclats d'argent ou d'or, et les matières chaleureuses créent une atmosphère poétique. Élégant et raffiné, l'aménagement conçu par Gray est autant une ode à l'abstraction qu'une invitation au voyage où les références aux arts primitifs et exotiques triomphent sans jamais être littérales. Or, si au début des années 1910, Gray est sans conteste la première « décoratrice » à penser son art en termes d'abstraction et d'inspirations antique, japonaise, égyptienne ou nègre, raison pour laquelle sa cliente la choisit, l'esprit du lieu ici réinventé doit également beaucoup à la grande couturière. Passionnée d'arts primitifs, propriétaire d'une impressionnante collection d'objets chinois, de statuettes, vases canopes et bas-reliefs égyptiens, et surtout de masques, coupes, modèles réduits de pirogues, tam-tam et trônes africains, Suzanne Talbot voit son travail fortement inspiré par les Ballets russes ou les costumes indiens, n'hésitant pas à porter elle-même des pantalons bouffants. Ce goût pour les contrastes et les surfaces

Eileen Gray, boudoir de l'appartement de Madame Mathieu Lévy, 9, rue de Lota, Paris, 1919-1922, publié dans *Wendingen*, juin 1924, n° 6

Eileen Gray, chaise longue *Pirogue*, bois, laque arraché et laque argenté, 1919-1922. Collection particulière, courtesy galerie Vallois, Paris

4. Facture de Kichizo Inagaki, 31 décembre 1920, Archives Eileen Gray, V&A Museum Archive, Londres, réf. AAD/9/10-1980. **5.** É. de Clermont-Tonnerre, « Les laques de Miss Eileen Gray », art. cité, p. 147.

argentées, visible dans ses vêtements et ses boutiques, explique à la fois le choix de Gray et les partis esthétiques ici adoptés.

Entre 1922 et 1924, les travaux réalisés dans un couloir-antichambre marquent une nette évolution dans le travail de Gray, qui invente un type de paravent inédit, formé de fines briques rectangulaires montées en quinconce. Mobiles, ces briques peuvent être alignées le long d'un mur, en panneau, ou sortir de leur cadre pour entrer dans la troisième dimension, faisant ainsi voler en éclats la construction traditionnelle du paravent. À l'image d'un jeu de construction, les briques de ce meuble évolutif peuvent être supprimées ou ajoutées. En laque noire veiné de poudre de pierre du Japon, les quatre cent cinquante briques[6] couvrent ici les trois-quarts de la hauteur des murs surmontés d'une frise laquée noire, et s'en détachent à mi-parcours pour se projeter dans l'espace. La perspective est alors transformée par cette œuvre à la fois abstraite et architecturale. Comme à son habitude, Gray associe tapis à dessins géométriques ou peaux de zèbre et suspensions d'un nouveau genre. L'ensemble, à la fois somptueux et épuré, d'une modernité saisissante, trahit les nouvelles réflexions de Gray sur l'espace. En outre, si l'influence des peintres et sculpteurs de l'avant-garde parisienne est ici encore manifeste, il semblerait que son goût pour cette géométrisation et cette stylisation des formes puise dans l'art mexicain, aztèque en particulier, découvert lors d'un voyage en 1920.

Devenue veuve en 1928, Juliette Lévy [ill. p. 102] quitte la rue de Lota vers 1931 pour s'installer boulevard Suchet et fait encore une fois appel à l'artiste. Malgré sa participation conséquente, l'appartement dominé par les tons clairs (blanc, bleu) et le verre argenté, est publié en 1933 sous le seul nom de Paul Ruaud, considéré dès lors comme le décorateur en chef du projet. Des paravents en briques laquées blanches couvrent les murs de l'entrée avant de s'en libérer pour opérer la transition vers le salon. De grands miroirs en démultiplient les facettes et reflètent la lumière artificielle. Dans ce décor plus « à la mode », dominé

Eileen Gray, couloir-antichambre de l'appartement de Madame Mathieu Lévy, 9, rue de Lota, Paris, 1922-1924. Centre Pompidou, Bibliothèque Kandinsky, Paris. Fonds Eileen Gray

Paul Ruaud, Eileen Gray, galerie d'entrée de l'appartement de Madame Mathieu Lévy, boulevard Suchet, Paris, 1931-1932, publiée dans *L'Illustration*, 27 mai 1933, n° 4708

6. Lettre de K. Inagaki, 23 mai 1922, Archives Eileen Gray, V&A Museum Archive, Londres, réf. AAD/9/10-1980.

Paul Ruaud, Eileen Gray, salon de l'appartement de Madame Mathieu Lévy, boulevard Suchet, Paris, 1931-1932, publié dans *L'Illustration*, 27 mai 1933, nº 4708

par les matériaux nouveaux, les peaux de bêtes et les objets exotiques, la chaise longue *Pirogue* et le *Fauteuil aux serpents* [ill. p. 33][7] dialoguent en parfaite entente avec les canapés-coffres en bois veiné, une console laquée argent et des meubles conçus à la fin des années 1920, tels les fauteuils *Bibendum* [ill. p. 172] et *Transat* [ill. p. 187] ou la table de chevet d'*E 1027* [ill. p. 184].

Ces deux commandes d'envergure témoignent de l'admiration de Juliette Lévy pour Gray, dont elle devient l'une des plus fidèles clientes. Son goût prononcé pour l'art primitif dirige ses choix vers des objets d'inspiration exotique, tel le lampadaire en bois gravé inspiré d'une pirogue, mais sa curiosité et son sens artistique la préservent d'une vision restrictive de l'art de Gray. En atteste l'achat de pièces très diverses : assiette en laque, banquette en bois, bureau laqué noir ou meubles en tubes.

Quant à l'aménagement de la rue de Lota, il marque un temps fort dans la carrière de Gray qui « marche » alors « vers plus de lumière, vers une conception plus architectonique des objets et des intérieurs[8] ».

7. Aussi intitulé *Fauteuil aux dragons.* **8.** Christian Zervos, « Les tendances actuelles de l'art contemporain. I. Le mobilier : hier et aujourd'hui », *La Revue de l'art ancien et moderne*, nº 269, janvier 1925, p. 74.

Thérèse et Louise Bonney, *A Shopping Guide to Paris*, New York, Robert M. McBride & Co., 1929, couverture. Bibliothèque historique de la Ville de Paris

EILEEN GRAY À PARIS : LUXE ET ARTS

Valérie Guillaume

A Shopping Guide to Paris est une visite guidée des meilleures enseignes du goût et de l'art de vivre de la capitale publiée en 1929 par deux Américaines, les sœurs Louise et Thérèse Bonney. L'ouvrage, qui se lit comme un roman, instaure un dialogue complice entre l'auteur (« I ») et le lecteur (« you »), constamment pris à partie. L'investigation, ordonnée par activités commerciales et par quartiers, est d'autant plus expressive qu'elle livre des dizaines de portraits d'entrepreneurs et entrepreneuses à la tête d'ateliers et de petites entreprises de création. L'aventure commerciale d'Eileen Gray s'y trouve mentionnée, s'inscrivant ainsi dans une histoire collective, contemporaine d'un âge d'or des industries du luxe. « Jean Désert », son enseigne commerciale inaugurée le 17 mai 1922 et spécialisée dans les « meubles d'art moderne »[1] [ill. p. 60], se trouve évoquée en ces termes : « Jean Désert doit aussi être mentionné ici comme l'un des pionniers du mouvement [moderne], prenant doucement sa place depuis quelques années en la maintenant jusqu'aujourd'hui. Sa boutique sur la rue du Faubourg-Saint-Honoré a probablement attiré votre attention avec ses vitrines avant que la publicité américaine ne mette la décoration moderne en première page des magazines[2]. » Eileen Gray ouvre la galerie au 217, rue du Faubourg-Saint-Honoré précisément au moment où le centre de gravité de la haute couture, jusqu'alors établi rue de la Paix, se déplace vers le rond-point des Champs-Élysées, le faubourg Saint-Honoré et les environs de l'avenue Montaigne, dans le 8e arrondissement parisien. « Ce déplacement géographique est le signe d'une mutation essentielle, de l'abandon d'un élitisme aristocratique, jugé vieillot, pour un style couture plus ouvert et surtout, dans des rues aux bâtiments plus vastes, lumineux, aérés, où se côtoient désormais les salons de couture, les galeries de peinture et restaurants luxueux[3]. » L'une des personnalités les plus actives de la rue du Faubourg-Saint-Honoré est Paul Poiret. Dès 1910, il ouvre la galerie Barbazanges au 109, où il expose Bernard Boutet de Monvel,

1. Archives de Paris, *Bottin du commerce*, classement par professions, 1923, p. 3003, bobine 2mi3/217-1924, p. 3265, bobine 2mi3 /223 : « Désert (J.), Faub. St-Honoré, 217 », dans la catégorie « Meubles d'art moderne ». **2.** Thérèse et Louise Bonney, *A Shopping Guide to Paris*, New York, Robert M. McBride & Co., 1929, p. 48, ou *id.*, *Buying Antique and Modern Furniture in Paris*, New York, Robert M. McBride & Co., 1929, p. 48. **3.** Guillaume Garnier (dir.), *Paris couture. Années 1930*, cat. expo., Paris, Paris-Musées/Société de l'histoire du costume, 1987, p. 95.

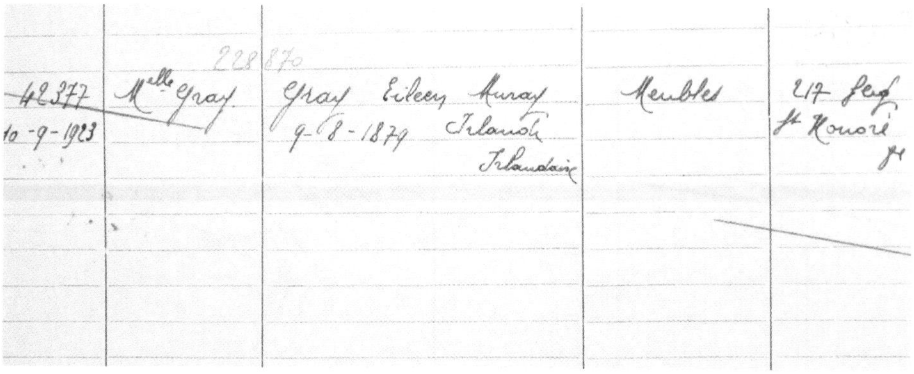

42377 10-9-1923	Mlle Gray	228870 Gray Eileen Auray 9-8-1879 Irlande Irlandaise	Meubles	217 fbg St Honoré 8e

Registre analytique
du commerce de la Seine (extrait) :
« Jean Désert, septembre 1923
- D33U3 345 - Enseigne : Melle Gray
- objet du commerce : Meubles
- siège social : 217 fbg St Honoré, 8e
- date de l'enregistrement :
17 mai 1922 »

Jacques et Pierre Brissaud et Georges Lepape en mars 1911, Robert Delaunay et Marie Laurencin en février-mars 1912 et Ossip Zadkine en janvier 1925. Paul Poiret se présente alors comme le promoteur de l'art d'avant-garde[4]. Ses activités de parfumeur (les Parfums de Rosine) et de décoration intérieure (les ateliers Martine), inaugurées en 1911, se tiennent au 107 et au 83 de la même rue. L'annuaire professionnel recense également les ensembliers Dominique (André Domin et Marcel Genevrière) au 104, ainsi que la Compagnie des arts français, au 114-116. Dans ce quartier parisien, les activités de décorateur et de grand couturier connaissent un essor parallèle, voire complémentaire. Non loin, au 10, rue Royale, se trouve l'enseigne J. Suzanne Talbot dirigée par la modiste Juliette Wagner, l'épouse du courtier en céréales Mathieu Lévy[5]. En 1919, le couple a commandé à Eileen Gray l'aménagement de leur appartement privé, situé au 9, rue de Lota (16e arrondissement). Il est à souligner que les femmes dominent alors ces professions de décoration intérieure et de création de mode et de couture[6]. Les « industries d'art parisiennes », dont les catégories sont notamment définies par l'administration fiscale, recouvrent des fabricants-détaillants écoulant par eux-mêmes des productions artisanales ou semi-industrielles auprès d'une nouvelle clientèle parisienne, nationale et internationale[7]. La taxe de luxe à laquelle les industries de la création se trouvent assujetties par la loi du 31 décembre 1917 (décret du 29 mars 1918) se trouve mentionnée dans les cahiers de comptes de la galerie Jean Désert ; son taux est de 12 % (depuis la loi du 30 mars 1923)[8]. L'essor concomitant de la mode, de la décoration intérieure et de la production d'objets d'art, dans un contexte à la fois d'esthétisation de l'environnement et des individus, et d'internationalisation des échanges, est analysé par le

4. Voir Nancy J. Troy, *Couture Culture. A Study in Modern Art and Fashion*, Cambridge (Mass.), The MIT Press, 2002, p. 42. **5.** La modiste Caroline, Céline, Juliette Wagner (17 novembre 1879-7 août 1969) est l'épouse du courtier en céréales Mathieu Lévy (10 décembre 1869-19 juin 1928). En 1924, son activité de modiste (14, rue Royale) s'étend à celle de la haute couture (au 10 de la même rue). Juliette Wagner-Mathieu Lévy est associée à Claire Palisseau. Je remercie chaleureusement Jean-François Archieri qui a bien voulu communiquer ses recherches menées aux Archives de Paris. **6.** La scission entre les activités de couturiers et de confectionneurs donne naissance, le 14 décembre 1910, à la Chambre syndicale de la haute couture parisienne. Sur l'activité des femmes dans le design d'intérieur, voir Penny Sparke, « The Early 20th Century Interior. Introduction », dans P. Sparke *et al.* (éds), *Designing the Modern Interior. From the Victorians to Today*, Londres, Berg, 2009, p. 67-78. **7.** Thérèse Bonney destine ainsi le fameux *Shopping Guide to Paris* aux 350 000 touristes américains qui, chaque année, « font invasion » dans la capitale. **8.** *Loi du 31 décembre 1917 (article 27), Taxe sur les dépenses : objets de luxe. Liste complète des objets désignés comme étant de luxe [...]*, Tours, impr. de Deslis frère, 1918, p. 10 : « Toute transaction portant sur une marchandise ou un objet de luxe, quel qu'en soit le prix, est obligatoirement constatée, lorsque le vendeur est commerçant, par l'inscription sur un livre de commerce agréé par l'administration. » Livres de comptes de Jean Désert, 1925, V&A Archive, Londres.

Natalie Clifford Barney (1876-1972), *Aventures de l'esprit*, Paris, Éd. Émile-Paul frères, 1929. Frontispice : « À l'amitié ». Bibliothèque Marguerite Durand, Paris

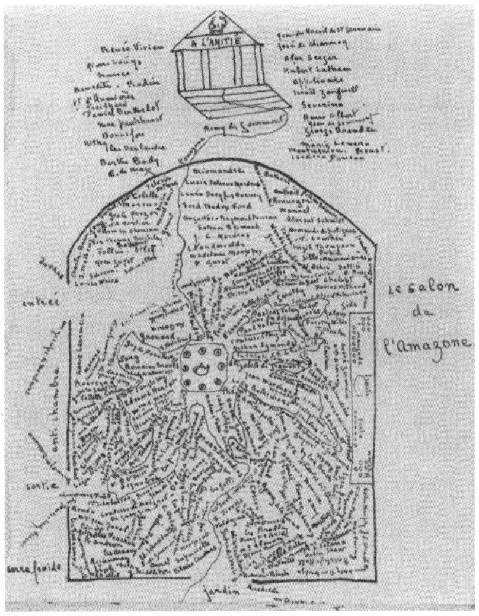

Détail du frontispice : nom d'Eileen Gray

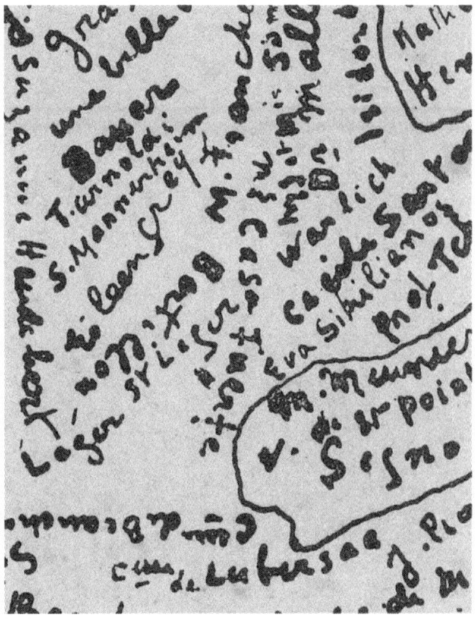

philosophe et sociologue français Gabriel Tarde (1843-1904), qui commente les relations entre luxe, art et industrie en ces termes : « Un objet fabriqué qui satisfait le simple désir de supprimer une douleur ou un malaise est chose industrielle ; dès qu'il procure un plaisir, il devient luxe, ce qui est une espèce d'art[9]. » Gabriel Tarde inscrit le luxe à la croisée d'une dynamique, permettant à l'art de passer à l'industrie et inversement, à l'industrie de revenir à l'art[10]. Ces mises en tension liées à une permutation permanente des activités – les artistes devenant artisans et les artisans, artistes – font écho aux problématiques du *Kunstwollen* (« volonté artistique ») analysées au tournant du xxe siècle par l'historien autrichien des arts appliqués Aloïs Riegl, qui réinterroge les enjeux épistémologiques et historiques des arts mineurs en valorisant notamment la « main » et les expériences du toucher[11].

Le renouvellement actuel des études historiographiques sur les arts dits « mineurs » fait émerger un courant d'études culturelles et visuelles saphiques en provenance du monde universitaire anglo-saxon. L'ouvrage de Jasmine Rault, historienne canadienne spécialisée dans les *Women's Studies*, vient ainsi compléter une lignée de travaux qui cherchent à s'affranchir d'une lecture traditionnelle de l'art et de la création appliquée. Ces auteurs réinterprètent l'histoire des femmes créatrices en croisant les multiples champs disciplinaires (peinture, arts décoratifs, architecture, photographie, littérature, etc.) et renouvellent notamment la compréhension des représentations et des interactions.

C'est dans un enchevêtrement labyrinthique de noms propres qu'Eileen Gray apparaît sur le frontispice des *Aventures de l'esprit* (Paris, Éd. Émile-Paul frères, 1929), ouvrage publié par l'Américaine Natalie Clifford Barney (1876-1972). Depuis le mois d'octobre 1909, cette dernière tient un salon littéraire, chaque vendredi de 16 à 20 heures, dans le Temple de l'amitié, lieu insolite qui est un ancien temple maçonnique situé 20, rue Jacob [ill. p. 62]. Au centre de ce frontispice est mentionné Rémy de Gourmont, écrivain de référence qui

9. Gabriel Tarde, *La Logique sociale*, Paris, Félix Alcan, 1893, p. 403. **10.** Voir Jean-Philippe Antoine, « Luxe, art et industrie. Lecture de Gabriel Tarde », dans Olivier Assouly (dir.), *Le Luxe. Essai sur la fabrique de l'ostentation*, Paris, Institut français de la mode/Les Éditions du Regard, 2005, p. 126. **11.** Voir Herman Parret, « Spatialiser haptiquement : de Deleuze à Riegl, et de Riegl à Herder », *Nouveaux Actes Sémiotiques*, publié en ligne le 16 août 1999 par les Presses universitaires de Limoges.

Albert Harlingue, portrait de Natalie Clifford Barney, femme de lettres américaine, devant son Temple de l'amitié, 20, rue Jacob, Paris, *circa* 1925-1930

met en œuvre, à l'instar de Virginia Woolf ou encore de James Joyce, une écriture directe de l'expérience intérieure (*stream of consciousness*) dont la quête de l'ordonnance changeante des sensations fait indiciblement écho au « potentiel créatif kinesthésique, tactile et sensuel[12] » d'Eileen Gray. À la fois cercle et réseau, le Temple de l'amitié réunit entre autres femmes les écrivaines Élisabeth de Gramont, duchesse de Clermont-Tonnerre, et Djuna Barnes, la libraire et éditrice Adrienne Monnier, la peintre et décoratrice d'intérieur Romaine Brooks, dans un environnement à la fois saphique (pour ce qui est des mœurs sexuelles) et symboliste et décadent (sur le plan culturel). Amante et amie de Natalie Clifford Barney, l'Américaine Romaine Brooks (1874-1970) a décoré son propre appartement, situé rue Raynouard, en noir, blanc et gris[13]. Dans les années 1910, sa relation amoureuse avec la célèbre danseuse et mécène russe Ida Rubinstein[14] a donné naissance à de nombreuses œuvres picturales, parmi lesquelles *The Crossing* (ou *Le Trajet*), en 1912. Pour peindre, Romaine Brooks « n'admet que les couleurs nobles, le noir, le blanc et le gris [...] elle impose le vide [...] elle impose les plans [...] elle impose les surfaces de silence[15] ». Le traitement dynamique de l'espace, et tout particulièrement l'aile sur laquelle le corps d'Ida

12. Caroline Constant, citée par Jasmine Rault, *Eileen Gray and the Design of Sapphic Modernity*, Farnham, Ashgate Publishing Ltd., 2011, p. 19. **13.** Voir Peter Adam, *Eileen Gray, une biographie*, trad. de l'anglais par Jean-Baptiste Damien, Paris, Adam Biro, 1989, p. 110. **14.** Voir la biographie de Jacques Depaulis, *Ida Rubinstein, une inconnue jadis célèbre*, Paris, Honoré Champion, 1995. Voir aussi J. Rault, *Eileen Gray and the Design of Sapphic Modernity*, *op. cit.*, p. 86. **15.** Edouard Mac Avoy, cité dans *Bizarre*, n° 46, mars 1968, p. 8 ; repris dans Blandine Chavanne et Bruno Gaudichon, *Romaine Brooks (1874-1970)*, cat. expo., Poitiers, Musée Sainte-Croix, 1987. Voir p. 132-133 pour la reproduction de *The Crossing* (ou *Le Trajet*), 1912.

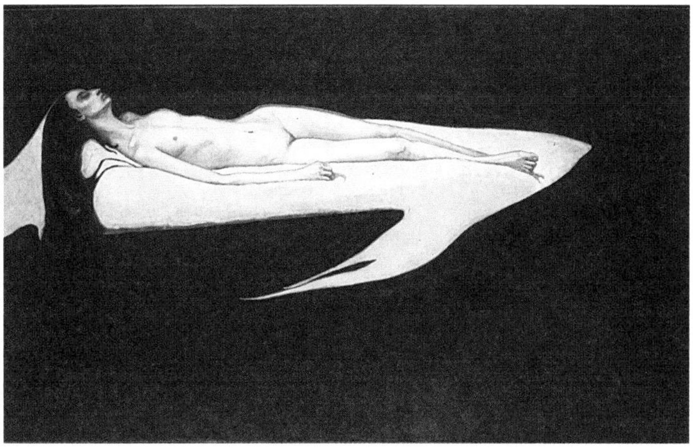

Romaine Brooks, *The Crossing* (ou *Le Trajet*), huile sur toile, 1912. Smithsonian American Art Museum, Washington D.C. Don de l'artiste

Détail de panneau laqué d'Eileen Gray dans l'entrée de Madame Mathieu Lévy, 9, rue de Lota, Paris, publié dans *Wendingen*, juin 1924, n° 6

Aubrey Beardsley, *La Toilette de Salomé*, impression sur bois, encre sur papier, 1907, Londres, éditeur John Lane (1854-1925). Victoria and Albert Museum, Londres. Don de Michael Harari, en mémoire de son père Ralph A. Harari

Rubinstein repose – « elle est sur un linceul, une aile[16] », écrit Romaine Brooks à l'écrivain Gabriele d'Annunzio –, sont interprétés par Eileen Gray dans une veine graphique similaire sur les parois murales laquées de l'appartement de la rue de Lota qu'elle aménage à partir de 1919. La revue de mode américaine *Harper's Bazaar* décrit un mur orné « d'un motif argent qui [...] zèbre la laque noire. La douceur des tons argentés rend un effet à la fois saisissant et paisible [...][17] ». Jasmine Rault analyse qu'Eileen Gray, à l'instar de Romaine Brooks, est habitée par les figures fortes d'Ida Rubinstein et des danseurs des Ballets russes, recherchant ainsi les moyens de visualiser et d'habiter le désir lesbien. « Le défi de créer des nouvelles identités de genre et de sexe fut pour de nombreuses femmes fondamentalement relié au défi de recréer des espaces domestiques qui puissent les intégrer ». Rault met en relation le défi relevé par Romaine Brooks et Eileen Gray, deux femmes designers d'intérieur, en insistant notamment sur les variations des régimes de visibilité qu'Eileen Gray déploie en ménageant, *via* des rideaux et des panneaux, couramment articulés au moyen de mécanismes divers (pivots, gonds, charnières et glissières), des vues des espaces partielles, ambivalentes, suggestives, qui révèlent et cachent tout autant[18].

Dans la place accordée à la ligne ou à sa variante ornementale qu'est l'arabesque, quelques historiens ont souligné également l'influence de l'illustrateur britannique Aubrey Beardsley, dont la courte carrière s'est achevée en 1898. Dessinateur virtuose de la ligne continue abstraite, idéale pour le cliché au trait des procédés de reproductions photomécaniques de l'époque, il a modifié certaines catégories de la perception, estompant notamment la distinction entre sujet et ornement, comme l'explique l'historien d'art Dario Gamboni[19]. André Ferrier a aussi souligné le talent de l'illustrateur à maîtriser une arabesque qui « se courbe en tous sens et absorbe la pesanteur des formes ; l'espace est sans profondeur et s'exprime sur la surface plane de la page par le contraste des noirs et des blancs ; loin d'être des vides, ceux-ci jouent un rôle essentiel sur le plan décoratif et, par ce qu'ils suggèrent d'objets et d'espaces non décrits, sur le plan dynamique[20] ».

16. Françoise Werner, *Romaine Brooks*, Paris, Plon, 1990, p. 208. **17.** *Harper's Bazaar*, septembre 1920 ; repris dans P. Adam, *Eileen Gray...*, *op. cit.*, p. 101-102. **18.** J. Rault, *Eileen Gray and the Design of Sapphic Modernity*, *op. cit.*, p. 53, 67, 86-87 et 96. **19.** Dario Gamboni, *Potential Images. Ambiguity and Indeterminacy in Modern Art*, Londres, Reaktion Books, p. 125. Voir aussi Joseph Rykwert, cité par J. Rault, *Eileen Gray and the Design of Sapphic Modernity*, *op. cit.*, p. 80. **20.** André Ferrier, « Aubrey Beardsley », *L'Œil*, n° 90, juin 1962, p. 28-35 et 76.

Cette production de valeurs de visibilité changeantes caractérise autant les œuvres qu'Eileen Gray crée que celles qu'elle collectionne. Deux œuvres sculptées éclairent ainsi ses choix au début de sa carrière. La première est d'Auguste Rodin, la seconde d'Ossip Zadkine. Dans une lettre adressée à Rodin, Eileen Gray fait part de la joie qu'elle ressent à la réception d'un exemplaire en bronze de *La Danaïde* (le modèle d'origine en marbre est daté de 1885 environ), qu'elle a commandé en décembre 1902 et qu'elle juge alors « encore plus beau [qu'elle] ne l'avai[t] cru[21] » [ill. p. 38]. Le prétexte mythologique magnifie la femme nue qui, dans la posture ramassée du désespoir[22], détourne son visage et n'offre au regard que le modelé de son dos. Ce modelé est commenté comme « l'intelligibilité manifeste des surfaces qui expriment tout ensemble la pression des forces internes et externes. L'œuvre se ferme sur elle-même et fait de la surface la fin, le terme de quelque chose[23] ». « Il y a [là] l'idée même de la sexualité féminine triomphante et en même temps profanée par l'absence de regard, ce par quoi l'Autre est accessible[24]. » Une autre correspondance d'Eileen Gray à Rodin mentionne Aleister Crowley [ill. p. 36] comme intermédiaire auprès du sculpteur pour l'acquisition de la pièce. Elle avait rencontré dans l'atelier du peintre irlandais Gerald Festus Kelly[25] ce fameux peintre et écrivain occultiste qui, tombé amoureux d'elle, désirait l'épouser. Au contraire du bronze de Rodin, la tête d'homme sculptée par Zadkine privilégie le regard, exorbité et souligné dans la pierre calcaire beige par des incrustations de marbre gris-vert. L'œuvre, en possession d'Eileen Gray en 1924, comme l'atteste une belle photographie, a été exposée dans la galerie Barbazanges de Paul Poiret en janvier 1925[26]. L'artiste fait plus ou moins distinctement émerger du matériau les traits, les contours et les modelés. Il travaille notamment sur le contraste entre une partie inférieure lisse, galbée en arrondi, que magnifie une bouche peinte en rouge (dont l'arc de Cupidon se trouve stylisé comme dans les illustrations de mode), et une partie supérieure, qui va de l'arcade sourcilière à l'arête nasale, découpée en plans ou sections vives et soulignée par des incrustations.

L'intérêt des études contemporaines portant sur les interrelations, les combinaisons, les arrière-plans cryptés par rapport auxquels le visible se détermine, permet de croiser une multiplicité de champs disciplinaires habituellement éloignés de l'histoire de l'art décoratif, à savoir la photographie, la littérature, les spectacles vivants, la sculpture, la peinture, voire l'ésotérisme. L'environnement social, économique, culturel et artistique d'Eileen Gray à Paris, dans les années 1910-1920, rend compte d'un parcours dynamique comme le trait serpentant parmi les noms des visiteurs du Temple de l'amitié, configurant un environnement relationnel et créatif à la fois clos et ouvert, statique et évolutif, intelligible et sensible. Un entre-deux métastable.

21. Voir la lettre d'E. Gray à Auguste Rodin datée du 20 janvier 1903, Archives du Musée Rodin, Paris. **22.** Voir Aline Magnien, « Cet obscur objet du désir », dans Dominique Viéville *et al.*, *Rodin. Les figures d'Éros : dessins et aquarelles, 1890-1917*, cat. expo., Paris, Musée Rodin, 2006, p. 121-145. **23.** *Ibid.*, p. 130. **24.** *Ibid.*, p. 138. **25.** Voir Richard Kaczynski, *Perdurabo. The Life of Aleister Crowley*, Berkeley (Calif.), North Atlantic Books, 2010, p. 110-111 (1re édition : New Falcon Publications, Tempe (Ariz.), 2002). **26.** Voir Véronique Koehler, *Destruction/Création*, cat. expo., Paris, Paris Musées, 2008, p. 44 et Sylvain Lecombre, *L'Œuvre sculpté*, Paris, Paris Musées, 1994, p. 184 pour la reproduction de la tête d'homme (1924) par Zadkine.

JEAN DÉSERT : UNE AVENTURE

Cécile Tajan

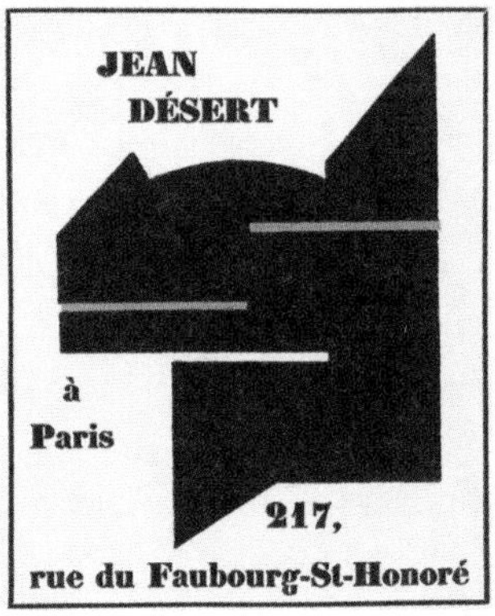

Carton d'invitation pour l'exposition «Eileen Gray et Chana Orloff», 1923. Collection particulière

Le 17 mai 1922, Eileen Gray inaugure sa boutique de décoration[1]. Il s'agit alors d'exposer et de commercialiser ses créations auprès d'une large clientèle mais aussi de s'imposer comme décoratrice sur la scène artistique parisienne. Installée au 217, rue du Faubourg-Saint-Honoré, en face de la future salle Pleyel, Gray rejoint Paul Poiret (boutique Martine), Louis Süe et André Mare (Compagnie des arts français) ou encore la maison Dominique, sur cette artère du luxe et de l'élégance[2]. Pour s'introduire dans le monde éminemment masculin des maisons de décoration, elle choisit le nom de Jean Désert. Un nom qui permet aussi de différencier la créatrice de la galeriste. Un nom mystérieux, enfin, qui évoque l'ailleurs, l'intemporel, qui invite au voyage, à l'imaginaire. Un journaliste du *Chicago Tribune* ne parle-t-il pas d'une « aventure » lorsqu'il évoque une visite chez Jean Désert, « une expérience avec l'inouï, un séjour dans le jamais vu[3] » ?

La conception de la galerie marque le début des réflexions architecturales d'Eileen Gray aux côtés de celui qui la suivra tout au long de sa carrière, Jean Badovici. Gray est alors l'une des premières à s'intéresser au décor de la rue cher aux architectes des années 1920. Ses projets montrent l'importance accordée à la simplicité des volumes et au rapport extérieur-intérieur. La solution retenue affiche une sobriété intemporelle tout autant éloignée des compositions fleuries de Süe et Mare que des jeux cubistes de René Herbst. La devanture en bois laqué noir est sobre, mystérieuse. Le projet, dicté par l'emplacement des piliers de fonte, s'appuie sur le modèle de la traditionnelle devanture à caisson en bois débarrassé de ses moulurations jusqu'à obtenir une épure géométrique. Sur le linteau supérieur, « Jean Désert » brille dans une typographie simple et élégante. De larges baies sont ouvertes jusqu'au sol, invitant le passant à l'intérieur. Mais Gray cultive le mystère et installe d'épais rideaux. Une mise à distance renforcée par le choix de portes d'entrée à claustras laqués blancs rejetées sur les côtés. À l'intérieur, l'espace est ouvert et dépouillé. Le parquet à chevrons est conservé. Les murs sont blancs ou, par endroits, soulignés de larges bandeaux.

1. Voir Archives de Paris, registre du commerce de la Seine, D33U3 345.
2. Eileen Gray loue la boutique et son sous-sol à la Compagnie d'assurances générales sur la vie, propriétaire de l'immeuble élevé par Charles Letrosne en 1908. **3.** « Odd Designs at Art Studio "Jean Dessert [*sic*]". Furniture in Bizarre Forms and Styles », *Chicago Tribune*, 7 juillet 1922.

Vue de l'escalier menant à la salle d'exposition située au sous-sol de la galerie Jean Désert, *circa* 1923. Tapis *Maryland*, banc en bois laqué d'Eileen Gray. Au mur, gravure de Chana Orloff. Collection particulière

Invitation à poursuivre la visite au sous-sol, une construction en gradins précède les marches de l'escalier qui « fuit et tourne à l'infini ». Gray joue de l'ambiguïté de l'espace. « L'esprit n'a plus de repère fixe » et « se sent pris de vertige et comme halluciné[4] ». La modernité de Gray passe par l'expérience sensorielle.

Jean Désert diffuse les paravents en laque, meubles en laque, meubles en bois, tentures, lampes, divans, glaces, tapis d'Eileen Gray. Viendront bientôt s'y ajouter ses créations en métal. Il s'agit d'une production artisanale de quelques exemplaires ou de pièces uniques parfois proches de l'expérimentation, à l'instar des lanternes. Les tapis et laques sont conçus dans les ateliers d'Eileen Gray. Kichizo Inagaki réalise les pièces sculptées. Gray fait encore appel à une vingtaine d'artisans et de fournisseurs. Pour présenter ses créations, elle ne reconstitue pas un appartement bourgeois, comme le fait Jacques-Émile Ruhlmann dans ses salons d'exposition de la rue de Lisbonne. En se servant des paravents pour articuler l'espace, elle crée un parcours rythmé par différentes compositions resserrées. Pas d'ensembles coordonnés à la manière des décorateurs de l'époque mais des jeux formels et de riches contrastes de matières et de couleurs. Eileen Gray oublie les références classiques pour évoquer des civilisations lointaines ou imaginaires. Parallèlement, elle présente les œuvres d'artistes amis. Elle expose en 1923 les bois gravés de Chana Orloff et, en 1924, les études d'étoffes colorées de Loïe Fuller. Ossip Zadkine aurait également exposé ses sculptures chez Jean Désert.

Personnalité discrète, Eileen Gray évolue en marge des circuits officiels et des mondanités parisiennes. Pour la promotion de sa galerie, seules quelques publicités paraissent dans l'*Annuaire de l'art décoratif moderne* et dans la revue *Entracte* de Louis Jouvet entre 1927 et 1928. Et tandis que la majorité de ses contemporains participent chaque année aux expositions d'arts décoratifs, elle ne s'y montre que rarement. Le *Boudoir de Monte-Carlo* [ill. p. 74] présenté au Salon des artistes décorateurs de 1923 est ainsi la seule démonstration d'envergure de la production de Jean Désert. De son côté, la presse artistique française s'attarde à peine sur l'ouverture de la galerie, comme elle reste peu éloquente concernant l'œuvre de Gray, jugée « inquiétante » parce qu'elle brise les conventions. La décoratrice trouve en

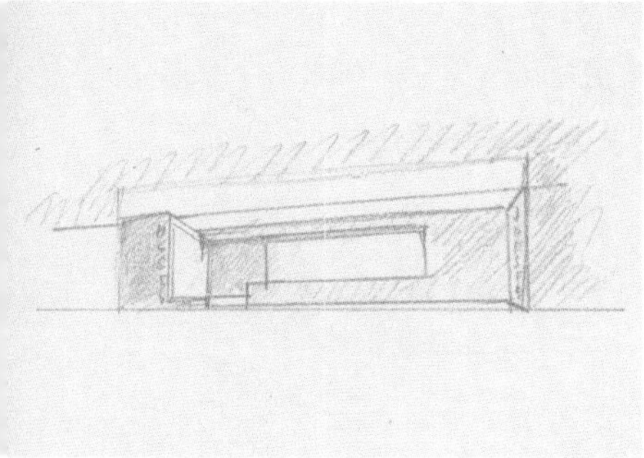

Projet de devanture pour la galerie Jean Désert, crayon sur papier, n.s., s.d. Victoria and Albert Museum, Londres

4. Jean Badovici, « Eileen Gray », *L'Architecture vivante*, Paris, Éd. Albert Morancé, automne-hiver 1924, p. 27.

Devanture de la galerie
Jean Désert, 217, rue du Faubourg-
Saint-Honoré, Paris, *circa* 1927.
Collection particulière

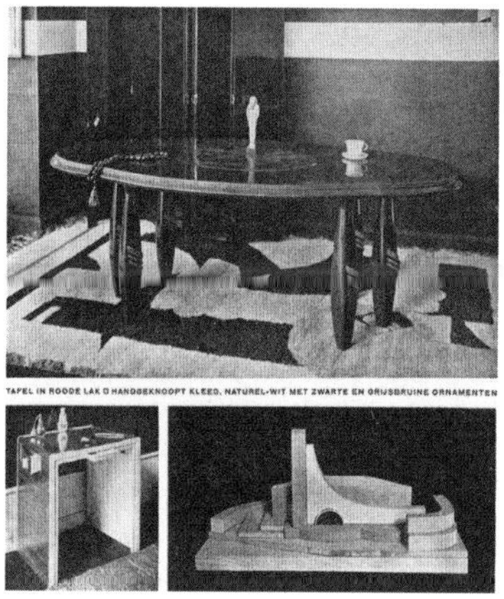

Eileen Gray, ensemble mobilier présenté dans la galerie Jean Désert - table ovale rouge et paravent en laque, tapis en laine naturelle à décor noir et gris-brun -, publié dans *Wendingen*, juin 1924, nº 6

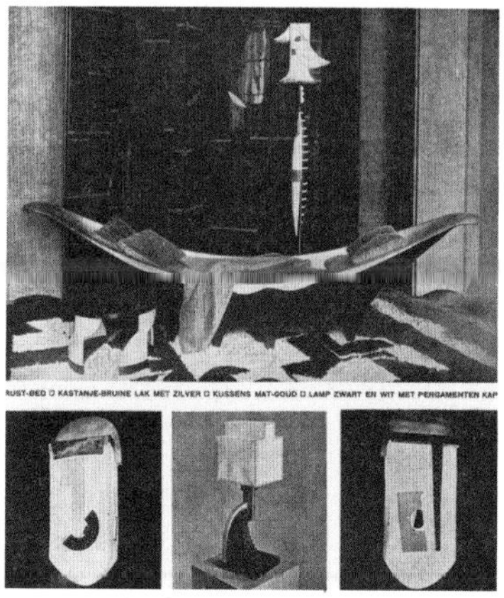

Eileen Gray, ensemble mobilier présenté dans la galerie Jean Désert - chaise longue *Pirogue*, laquée brun et argent, garnie de coussins or ; tapis *Tarabos*, table et lampadaire en bois sculpté, paravents en laque, lanternes en parchemin et lampe de table *Escalier* -, publié dans *Wendingen*, juin 1924, nº 6

revanche une vraie reconnaissance auprès de la presse anglo-saxonne et plus encore auprès des architectes hollandais, comme en témoigne le numéro que lui consacre en 1924 la revue *Wendingen*, dont Jan Wils signe l'introduction et Jean Badovici, le texte principal.

Ainsi, la galerie Jean Désert reste une adresse confidentielle, fréquentée par l'élite intellectuelle et financière parisienne. Une clientèle proche de l'avant-garde, à l'image des Noailles, de Pierre Meyer ou d'Elsa Schiaparelli. Eileen Gray peut aussi compter sur une clientèle internationale. Enfin, elle bénéficie aussi du soutien d'amies intimes, en tout premier lieu de la chanteuse Damia. Toutefois, la conception d'aménagements intérieurs complets ne trouvera pas de réalité. Les clients privilégient des achats à la galerie. Les tapis connaissent un franc succès. Les miroirs et les lanternes sont aussi particulièrement appréciés, tandis que le mobilier trouve plus difficilement acquéreur. Pourtant les prix pratiqués chez Jean Désert, établis en fonction des coûts de fabrication, sont analogues à ceux des autres représentants du bel ouvrage. En 1923, le fauteuil *Sirène* [ill. p. 149] se vend 1 000 francs, un bureau en laque 1 200 francs, les lanternes entre 150 et 375 francs, les tapis entre 125 et 1 800 francs[5]. Mais on ne vient pas chez Jean Désert pour se meubler. Les créations de Gray sont approchées comme des œuvres d'art ou des objets de curiosité. Les clients font ainsi des achats uniques ou en très petit nombre. Beaucoup se montrent fidèles, acquérant plusieurs pièces au fil du temps. Jean-Henri Labourdette fait ainsi véritablement œuvre de collectionneur.

Jean Désert enregistre trop peu de ventes pour être rentable. En 1930, Eileen Gray liquide le stock et ferme la boutique en décembre. « J'avais tant de mal avec ma galerie, se souviendra-t-elle, les gens n'entraient pas. Ils trouvaient que je faisais inquiétant[6]. » Loin d'être isolé, le relatif insuccès commercial de Jean Désert est en réalité symptomatique des difficultés que connaissent alors les artistes modernes à diffuser leurs créations au-delà d'un petit cercle de mécènes avant-gardistes tentés par l'expérience d'une autre manière d'habiter.

5. Cahier des ventes Jean Désert, Archives Eileen Gray, V&A Museum, Londres. **6.** Voir Éveline Schlumberger, « Eileen Gray », *Connaissance des arts*, nº 258, 1973, p. 71-81.

Chambre à coucher de l'appartement de Mme Jacques Errera, avec paravent d'Eileen Gray, publiée dans Pierre Chareau, «Un appartement moderne. Chez Mme Jacques Errera», *Art et Industrie*, nº 8, novembre 1926, p. 17

Chambre à coucher du maharajah d'Indore avec le fauteuil *Transat* d'Eileen Gray, s.d. Archives galerie Gilles Peyroulet, Paris

Vue intérieure de la demeure de Philippe de Rothschild avec tapis d'Eileen Gray, publiée dans
«À la Muette. Chez M. Philippe de Rothschild. Ch. Siclis décorateur», *Art et Industrie*, nº 4, 10 avril 1928, p. 13

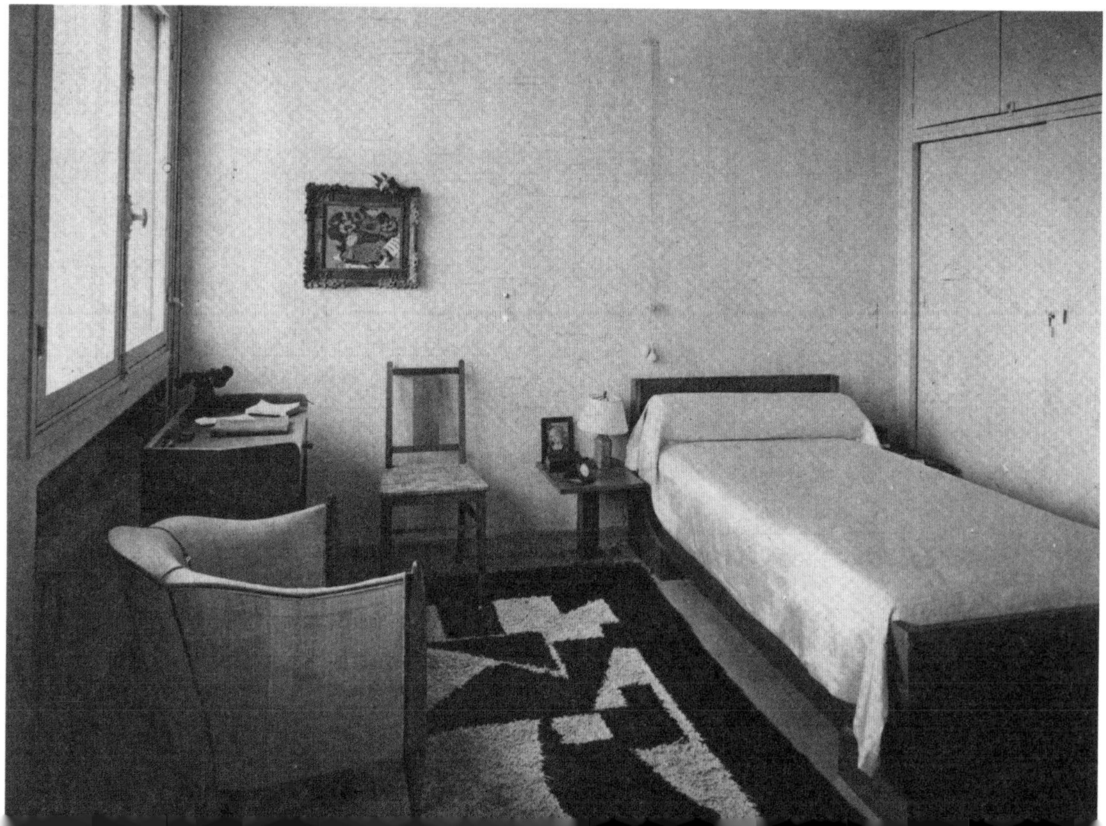

Salon de Mme Jean-Henri Labourdette-Debacker avec mobilier d'Eileen Gray (bureau, pouf, suspension et vase en chêne), publié dans «Jean Dunand», *L'Art d'aujourd'hui*, nº 13, printemps 1927, pl. 17

Ci-contre: Chambre dans la villa Noailles à Hyères avec lit de Georges Djo-Bourgeois, fauteuil de la maison Dominique, chaise de Francis Jourdain, tapis d'Eileen Gray, peinture de Georges Braque, publiée dans Léon Deshairs, «Une villa moderne à Hyères», *Art et Décoration*, juillet 1928, p. 21

SALONS ET EXPOSITIONS : LES DÉCENNIES QUI PRÉCÈDENT L'UAM

Jennifer Laurent

Eileen Gray expose pour la première fois en 1902, l'année de son arrivée à Paris, et, jusqu'à la création de l'Union des artistes modernes (UAM) en 1929, elle participera activement – quoique de façon sporadique – aux salons parisiens qui se tiennent chaque année, ainsi qu'à un certain nombre d'autres expositions en France et à l'étranger. Au cours de cette période, la nature des travaux qu'elle présente suit une progression constante qui témoigne d'une évolution très nette – des arts graphiques vers les panneaux de laque, puis vers les meubles laqués et, enfin, vers des ensembles mobiliers de plus en plus élaborés –, qui annonce sa transition vers l'architecture.

Pour sa première participation au Salon de la Société des artistes français, en 1902 (alors qu'elle est étudiante à l'Académie Julian), Gray présente une aquarelle intitulée *Derniers rayons de soleil d'une belle journée*[1]. En 1905, toujours au Salon de la SAD, elle expose une peinture, *Femme au sablier*[2]. Ensuite, Gray disparaît provisoirement des expositions jusqu'en 1913, période durant laquelle elle se concentre sur les arts décoratifs. En 1910, elle ouvre un atelier de tissage avec Evelyn Wyld ainsi qu'un atelier de laque avec Seizo Sugawara (toutefois, elle n'exposera ses laques que jusque dans les années 1920).

En 1913, elle devient membre actif de la Société des artistes décorateurs et, la même année, expose plusieurs panneaux décoratifs en laque au Salon des artistes décorateurs. C'est une exposition cruciale pour Gray, qui présente un dessus de cheminée intitulé *Om Mani Padme*

1. *Catalogue illustré du Salon de 1902. Société des artistes français* [120e Exposition du Salon de la Société des artistes français de 1902, Grand Palais, Paris, 1er mai 1902], Paris, Librairie d'art-Ludovic Baschet éditeur, 1902, no 1940. **2.** Ludovic Baschet (dir.), *Catalogue illustré du Salon de 1905. Société des artistes français* [123e Exposition du Salon de la Société des artistes français de 1905, Grand Palais, Paris, 1er mai 1905], Paris, Bibliothèque des annales, 1905, no 862.

Eileen Gray, commode, bois exotique, dessus en laque marron, probablement présentée au Salon d'automne, 1922. Centre Pompidou, Bibliothèque Kandinsky, Paris. Fonds Eileen Gray

Hum, une frise, des panneaux pour bibliothèque jaune et argent, et un panneau en laque bleu, portant le titre *La Forêt enchantée* dans le catalogue du salon mais également connu sous le nom *Le Magicien de la nuit*[3] [ill. p. 144]. Ce panneau, qui se compose de trois figures exotiques sur un fond en laque bleu nuit enrichi d'incrustations en nacre, lui vaut l'admiration de plusieurs mécènes importants, notamment du couturier Jacques Doucet ; en ce sens, il marque le lancement effectif de sa carrière.

Deux ans plus tard, sa contribution à la « Panama-Pacific International Exposition » de San Francisco, dans le cadre de la section des Arts décoratifs modernes du Pavillon français, témoigne d'un début d'évolution vers la création de meubles. Pour la première fois, en effet, Gray présente non pas de simples panneaux, mais un meuble complet avec panneaux décoratifs en laque. C'est aussi sa première participation à une manifestation internationale. Malheureusement, sa contribution – mentionnée dans le catalogue sous la simple désignation *Meuble – Panneaux décoratifs (laque)* – ne nous donne aucune indication précise sur le meuble exposé[4].

Quatre ans plus tard, au Salon des artistes décorateurs de 1919 (le premier à se tenir après l'interruption de la guerre), elle présente une unique pièce : un paravent laqué intitulé *La Nuit*[5]. Le paravent en général, décoratif sur le plan esthétique, mais qui présente également des qualités architecturales dans sa capacité à configurer l'espace d'une pièce, occupe une place importante dans l'œuvre de Gray, car il témoigne d'une préoccupation accrue pour la conception des espaces dans leurs relations avec les objets qu'ils contiennent.

Après quelques années d'absence sur la scène des expositions, Gray réapparaît en 1922 à l'occasion de l'ouverture de sa boutique, la galerie Jean Désert. C'est le début de sa période la plus active du point de vue de sa participation à des salons, mais aussi le moment où elle délaisse progressivement la création de meubles isolés pour évoluer vers la conception d'ensembles mobiliers. Ce tournant dans sa carrière coïncide avec la place nouvelle qu'y occupe l'architecture, transition qui résulte très probablement de son travail récent sur un intérieur pour Juliette Lévy, épouse de Mathieu Lévy, et de sa collaboration avec Jean Badovici pour la conception de la galerie Jean Désert.

En 1922, Gray participe à deux expositions. Après l'ouverture de sa boutique au printemps, elle expose au Salon d'automne, où sa contribution consiste en un « ensemble comprenant une commode en bois exotique avec le dessus en laque marron, un paravent laqué, un tapis noué en sable, noir et blanc, un petit tapis tissé en blanc, bleu et quetsche, et des tentures à bandes bleues, blanches et noires[6] ». À l'hiver de cette même année, elle prend part à une exposition de groupe intitulée « Exposition française d'Amsterdam. Industries d'art et de luxe[7] », organisée au Paleis voor Volksvlijt par le ministère français des Affaires étrangères pour promouvoir les arts décoratifs français à l'étranger. Dans le cadre d'un groupe représentant la Chambre syndicale des artistes décorateurs, Gray expose un paravent en laque noir, un miroir laqué et, peut-être, une des premières versions du fauteuil *Transat*[8].

3. *8e Salon de la Société des artistes décorateurs* [Pavillon de Marsan, Musée des arts décoratifs, Paris, 22 février – 31 mars 1913], nº 67. **4.** *Panama-Pacific International Exposition, San Francisco, 1915. Fine Arts, French Section. Catalogue of Works in Painting, Drawings, Sculpture, Medals-Engravings and Lithographs*, Paris, Libraire centrale des beaux-arts / Mâcon, Protat Brother, printers, nº 1233. **5.** *10e Salon de la Société des artistes décorateurs* [Pavillon de Marsan, Musée des arts décoratifs, Paris, 20 mars – 30 avril 1919], nº 82. **6.** *Catalogue des ouvrages de peinture, sculpture, dessin, gravure, architecture et art décoratif exposés au Grand Palais des Champs-Élysées, du 1er novembre au 17 décembre 1922 / Société du Salon d'automne*, Paris, Société française d'imprimerie, 1922, nº 1077-1081. **7.** Étienne Fougère, *Exposition française d'Amsterdam, 15 novembre-15 décembre 1922. Industries d'art et de luxe. Rapport général*, Lyon, Grance & Giraud, 1923.

Eileen Gray, *Une chambre à coucher boudoir pour Monte-Carlo* exposée au Salon des artistes décorateurs, Paris, 1923. Archives galerie Gilles Peyroulet, Paris

Eileen Gray, table-coiffeuse, chêne teinté et sycomore blond, exposée dans *Une chambre à coucher boudoir pour Monte-Carlo*, Paris, 1923. National Museum of Ireland, Dublin

Une chambre à coucher boudoir pour Monte-Carlo (détail), publiée dans *Wendingen*, n° 6, juin 1924. Table-coiffeuse visible dans le reflet du miroir

La conception du stand ne lui permettait probablement pas d'exposer un ensemble plus élaboré, mais le fait qu'elle demande à l'architecte néerlandais Jan Wils de modifier la disposition des meubles témoigne de l'importance croissante qu'elle accorde à l'unité des ensembles qu'elle conçoit. Ces deux premières expositions conduisent Gray à être plus ambitieuse encore l'année suivante.

Au Salon des artistes décorateurs de 1923, en effet, elle présente *Une chambre à coucher boudoir pour Monte-Carlo*[9], qui comprend une porte en laque donnant sur un espace central où se trouvent un lit de repos laqué, flanqué de deux paravents composés de fines briques rectangulaires blanches, une table d'appoint ronde à piètement octogonal, un tapis intitulé *La Magie noire* et plusieurs luminaires, le tout placé devant un panneau mural décoratif rouge profond orné de formes abstraites blanches et or. Un coin bureau comprend un secrétaire en laque noir avec poignées en ivoire sculpté et une banquette en bois de zebrano ; à l'autre bout, un coin avec coiffeuse – visible dans les photographies de l'époque uniquement et partiellement au niveau du miroir qui en réfléchit l'image – réunit un fauteuil en bois et une petite coiffeuse en chêne teinté et sycomore blond posés sur un tapis. Ce *Boudoir Monte-Carlo*, qui constitue l'ensemble le plus élaboré que Gray ait alors exposé, témoigne d'un souci très concret pour les questions de confort et de flexibilité dans l'utilisation des petits espaces, et, en même temps, d'une préoccupation plus conceptuelle – et plus nette que dans ses précédents salons – pour l'unité des ensembles qu'elle crée. Si les réactions dans la presse sont le plus souvent négatives, le travail de Gray attire l'attention de Pierre Chareau, qui l'invitera l'année suivante à prendre part à l'un de ses propres projets décoratifs.

Pour le Salon des artistes décorateurs de 1924, Gray collabore donc avec plusieurs artistes et designers à la création d'un intérieur intitulé « La réception et l'intimité d'un appartement

8. Voir Caroline Constant, *Eileen Gray*, trad. de l'anglais par Jacques Bosser, Paris, Phaidon, 2003, p. 50.
9. *Catalogue du 14e Salon du 3 mai au 1er juillet 1923. Paris, Grand Palais des Champs-Élysées. Société des artistes décorateurs*, Paris, Société des artistes décorateurs, 1923, n° 308. Le catalogue indique que Gray expose (en plus du *Boudoir Monte-Carlo*) deux tapis, *Tarabos* et *Héliopolis*, qui constituent les nos 309 et 310 et ne correspondent pas aux deux tapis intégrés dans l'ensemble.

Tapis et tentures d'Eileen Gray dans le stand « La réception et l'intimité d'un appartement moderne », organisé par Pierre Chareau pour le Salon des artistes décorateurs, Paris, 1924. Archives galerie Gilles Peyroulet, Paris

Eileen Gray et Evelyn Wyld, projet de tapis *Martine*, s.d. RIBA Library Drawings and Archives Collections. Tapis exposé par Eileen Gray dans le stand « La réception et l'intimité d'un appartement moderne », Salon des artistes décorateurs, Paris, 1924

moderne »[10]. Pour concevoir, meubler et décorer les pièces de cet appartement, Chareau réunit ainsi Robert Mallet-Stevens, Pierre Legrain, Jacques-Émile Ruhlmann et Paul Poiret, auxquels viennent s'ajouter Tony Selmersheim, Jean Burkhalter et Gray, la participation de cette dernière consistant en plusieurs tapis et tentures qui apparaissent dans le coin de hall conçu par Chareau lui-même. Sur une photographie d'époque figure le tapis *Martine*, identifiable grâce à un dessin présent dans un carnet de motifs appartenant à Wyld. Ce travail collectif, globalement réussi et bien accueilli par la presse, reste un cas unique dans la carrière de Gray, qui, en définitive, préférera travailler seule, malgré la nature de plus en plus collaborative du mouvement moderniste qui conduit à la création de l'UAM. Ce salon est aussi le dernier auquel elle participe au cours de cette décennie.

D'une façon générale, Gray prend dorénavant une part beaucoup moins active aux expositions. En 1924, elle participe néanmoins à « L'Architecture et les arts qui s'y rattachent », organisée par Mallet-Stevens à l'École spéciale d'architecture, où elle présente un ensemble comprenant une coiffeuse, un miroir, une table et deux lampes[11]. À l'hiver 1925-1926, elle expose également des tapis avec Wyld à l'Exposition d'art appliqué annuelle, au Musée Galliera. En revanche, elle est absente de l'Exposition internationale des arts décoratifs et industriels modernes de 1925 et, durant un temps, délaisse les expositions publiques. C'est à cette époque qu'elle conçoit et construit la villa *E 1027*, qui inaugure une nouvelle phase de sa carrière, davantage axée sur l'architecture. À partir de cette période, sa participation aux salons ou expositions se limite principalement à des présentations de projets architecturaux, de maquettes et de photographies.

Traduit de l'anglais par Jean-François Allain

10. *Catalogue du 15e Salon du 8 mai au 8 juillet 1924. Paris, Grand Palais des Champs-Élysées. Société des artistes décorateurs*, Paris, Société des artistes décorateurs, 1924, p. 64 et 76. **11.** *L'Architecture et les arts qui s'y rattachent*, Paris, École spéciale d'architecture, 1924, nº 113-116.

Eileen Gray, projet de tapis *Castellar*, également titré *Brentano*, gouache et collage sur papier, 1926-1929. National Museum of Ireland, Dublin

EILEEN GRAY ET LA CRÉATION DE TAPIS

Jennifer Goff

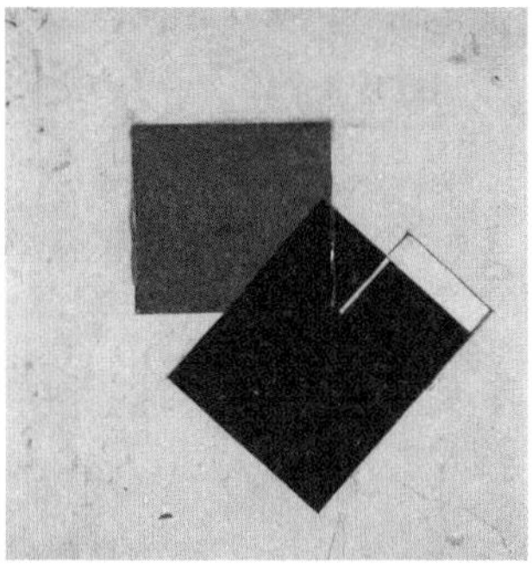

Dans la première décennie du XXe siècle, la coexistence à Paris de plusieurs mouvements picturaux – fauvisme, cubisme, constructivisme et futurisme – entraîne un rejet général de la tradition académique et renouvelle totalement l'iconographie dans les différents domaines de la création artistique et artisanale. Elle conduit en outre à remettre en question la distinction habituelle entre œuvre d'art et objet fonctionnel. Eileen Gray, qui s'installe de façon permanente à Paris en 1902, va tout de suite être inspirée par ce bouillonnement artistique et pouvoir exprimer toutes ses compétences picturales et graphiques dans les tapis qu'elle dessine. Sa bibliothèque se remplit de livres d'art qui vont guider ses créations, entre autres le catalogue de l'exposition futuriste qui s'est tenue à Paris en février 1912, *Les Peintres cubistes* de Guillaume Apollinaire (1913), *Classique-Baroque moderne* de Theo Van Doesburg (1921), *Le Néo-Plasticisme* de Piet Mondrian (1920) et *Le Cubisme et les moyens de le comprendre* d'Albert Gleizes (1920). Malgré les activités qui l'occuperont dans les secteurs des arts décoratifs et de l'architecture, Gray poursuivra sa pratique artistique et restera toujours en contact avec de nombreux peintres. Dans les années 1930 et 1940, elle réalise des gouaches ; vers la fin de sa vie, des monotypes, des collages et des bas-reliefs, ainsi que des cartons à la gouache pour des tapis qui doivent être confectionnés en Irlande, son pays natal. Selon elle, les artistes qui se sont tournés vers les arts décoratifs n'ont pas toujours créé des choses intéressantes, car « l'art décoratif ne devrait pas être seulement décoratif mais être la création de formes nouvelles à partir de formes anciennes, parfois avec des matériaux tels que la poterie, le liège aggloméré ou la paille ; il doit inventer[1] ». Durant toute sa carrière, dans ses créations de tapis comme dans ses œuvres d'art, Gray ne cessera d'expérimenter des techniques ou matériaux nouveaux. Au tournant du XXe siècle, le regain d'intérêt pour l'artisanat et le retour à un système de guildes hostiles à l'industriali-

1. Lettre d'Eileen Gray à un[e ?] ami[e ?], jeudi 13 février 1964.

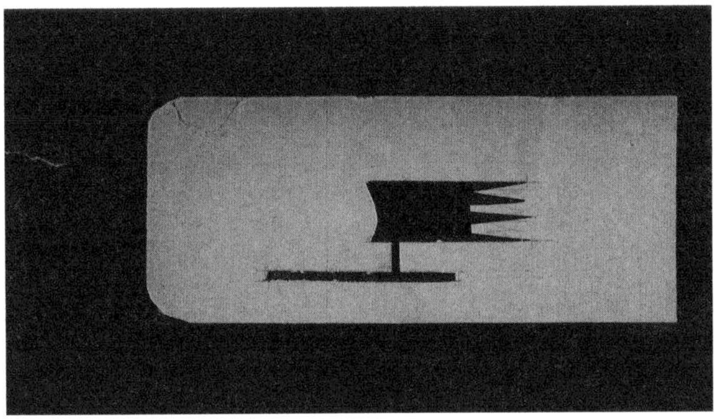

Eileen Gray, projet de tapis *Wexford*, gouache et collage sur papier, 1918-1921. National Museum of Ireland, Dublin

sation conduisent de nombreux artistes et designers à ouvrir leur propre atelier. Cette philosophie sous-tend notamment les écoles européennes d'inspiration Art nouveau[2]. Face au développement rapide des mouvements d'avant-garde allemands, les Français tentent de créer des systèmes équivalents. Ainsi est fondée en 1901 la Société des artistes décorateurs, qui entend encourager les arts décoratifs français, revaloriser le statut des designers et protéger leurs droits contre toute exploitation industrielle. La loi française sur la propriété intellectuelle permet en effet aux artistes décorateurs de protéger les objets dont ils sont les auteurs, sauf en cas de fabrication industrielle[3]. Gray adhère à la Société des artistes décorateurs – qui développe un répertoire Art déco fondé notamment sur un renouveau des styles du XVIIIe et du début du XIXe siècle – et prend part à ses expositions de 1913 à 1924. Elle quitte ensuite l'association, estimant que celle-ci accorde trop d'importance à l'artisanat et s'adresse à une clientèle élitiste et non au grand public. Quand les Münchner Vereinigte Werkstätten für Kunst im Handwerk exposent pour la première fois à Paris, au Salon d'automne de 1910, Gray se sent déjà plus d'affinités avec leurs idées : elle est convaincue que l'on peut produire pour les masses du mobilier et des articles d'ameublement à un prix abordable[4]. C'est sur cette toile de fond qu'elle développe, à partir de 1909, son répertoire de motifs destiné aux tapis et tentures murales qu'elle fait confectionner dans l'atelier créé peu après avec une amie, Evelyn Wyld (1882-1973). Huit femmes travaillent dans les trois pièces du dernier étage de l'immeuble situé au 17-19, rue de Visconti. Les étiquettes des pièces ainsi produites comportent la mention « Conçu par Eileen Gray dans l'atelier d'Evelyn Wyld ». Si Gray assume le travail de conception au début, Wyld se met aussi à créer des motifs à partir du milieu des années 1920. Dès 1908-1909, cette dernière a accompagné Gray dans l'Atlas pour apprendre auprès des artisans locaux à tisser et teindre la laine avec des teintures naturelles. Après leur retour à Paris, Wyld se rend régulièrement en Angleterre au cours de cette même année pour approfondir sa connaissance des techniques de tissage et de nouage, tandis que Gray conçoit les motifs. Wyld fera même venir d'Angleterre un professeur de la National School of Weavers qui l'aidera à mettre en place la chaîne de fabrication des tapis[5].

2. Joan Campbell, *The German Werkbund. Politics of Reform and Applied Arts*, Princeton (N.J.), Princeton University Press, 1978, p. 56 et 205. **3.** Voir Caroline Constant, *Eileen Gray*, trad. de l'anglais par Jacques Bosser, Paris, Phaidon, 2003 (1re édition : Londres, Phaidon, 2000), p. 17. **4.** *Ibid.*, p. 21. **5.** Voir Mel Byars, *The Design Encyclopædia*, Londres, Laurence King Publications, 1994, p. 598.

Dans la première moitié du XXe siècle, l'Europe produit de grandes quantités de tapis, qu'ils soient tissés ou à points noués. À la fin des années 1920, les deux centres de production les plus actifs sont la France et l'Allemagne, les Français se concentrant sur les procédés manuels, les Allemands sur l'industrialisation. Les premiers expérimentent la rayonne et les teintures synthétiques ; les seconds développent la production industrielle de teintures chimiques. Dans ce contexte, Gray et Wyld sont probablement les premières à employer des fibres naturelles comme le coton ou la laine, souvent dans des coloris naturels pour cette dernière, et à jouer sur la longueur des mèches et sur les juxtapositions de fils simples et de fils retors. La laine, issue de différentes espèces de moutons – ce qui permet d'obtenir des tons originaux[6] –, vient essentiellement d'Auvergne ; elle est, si nécessaire, teinte à Paris. Dans *L'Amour de l'art*, un critique donne cette description : « L'art d'Eileen Gray [...] garde la saveur d'un fruit sauvage et exotique. Le grège et marron, le marron et le gris, le grège et noir sont ses harmonies préférées. Mais ces tonalités éteintes, elle les juxtapose avec une violence et une rudesse voulues que soulignent encore ses procédés de tissage. » Gray emploie également « une sorte d'herbage de laines entremêlées. L'effet est produit par des brins non coupés [...]. C'est l'accompagnement que l'artiste a voulu pour ses meubles aux bois miroitants, aux angles nets. Elle a créé aussi des tapis composés de raies, où une bande sombre alterne avec une bande claire. »[7]

Les tapis sont soit tissés, généralement en haute lisse, soit noués avec des longueurs de fil variables. Les premiers sont entièrement confectionnés selon la technique de la tapisserie, selon laquelle le tisserand travaille à l'arrière du tapis et insère les fils de trame par plages de couleur en fonction du motif, les fils étant ensuite tassés à l'aide d'un peigne afin de couvrir les fils de chaîne. Certains modèles se composent de trois ou quatre panneaux tissés, ensuite cousus ensemble à la main. Les motifs géométriques tuftés à la main étaient ajoutés après tissage des panneaux[8]. Pour les tapis à points noués, le carton est transposé sur du papier millimétré – ce que l'on appelle le « papier de mise en carte » –, chaque carreau correspondant à un nœud. C'est Wyld qui se chargeait de ce travail. Il subsiste ainsi des dessins en modèle réduit, sur papier millimétré, de *Marine d'abord* et de *Kleps*[9]. Beaucoup de tapis étaient entièrement réalisés à points noués. Dans ce cas, le tisserand exécute sur un métier de haute lisse une rangée de nœuds – changeant d'écheveau en fonction du motif – qu'il maintient en place en insérant des fils de trame, tassés à l'aide d'un peigne. Sur certaines photographies présentant le travail de Gray dans sa galerie Jean Désert ou montrant la terrasse de sa dernière maison, *Lou Pérou* (1954-1961), on distingue un « chemin » chenille jaune à points noués, réalisé par Gray en 1919-1922 en laine et fibre de sisal[10]. On sait peu de choses de la formation de Gray en matière de textiles, mais certains éléments – notamment des textes qu'elle a écrits en français sur les techniques de tissage, le fonctionnement des métiers et la manière d'obtenir certaines textures – montrent sa profonde connaissance du sujet[11]. Professionnelle jusque dans les dernières années de sa vie, elle restera attachée aux techniques traditionnelles[12].

Après les années de guerre, l'essor de la production des biens de consommation dans les années 1920 favorise la création d'une classe moyenne prospère. La France entend déve-

6. Anonyme, « The Lacquer Work », *New York Herald*, 20 juin 1922, V & A Museum Archive, Londres, réf. AAD/9/13-1980. **7.** Gabriel Rosenthal, « Les tapis nouveaux », *L'Amour de l'art*, vol. 7, n° 8, août 1926, p. 280. **8.** National Museum of Ireland, Dublin, réf. NMIEG 2000.181. **9.** National Museum of Ireland, Dublin, réf. NMIEG 2003.151, NMIEG 2003.153, NMIEG 2003.155. **10.** Voir Susan Day, *Art Deco and Modernist Carpets*, Londres, Thames & Hudson, 2002, p. 138. **11.** V&A Museum Archive, Londres, réf. AAD/9/4-1980 et AAD/9/5-1980. **12.** National Museum of Ireland, Dublin, réf. NMIEG 2003.419 ; voir aussi note 33.

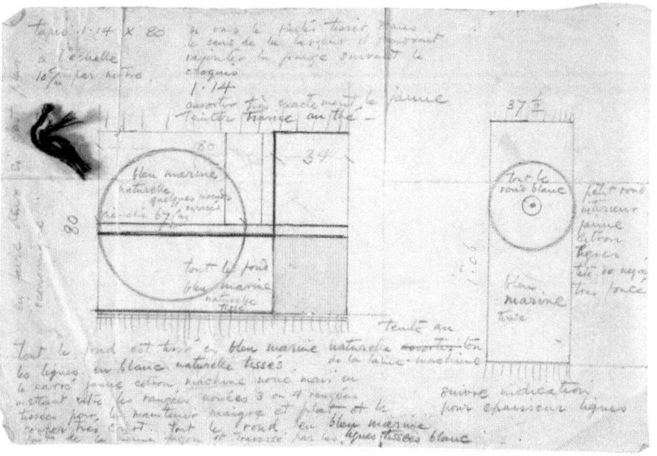

Eileen Gray, projet de tapis *Monolith*, crayon sur papier, 1918-1921. National Museum of Ireland, Dublin

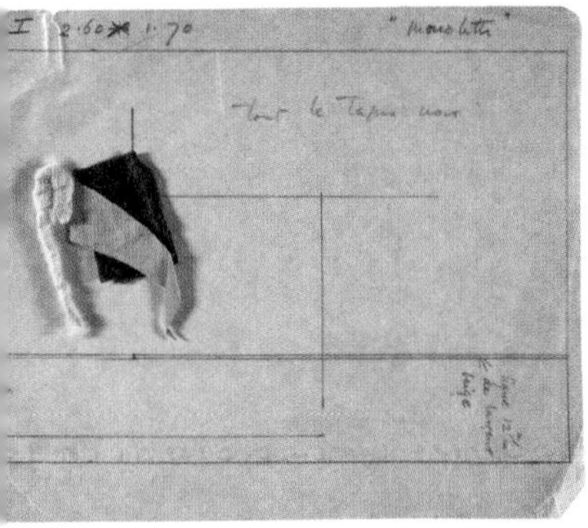

Eileen Gray, projet de tapis *Hantelaine*, crayon et gouache sur papier, 1926-1929. National Museum of Ireland, Dublin

lopper un style et des motifs libérés de toute influence allemande, mais cette influence reste néanmoins sensible, notamment par le biais des Wiener Werkstätte et de nombreux livres de motifs qui popularisent les compositions rectilignes. Le fauvisme et les Ballets russes encouragent la production de tapis extrêmement colorés. Dans l'Art déco français, le tapis est un point focal de la pièce. Généralement de couleur vive, il peut être très varié dans ses motifs et ses formats. Ainsi, l'intérêt porté aux civilisations non occidentales, aux pays colonisés et à l'art nègre produit une vague de tapis figurant des plantes exotiques et des motifs géométriques inspirés de tissus congolais. Les tapis berbères d'Afrique du Nord sont une autre source d'inspiration importante. Enfin, la demande de tapis de créateurs a considérablement augmenté : à la fin des années 1920, grâce à la vente dans les grands magasins, ceux-ci remportent plus de succès que les tapis d'Orient. C'est à cette époque que l'abstraction moderniste se caractérise par des palettes aux tons assourdis et s'enrichit de motifs figuratifs, parfois d'inspiration néoclassique. Dans les années 1930, la crise économique a des répercussions profondes sur les articles de luxe en général et sur l'industrie du tapis en particulier. Dans les intérieurs, on privilégie l'hygiène, ce qui se traduit par des murs dépouillés, des tissus d'ameublement sobres et des tapis souvent unis. Les créateurs cherchent à produire des effets esthétiques par la texture et la technique plus que par le motif ou la couleur. Lucien Lainé, directeur de la Manufacture française de tapis et de couvertures, observe la montée en puissance du mouvement moderniste, qui menace l'industrie textile française en réduisant la place des tissus dans la maison. Toutefois, précise-t-il, les Français n'ont guère suivi ce mouvement[13]. Le style des tapis de Gray et de Wyld reflète ces diverses évolutions. Au tout début, en effet, les motifs de Gray, assez simples, sont plutôt figuratifs et fluides, mais, dans les années 1920, ils prennent un caractère abstrait et géométrique. Ceux de Wyld, au départ assez fleuris, s'orientent bientôt vers un style primitif et géométrique. Gray exécute les cartons à la gouache ou par collage, puis elle les transpose sur papier millimétré

13. Lucien Lainé, « De la tente du nomade au palais de ciment », *La Renaissance de l'art français et des industries de luxe*, mai 1929, p. 246-262.

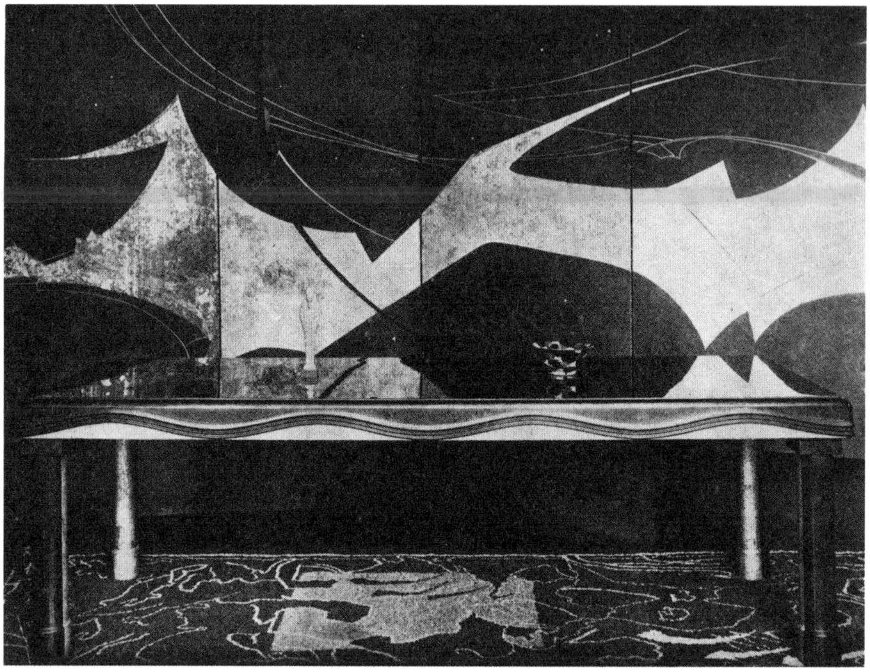

Salon de Madame Mathieu Lévy, 9, rue de Lota, Paris, s.d. Détail : tapis et panneau laqué d'Eileen Gray. National Museum of Ireland, Dublin

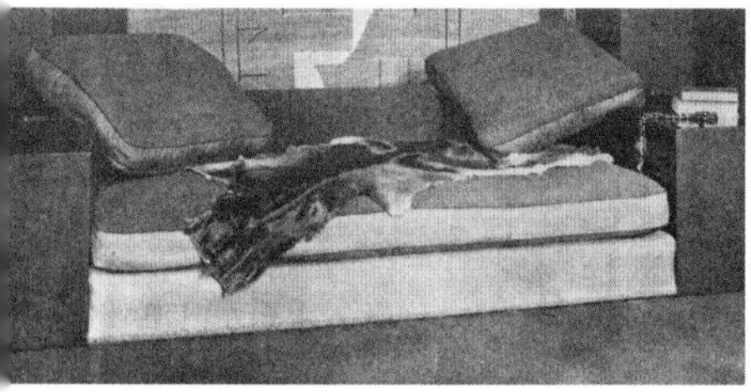

Appartement de Madame Mathieu Lévy, 9, rue de Lota, Paris, s.d. Détail : Eileen Gray, canapé *Cube* et tapis *Cluny*. National Museum of Ireland, Dublin

en les accompagnant d'échantillons de fil et d'instructions sur le mode de tissage souhaité [ill. p. 79]. Ses premiers tapis présentent généralement des bandes de couleur horizontales ou verticales, la plupart du temps dans des palettes où dominent le beige, le crème et le brun (par exemple *Footit*, *Maryland*, *Zara* et *Candide*), ou encore le vert et le bleu (*Macédoine*, *Gustave*, *Côte d'Azur* et *Cluny*). Certains sont conçus pour accompagner ses meubles en laque ou en bois naturel ; c'est le cas de *Poissons* (1913-1917) qui accompagne une table en laque figurant des carpes Koï en décoration de surface[14]. Elle poursuit ce thème dans l'appartement de la rue de Lota (1919-1924), où *Cluny* – tapis géométrique bleu et blanc – est accroché au mur derrière le canapé *Cube*. D'autres tapis trahissent le penchant de Madame Mathieu Lévy pour l'art tribal. Un chemin brun foncé et beige comprend ainsi des lignes tourbillonnantes et trois cornes de rhinocéros.

Sur les photographies prises dans la galerie Jean Désert figurent de nombreux tapis disposés à côté des meubles. Beaucoup sont aujourd'hui identifiables, notamment *Côte d'Azur*, *Maryland* et *Irish Green*. Ce dernier apparaît en outre à côté de la coiffeuse sur certaines photographies de la villa *E 1027* (1926-1929). D'autres encore sont reproduits dans des portfolios de Gray[15] ou apparaissent dans des créations de 1922-1930, comme *Ebony and Ivory*, *La Bastide blanche*[16] ou *Hantelaine*[17] [ill. p. 79]. C'est aussi le cas d'un tapis orange avec triangles gris et crème appelé *Hannibal*, qui réapparaît dans le cadre de la décoration d'un appartement présenté par Pierre Chareau au Salon des artistes décorateurs de 1924 sous le titre « La réception et l'intimité d'un appartement moderne ».

14. A.S., « An Artist in Lacquer », *Vogue*, Londres, août 1917, p. 29. **15.** National Museum of Ireland, Dublin, réf. NMIEG 2000.250 et NMIEG 2003.1641. **16.** *La Bastide blanche* a été photographiée dans l'appartement de Gray, rue Bonaparte (National Museum of Ireland, Dublin, réf. NMIEG 2003.1641). **17.** V&A Museum Archive, Londres, réf. T.178-1980.

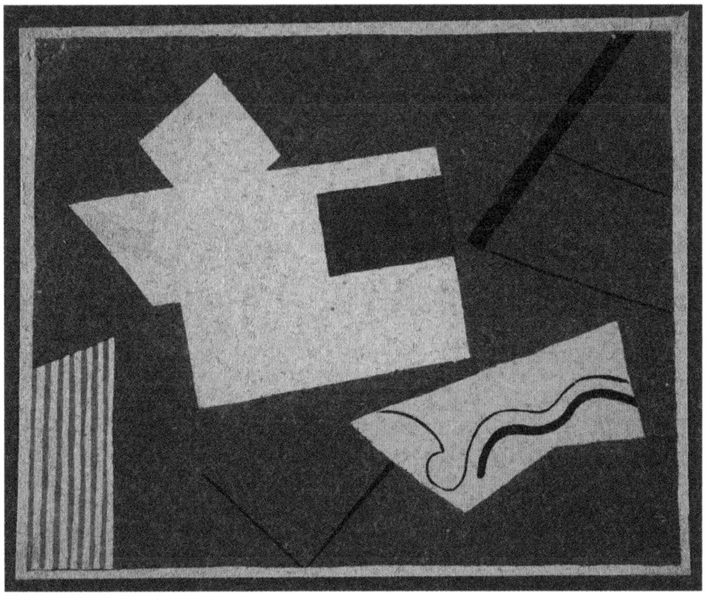

Eileen Gray, projet de tapis *Bobadilla*, gouache sur papier, 1926-1929. National Museum of Ireland, Dublin

Le tapis *La Magie noire*, également appelé *Héliopolis*, est exposé dans *Une chambre à coucher boudoir pour Monte-Carlo* (1922-1923)[18] [ill. p. 74]. Une autre photographie illustre *Tarabos*, tapis géométrique blanc et noir placé à côté d'un bureau en laque noir qui, plus tard, figurera dans la villa construite pour les Noailles par Robert Mallet-Stevens (1923-1928). Certains tapis donnent lieu à des variations. *Tango* (vers 1920 [ill. p. 85]), dans sa première version, se compose d'un fond orange et de lignes tourbillonnantes brunes ; en 1922 est éditée une variante en brun foncé avec lignes blanches. D'autres seront ainsi produites pour *Biribi*, *Feston*, *Wendingen* et *Bobadilla*. Le tapis rond destiné à la salle de séjour de *E 1027* va connaître huit versions. Les photographies de la villa font apparaître de nombreux tapis, dont certains sont identifiables, comme *Marine d'abord*, *Kleps*, *Irish Green* et *Centimètre*. Sur le sol de la chambre d'amis, on remarque un tapis beige avec deux arcs en demi-cercle. Une variante antérieure comprenait un fond blanc et deux arcs de couleur foncée, comme sur certaines photographies de la galerie Jean Désert[19]. Dans le studio de Jean Badovici rue Chateaubriand (1930-1931), un long tapis couleur crème est étendu à côté du lit de la chambre à coucher principale. Si les tapis sont rares dans la villa *Tempe a Pailla* (conçue entre 1931 et 1934), on en remarque néanmoins un dans la salle de séjour, foncé et particulièrement épais, dont le motif est traversé par un arc. Dans ses créations, des exercices formels d'art abstrait pour la plupart, Gray rend hommage aux nombreux mouvements artistiques qui l'ont inspirée. Ainsi l'utilisation des couleurs primaires et des motifs géométriques reflète-t-elle les théories spatiales de De Stijl[20]. En témoigne *Wendingen*, ainsi intitulé d'après le nom de la revue du mouvement éponyme. D'autres gouaches sont directement inspirées par l'art suprématiste, plusieurs motifs jouant d'ailleurs sur le tableau de Kasimir Malevitch

18. C. Constant, *Eileen Gray*, *op. cit.*, p. 51. **19.** V&A Museum Archive, Londres, réf. Circ 241-1973. **20.** National Museum of Ireland, Dublin, réf. NMIEG 2000.164.

Eileen Gray, tapis *Saint-Tropez*, laine, 1975. Édition Donegal Carpets. National Museum of Ireland, Dublin

Carré noir sur fond blanc (1915). Certaines, enfin, rendent hommage à des groupements comme l'Union des architectes modernes (UAM), dont Gray est l'un des membres fondateurs. Dans ses motifs, elle incorpore des nombres, des icônes et des objets de tous les jours, fragmentés ou stylisés mais néanmoins reconnaissables. À partir des années 1920 et jusque dans les années 1930, Gray affine sa méthode, ce qui la conduit à créer des tapis très variés par leur texture ou la nature de leurs fibres. Beaucoup de ses cartons s'accompagnent d'instructions et de mesures précises, et certains motifs sont signés. Elle leur donne parfois le nom de lieux qu'elle a visités – *Roquebrune*, *Saint-Tropez* [ill. p. 82], *Castellar*, *La Bastide blanche*, *Côte d'Azur*. D'autres présentent des motifs architecturaux : *Tour de Nesle* reprend ainsi le plan de l'édifice du XIIIe siècle gravé sur une plaque d'information non loin de son appartement rue Bonaparte[21].

Dans plusieurs tapis – *Kilkenny*[22], *Wexford*[23], *Irlande*, qui date de 1926[24], et *Irish Green*, de 1927[25] –, Gray cultive le thème de son pays natal. C'est aussi le cas de *Ulysses*[26], un hommage à James Joyce, qu'elle connaissait en tant que client[27]. Gray a également joué un rôle crucial en influençant les artistes irlandaises Mainie Jellett (1897-1944) et Evie Hone (1894-1955), à l'époque où elles étudiaient à Paris dans les années 1920[28]. Après la rupture, en 1927, du partenariat entre Gray et Wyld, cette dernière ouvre à Cannes – quoique pour une année seulement – un magasin de décoration avec une autre designer, Eyre de Lanux (1894-1996). L'atelier continue toutefois d'éditer les créations de Gray, qui seront vendues

21. National Museum of Ireland, Dublin, réf. NMIEG 2000.163. **22.** National Museum of Ireland, Dublin, réf. NMIEG 2000.179. **23.** National Museum of Ireland, Dublin, réf. NMIEG 2003.103. **24.** Royal Institute of British Architects (RIBA), Londres, Evelyn Wyld collection, Album of views, réf. A490/13. **25.** RIBA, Londres, Evelyn Wyld collection, Album of views, réf. A491/2. **26.** RIBA, Londres, Evelyn Wyld collection of drawings, réf. skb378-1(6). **27.** V&A Museum Archive, Londres, réf. AAD 9/2/1980. **28.** Bruce Arnold, *Mainie Jellett and the Modern Movement in Ireland*, Londres, Yale University Press, 1991, p. 67.

dans la galerie Jean Désert jusqu'à sa fermeture en 1930. Si Gray continue de produire des tapis avec la Maison Myrbor, elle s'oriente davantage vers les arts plastiques à partir des années 1930. Beaucoup plus tard, au début des années 1970, Yves Saint Laurent, qui admire beaucoup le mobilier conçu par Gray pour Madame Mathieu Lévy, lui commandera un tapis[29]. La Manufacture Cogolin, dans le sud de la France, a également un temps envisagé de reproduire ses motifs.

Un des derniers souhaits de Gray a été, comme elle l'explique dans une lettre à une amie, que ses tapis soient confectionnés en Irlande[30]. Après une exposition au siège de la Bank of Ireland à Dublin, la critique d'art Dorothy Walker contacte l'artiste dans l'espoir qu'elle acceptera de produire des tapis dans son pays natal. De la longue correspondance qui s'ensuivra naîtra une profonde amitié entre Walker et Gray. L'ensemble de l'opération est également suivi par la nièce de Gray, Prunella Clough. À l'époque, deux entreprises produisent des tapis en Irlande : V'Soske Joyce et Donegal Carpets. Professionnelle jusqu'au bout, Gray exige, comme toujours, de voir un échantillon de la laine[31] et du mode de tissage avant de prendre sa décision[32]. Fidèle au point noué traditionnel, c'est-à-dire à la technique qu'elle et Wyld utilisaient dans les années 1920, elle écrit par exemple : « J'ai reçu en fin de matinée l'échantillon. Ce n'est pas du tout ce que nous voulons. Il est réalisé sur une toile à l'aide d'un pistolet à laine alors que les tapis que je veux sont exécutés sur un métier avec peigne, où la texture du tapis est formée par le va-et-vient de la navette et où le motif en laine est noué à la main[33]. » La commande est finalement confiée à Donegal Carpets et la production commence au milieu de l'année 1975. Les tapis, accompagnés d'une brochure, sont vendus par l'intermédiaire de Monika Kinley, qui fait office d'agent à Londres. Huit modèles seront ainsi édités, dont deux sur des thèmes irlandais : *Wexford* [ill. p. 77] et *Kilkenny*. Les autres illustrent des moments, des personnes ou des lieux importants dans la carrière de l'artiste, comme *Wendingen*, *Roquebrune*, *Zara*, *Saint-Tropez*, *Castellar* [ill. p. 76] et *Bonaparte*. Gray est d'autant plus ravie de cette nouvelle ouverture qu'elle n'a jamais renié son pays d'origine. Quand Joseph Rykwert écrit son premier article sur Eileen Gray en 1968 et braque à nouveau les projecteurs sur son travail architectural, cette dernière écrit à sa nièce : « Tu lui as dit que j'étais née en Irlande, j'espère, car pour les quelques vieilles personnes qui subsistent, je suis connue en tant qu'Irlandaise, ce que je préfère de beaucoup[34]. »

Traduit de l'anglais par Jean-François Allain

29. National Museum of Ireland, Dublin, réf. NMIEG 2003.400. **30.** Lettre d'Eileen Gray à Dorothy Walker, 17 septembre 1973, Dorothy Walker collection, The National Irish Visual Arts Library (NIVAL), National College of Art & Design Library (NCAD) Library, Dublin. **31.** *Ibid.* **32.** *Ibid.* **33.** National Museum of Ireland, Dublin, réf. NMIEG 2003.419. **34.** National Museum of Ireland, Dublin, réf. NMIEG 2003.298.

Eileen Gray et Evelyn Wyld, projet de tapis *Macédoine*, gouache sur papier, *circa* 1925. RIBA Library Drawings and Archives Collections

ATELIERS DE TISSAGE EVELYN WYLD : COLLABORATIONS ET AMITIÉS

Anne-Marie Zucchelli

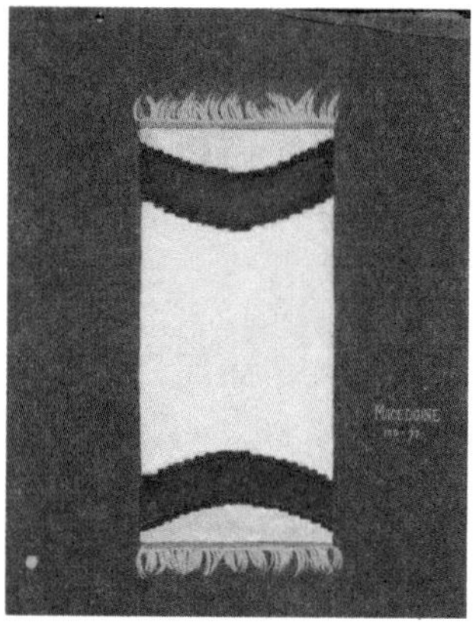

En 1910, à un moment où la demande de tapis de créateurs est croissante et où de nombreux artistes et décorateurs fondent leur propre atelier de fabrication, Eileen Gray et Evelyn Wyld ouvrent un atelier de production de tapis où elles conçoivent et réalisent elles-mêmes les modèles.

Amie d'enfance de la famille Gray, Evelyn Wyld (1882-1973) est née à Londres[1]. Elle est musicienne et prend des cours de violoncelle au Royal College of Music[2]. En 1907, elle rejoint Gray qui vient de s'installer définitivement à Paris. Lors d'un voyage en Afrique du Nord en 1908-1909, Gray et Wyld découvrent les tapis tissés par les femmes marocaines, auprès desquelles elles s'initient aux techniques traditionnelles du tissage et de la teinture. De retour en Angleterre, Wyld poursuit son apprentissage, puis ramène à Paris les métiers à tisser qu'elle installe dans le local trouvé par Gray, au 17-19, rue Visconti, un trois pièces avec petit jardin à l'arrière.

Dès lors, une collaboration s'établit entre les deux femmes. Elle prend une forme officielle tardive, le 1er février 1924, avec la signature du contrat établissant, pour une durée de deux à cinq ans, la « Société en nom collectif pour la fabrication et la vente d'étoffes tissées, de tapis et autres travaux de même nature, exécutés sur métiers à main ou mécaniques ». « Mlle Gray apporte l'idée première qui a donné naissance à la fabrication, sa clientèle, ses métiers et machines et en général le matériel d'exploitation, le tout évalué à une somme de cinquante

1. Selon les catalogues du Salon des artistes décorateurs de 1926 à 1929, et 1932. **2.** Voir Peter Adam, *Eileen Gray, une biographie,* trad. de l'anglais par Jean-Baptiste Damien, Paris, Adam Biro, 1989, p. 61.

Evelyn Wyld, carton d'invitation (verso) : « Tapis modernes, Paris 17-19, rue Visconti », s. d. RIBA Library Drawings and Archives Collections

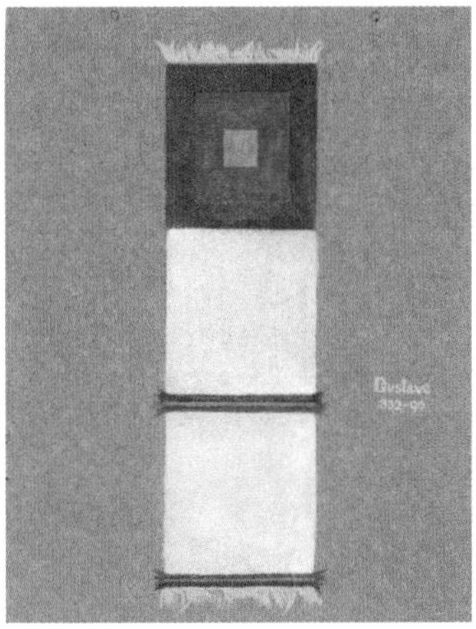

Eileen Gray et Evelyn Wyld, projet de tapis *Gustave*, gouache sur papier, *circa* 1925. RIBA Library Drawings and Archives Collections

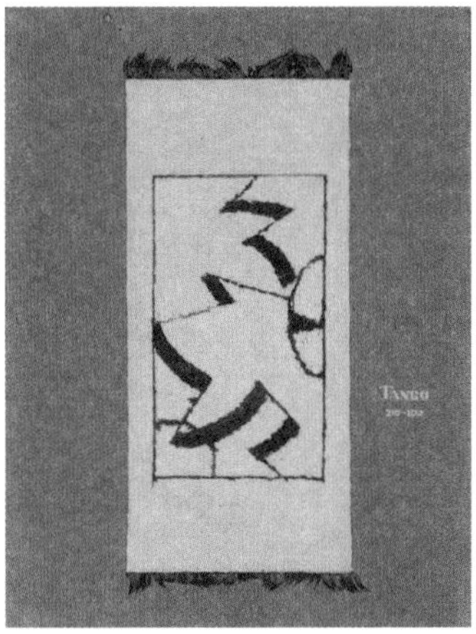

Eileen Gray et Evelyn Wyld, projet de tapis *Tango*, gouache sur papier, *circa* 1925. RIBA Library Drawings and Archives Collections

mille francs. Mlle Wyld apporte ses connaissances techniques et pratiques, le tout évalué à dix mille francs[3]. » Les encarts publicitaires publiés dans les revues mentionnent : « Ateliers de tissage Evelyn Wyld, 17-19 rue Visconti. Tapis, tentures, tissus, exécutions d'après dessins ». Wyld mentionne cette adresse sur les registres des Salons jusqu'en 1934.

En 1924-1925, huit femmes travaillent dans l'atelier. Les tapis sont fabriqués sur des métiers verticaux selon la technique du point noué, courante pour la fabrication des revêtements de sol. Gray dessine les modèles. Wyld supervise la mise en carte des dessins, c'est-à-dire leur transfert sur un papier quadrillé, un carreau correspondant à un nœud[4]. Les tapis portent la mention « Dessiné par Eileen Gray dans l'atelier d'Evelyn Wyld ». Wyld conçoit seule certains tapis.

Les tapis en poils longs, souvent tissés avec des fils non teints ou dans des tons de terre, le mode de fabrication, le nombre élevé de coups de trame, la densité de nouage relativement faible[5] témoignent de l'intérêt des deux femmes pour les arts traditionnels. L'artisanat des pays colonisés influence alors en France le développement d'une iconographie exotique et de motifs géométriques simples. L'exposition d'art marocain présentée au Musée des arts décoratifs à Paris en 1917 et les expositions coloniales suscitent un engouement pour les

3. Fichier alphabétique de déclaration de commerce D34U3-3861 et D31U3-2272, Archives de la Ville de Paris. Information aimablement communiquée par Jean-François Archieri.
4. Voir Susan Day, *Tapis modernes et Art déco*, Paris, Norma, 2002, p. 20. **5.** *Ibid.*, p. 116.

Evelyn Wyld, tapis présenté sur le stand de Jean Dunand au Salon des artistes décorateurs, 1927, publié dans *La Renaissance de l'art français et des industries de luxe*, nº 7, juillet 1927. Institut national d'histoire de l'art, Bibliothèque, coll. Jacques Doucet

tapis berbères, qui supplantent dans la mode les tapis turcs et persans. Plus encore que les tapis aux motifs abstraits de Gray, qui relèvent plutôt du collage cubiste, ceux de Wyld se rattachent explicitement à cette géométrie présente dans l'artisanat traditionnel.

Les tapis sont destinés à une clientèle aisée qui les achète entre cent cinquante et trois mille francs[6]. Dans le grand salon de Charles et Marie-Laure de Noailles à Paris, aménagé en 1926 par Jean-Michel Frank, Thérèse Bonney photographie un tapis d'Evelyn Wyld[7]. Ces tapis sont régulièrement exposés au Salon des artistes décorateurs, au Salon d'automne et dans les expositions d'art appliqué annuelles organisées au Musée Galliera.

Peu à peu Wyld explore ses propres modèles. À l'Exposition internationale des arts décoratifs et industriels modernes de 1925, sur le stand de Jacob-Delafon, elle présente sous son nom des tapis et des rideaux. Au Salon des artistes décorateurs de 1927, elle est présente sur les stands de Jean Dunand, de Nicolas Muratore et, pour la première fois, sur celui d'Eugène Printz, l'ensemblier qui présentera régulièrement ses tapis aux côtés des œuvres de Dunand, d'Hélène Henry ou de Jean Sala, dans les salons ou dans sa galerie de la rue de Miromesnil.

L'association entre Gray et Wyld est rompue. Gray se consacre à ses projets d'architecture. Wyld conserve l'atelier de la rue Visconti et garde la moitié des métiers à tisser[8]. En 1926, elle rencontre Eyre de Lanux[9], peintre et décoratrice américaine avec qui elle partage sa vie jusqu'en 1932. Elles réalisent ensemble des aménagements intérieurs et tiennent en 1929 une boutique au 2, quai Saint-Pierre, à Cannes.

6. Voir P. Adam, *Eileen Gray...*, *op. cit.*, p. 161. **7.** Lisa Schlansker Kolosek, *L'Invention du chic. Thérèse Bonney et le Paris moderne*, Paris, Norma, 2002, p. 113. **8.** Voir P. Adam, *Eileen Gray...*, *op. cit.*, p. 182. **9.** Elizabeth de Lanux (1894-1996), dite Eyre de Lanux.

Les décors qu'elles composent sont un mélange d'objets d'inspiration traditionnelle et d'architecture moderne, et se caractérisent par un goût pour la mise en scène. La « Terrasse avec coin de chambre » du Salon d'automne de 1929[10], comme la « Chambre » de l'exposition de l'Union des artistes modernes (UAM) de 1930 ou la présentation de leurs œuvres dans leur atelier semblent empruntées « à quelque case nègre »[11], ou « à quelque maison chinoise aux cloisons de papier » dont les tapis sont faits de « tissus rustiques d'une rudesse savoureuse qu'ornent parfois, comme une toison, des touffes de laine filée ou étoffes délicates qui gardent dans leur reflet soyeux, dans leur grain serré, une manière de vie que la machine ne peut donner : tapis épais aux poils drus dont les coloris neutres se relèvent de sobres figures géométriques »[12].

En 1932, dans un dernier aménagement commun, Wyld et Eyre de Lanux présentent au Salon des artistes décorateurs une spectaculaire « Baie d'un studio au 49e étage à New-York » : « Une table en verre, deux fauteuils et un tapis, mais la présentation est impressionnante. Une vue photographique du New-York nocturne, considérablement agrandie et répercutée dans des glaces sur les côtés, nous soustrait pendant quelques instants à la lourde atmosphère des sombres galeries du Grand-Palais[13]. »

La collaboration entre Wyld et Eyre de Lanux s'arrête cette année-là. Les deux femmes se séparent mais Wyld reste liée à Eyre de Lanux comme à Eileen Gray[14]. À partir de 1934, Wyld s'installe dans le sud de la France, réduit sa production artistique et ne l'expose plus.

10. Voir André Arbus, « Le Salon d'automne », *L'Archer*, nº 11, 1929, p. 59-62. « Le meilleur ensemble est celui de Eyre de Lanux et Evelyn Wyld, où de beaux tapis blancs sur des dalles noires témoignent, dans une présentation un peu "mise en scène", d'une grande jeunesse et d'un esprit distingué. »
11. René Chavance, « Au Pavillon de Marsan, l'Union des artistes modernes », *La Liberté*, 17 juin 1930, p. 3.
12. « Deux artistes décorateurs », *Art et Décoration*, juillet 1930, p. 3-4. **13.** Yvanhoé Rambosson, « Le mouvement des arts appliqués. Le Salon des artistes décorateurs », *Le Bulletin de l'art ancien et moderne*, juillet 1932, p. 279.
14. Voir la correspondance d'Evelyn Wyld conservée dans les archives d'Eyre de Lanux, Archives of American Art, Smithsonian Institution, ainsi que Jasmine Rault, « Losing Feelings. Elizabeth Eyre de Lanux and Her Affective Archive of Sapphic Modernity », *Archives of American Art Journal* (Smithsonian Institution), printemps 2009, vol. 48, nº 1-2, p. 56-65.

Jean Badovici à Vézelay,
milieu des années 1930.
Collection particulière.

JEAN BADOVICI : UNE HISTOIRE CONFISQUÉE

Jean-François Archieri

L'historiographie architecturale a très longtemps occulté le rôle joué par Jean Badovici dans l'émergence, la constitution et la diffusion de l'idée d'architecture moderne en France. La singularité du personnage et des événements (dispersion des archives après sa disparition soudaine) a fait que sa destinée est indissociablement liée à la reconnaissance tardive et à la parole d'Eileen Gray.

Benjamin d'une famille de quatre enfants, Jean Badovici naît le 6 janvier 1893 à Bucarest. Arrivé en France en avril 1913, il repart en Roumanie en octobre 1914. Exempté du service militaire après un accident, il revient à Paris en janvier 1915 pour préparer l'École des beaux arts dans l'atelier d'architecture de E. Paulin[1]. Dans l'attente ou en remplacement de son admission, il s'inscrit à l'École spéciale d'architecture en novembre 1917. Admis en deuxième classe, il n'aura que deux années d'études à effectuer sur un cycle total de trois ans avant d'obtenir son diplôme, en 1919.

Il élargit ses compétences en s'inscrivant à l'Institut d'urbanisme de Paris en octobre 1922 et, bien que reçu aux examens, il ne se présentera pas au diplôme final. Peut-être consacre-t-il déjà tout son temps à la préparation de ses projets éditoriaux. Pendant toutes ces années, pour subsister, il travaille comme dessinateur chez Brassart & Cie, ingénieur constructeur. À ses connaissances architecturales et urbanistiques s'ajoutent celles de la conception d'objets industriels, des matériaux, de leurs méthodes de mise en œuvre et des systèmes mécaniques ; toutes connaissances qu'il mettra en application dans ses projets architecturaux, ses inventions et brevets.

1. Elie Edmond Jean-Baptiste Paulin (1848-1915) est à la tête d'un atelier officiel depuis 1895. Badovici évoque également Paul Guadet (1873-1931), professeur de perspective à partir de 1912, et Stanislas-Louis Bernier (1845-1919), chef d'atelier à partir de 1905.

Intérieur de la maison
de Jean Badovici, rue de l'Argenterie,
Vézelay, milieu des années 1930.
Fondation Le Corbusier, Paris

Couverture de Eileen Gray
et Jean Badovici, *E 1027.
Maison en bord de mer*,
numéro spécial de
L'Architecture vivante, Paris,
Éd. Albert Morancé, 1929

Le propagandiste de l'architecture moderne

Pendant vingt-cinq ans, de 1923 à 1948, Badovici développe au sein des éditions Albert Morancé une œuvre d'éditorialiste de l'architecture moderne à partir d'une revue, *L'Architecture vivante* (1923-1933), et d'une collection d'ouvrages monographiques et thématiques. *L'Architecture vivante* est la première revue française à défendre les idées et les applications de l'architecture moderne dans l'actualité de sa réalisation auprès d'un public dit non professionnel. Au regard de l'histoire, il s'avère que Badovici a fait des choix justes et pertinents, souvent éclairés, doublés d'une vision internationaliste des événements et des acteurs. Il ouvre ainsi le concept d'« architecture internationale » en révélant et mettant en évidence par de nombreux exemples la multiplicité des tendances et la diversité des visions et des courants culturels. La ligne éditoriale de la revue varie dans le temps au gré de l'actualité et des relations, parfois tendues, avec l'éditeur ou les représentants d'une architecture plus classique, sans oublier les problèmes liés au contexte international (Allemagne et Union soviétique)[2].

Considérant que l'architecte et l'architecture forment un élément singulier dans un système de relations complexes entre tous les beaux-arts, Badovici envisage *L'Architecture vivante* comme le maillon d'un réseau de cinq revues couvrant les domaines de l'architecture, de l'art, de l'art décoratif, du livre, du théâtre, et entraîne Christian Zervos[3] dans son aventure.

Les premières expériences constructives

Badovici découvre Vézelay par l'intermédiaire de son ami Yves Renaudin, artiste peintre, et succombe au charme de ses vieilles bâtisses. Il y acquiert en 1927 sa future résidence, rue

2. La naturalisation de Badovici, refusée dans un premier temps par le représentant de l'Académie des beaux-arts sous le motif de « tendance anti-française », sera obtenue grâce à l'intervention de Frantz Jourdain, président de la Société des architectes modernes, en avril 1930. **3.** Christian Zervos (1889-1970), en charge de la direction de deux revues artistiques, *Les Arts de la maison* (1923-1926) et *L'Art d'aujourd'hui* (1924-1926), crée *Cahiers d'art* (1926-1960). Badovici participe au sommaire des deux premiers numéros. Amis intimes, ils resteront proches toute leur vie. Badovici lui fait découvrir Vézelay. Zervos y vient régulièrement et s'installe au hameau de La Goulotte.

de l'Argenterie [ill. p. 89], ainsi qu'une suite de deux maisons anciennes, rue de la Porte-Neuve[4]. Simultanément à la conception et aux travaux de la maison *E 1027*, Badovici ouvre un deuxième front de chantiers à Vézelay à l'occasion de la réalisation de son projet de maison Battanchon-Renaudin (1928-1929). Avec l'aide de Renaudin[5], en qualité de commis d'architecte, il consolide de vieilles demeures, restructure et aménage sa maison, le tout dans l'esprit des critères de l'architecture moderne, non sans veiller au respect des données locales et à la bonne intégration au site, à l'environnement architectural (cohérence et harmonie avec le tissu existant), préfigurant une approche vernaculaire.
Au milieu des années 1930, il préconise le retour de l'artiste peintre dans l'architecture moderne et l'abandon de l'esthétique du mur badigeonné au lait de chaux. Il remet en cause également l'usage de la polychromie en architecture – pratique déjà assimilée comme substitut d'ornement. L'abandon sera consommé lorsqu'il demande en 1934 à Fernand Léger, à la suite de la conférence prononcée par le peintre au Congrès international d'architecture d'Athènes (CIAM) d'Athènes[6], une intervention sur un grand mur mitoyen dans la cour arrière, sans profondeur, de sa maison de Vézelay, afin de détruire visuellement le mur, de crever l'espace. Ce projet d'intervention suscite l'intérêt et l'envie de Le Corbusier, un habitué des lieux, qui propose à son tour de réaliser une peinture murale à l'intérieur de la maison sur un des murs de la mezzanine (1935), renouant ainsi avec le décor, le sujet et la figure « traditionnelle », et rompant avec sa doctrine[7]. Cet essai, apprécié, aiguise son intérêt, et trouve un développement dans la suite de fresques que Le Corbusier peint sur les murs intérieurs et extérieurs de la maison *E 1027* à partir de 1938.

Les engagements et convictions

La défense de l'architecture moderne ne peut se réduire, selon Badovici, à la publication de *L'Architecture vivante*. L'engagement doit être complété par une implication dans les activités des organisations professionnelles militantes, tant au niveau national, avec la Société des architectes modernes (SAM), qu'international, avec les Congrès internationaux d'architecture moderne (CIAM), qu'il intègre dès l'année de leur formation à la suite du Congrès de La Sarraz, en 1928, et auxquels il reste attaché jusqu'à son décès, en 1956, au retour du Congrès de Dubrovnik.
Après une première participation à l'Union des artistes modernes (UAM) en tant qu'invité à l'exposition fondatrice de 1930 aux côtés d'Eileen Gray, Badovici adhère officiellement à l'association en 1948 – sur recommandation de René Herbst –, lorsque celle-ci rejoint enfin les CIAM et acquiert de ce fait une dimension internationale.
Animé par une volonté farouche de participer à la reconstruction après la Seconde Guerre mondiale, Badovici prépare ce jour. Considérant que les problématiques architecturales prioritaires seront également d'ordre sociétal et concerneront l'aménagement du territoire, il reprend en 1942 ses études à l'Institut d'urbanisme de l'université de Paris et s'inscrit à

4. Yves Renaudin (1891-1978), artiste peintre, élève à l'École des beaux-arts de Rennes, à celle de Paris, ainsi qu'à l'Atelier d'Ernest Laurent, participe au Salon des humoristes, au Salon des Tuileries. Membre de l'association artistique Les Surindépendants, il en devient le vice-président à partir de 1933 et reçoit la Médaille d'or à l'Exposition universelle de 1937. **5.** Renaudin acquiert deux autres maisons : une rue de la Porte-Neuve (1932) et une de style roman, rue du Couvent (1936). Il achète également dans le courant des années 1930 à Vézelay des remises, des terres agricoles, des vignes et des friches. **6.** « Discours aux architectes. L'architecture devant la vie », conférence prononcée par Fernand Léger en présence de Badovici, publiée sous le titre « Le mur, l'architecte, le peintre », dans F. Léger, *Fonctions de la peinture*, Paris, Éd. Gonthier, 1965, p. 113-122. **7.** Jusqu'à la réalisation de cette fresque, Le Corbusier s'était toujours interdit de peindre sur des éléments d'architecture. On peut noter que Badovici publie dans *L'Architecture vivante* les œuvres de Pierre Jeanneret et Le Corbusier (1927-1936) et consacre le tome VIII (*circa* 1937) à son œuvre plastique.

Jean Badovici et Maurice Gouvernet (architectes), façade est de l'immeuble D4, baptisé « Le building », avenue du Lieutenant-Colonel Maurice Martin, Maubeuge, 1952-1954. État 1990

l'École des hautes études sociales ainsi qu'à celle des hautes études internationales[8]. Enfin, il adhère à l'Ordre des architectes. Stade ultime, à la Libération, il s'engage dans l'action politique au Parti communiste français en militant au Front national des architectes (FNA).

Le constructeur

En 1945, Badovici est appelé à participer à la reconstruction de Maubeuge et sa région en tant qu'architecte en chef adjoint du ministère de la Reconstruction et de l'Urbanisme (MRU) ; il est le collaborateur direct de l'architecte en chef André Lurçat, qui l'a choisi. En qualité d'adjoint, il intervient dans l'entreprise de communication en favorisant le dialogue avec les usagers, concernant les problèmes d'urbanisme, de remembrement et d'architecture. De 1948 à 1955, il prend en charge, seul ou en collaboration, la construction dans la ville neuve de la Caisse d'Épargne, d'immeubles de logements et commerces. Parallèlement, André Lurçat lui confie la reconstruction de Bavay et du Quesnoy, ainsi que d'une suite de maisons de ville à Solesmes, dans le secteur sinistré par les bombardements de 1944.

Expérience exemplaire, Maubeuge est présentée – remembrement, maquette et plan d'urbanisme – à l'Exposition internationale de l'urbanisme et de l'habitation de 1947, au Grand Palais de Paris, où elle occupe une part importante du stand du MRU. À cette occasion, Badovici renoue avec la création de mobilier en présentant, en tant qu'architecte décorateur associé, l'aménagement complet – chambres, séjour et cuisine – d'un logement type pour Maubeuge.

Parallèlement, il réalise une maison sur un terrain pentu des coteaux de Sèvres (1952-1954). Afin de faire bénéficier les propriétaires du maximum de vue, il implante la construction au point le plus haut du terrain, choisit une distribution verticale et inverse la répartition habituelle des niveaux en disposant les pièces à vivre au dernier étage, les pièces de service au rez-de-jardin et les chambres au niveau intermédiaire. Un système de monte-charge relie le garage à la cuisine. Adossée au mur mitoyen, la composition architecturale épouse l'agencement des niveaux et l'orientation des façades. L'organisation judicieuse des volumes et des ouvertures favorise la relation directe avec l'extérieur.

D'esprit inventif et industrieux, Badovici développe une double vision de son statut : architecte et/ou ingénieur, ambiguïté d'une relation qui hante, principalement en France, la théorie et la pratique de l'architecture moderne. La protection des idées par le principe du brevet d'invention est rare chez les architectes des années 1930. Avec son brevet de « Fenêtre mécanique type paravent », Badovici fait la démonstration que l'architecte a la capacité de proposer à l'industrie du bâtiment, mais également à ses confrères, des solutions techniques exemplaires capables de répondre au désir d'un meilleur éclairement énoncé par le mouvement d'architecture moderne. Deux autres brevets, plus techniques encore, seront déposés dans le domaine maritime pour répondre aux problèmes de sécurité en mer[9].

Les amitiés : un art de vivre

Indissociables des positions philosophiques et de la personnalité de Badovici, ses amitiés nourrissent ses relations sociales et les activités qu'il développe à partir de sa maison de

8. Ses sujets de thèses sont respectivement pour chacune de ces écoles : « Les problèmes de la route, vision générale », décembre 1943, « Essai sur le mouvement des sociétés » et « Le Transsaharien », novembre 1942.

9. « Canot de sauvetage de grande capacité, inchavirable et insubmersible » (1933), « Dispositif de lancement des canots de sauvetage actuels et tunnel isolant allant des cabines aux canots » (1935) et, enfin, à la veille du conflit, « Croiseur de bataille porte-vedettes torpilleurs » (1939).

Intérieur du studio de Jean Badovici, 17, rue Chateaubriand, Paris, 1930-1931. Aménagement intérieur : Eileen Gray. Centre Pompidou, Bibliothèque Kandinsky, Paris

Vézelay, de la maison *E 1027* et de ses voyages. Ce réseau relationnel est une conséquence de la position singulière qu'il attribue à l'architecture dans le système des beaux-arts. Sa conception de l'amitié fait coexister le « populaire » et l'« intellectuel » dans des liens parfois d'une grande complexité. Outre Eileen Gray, Fernand Léger, Le Corbusier, André Lurçat, Romain Rolland et Christian Zervos, son entourage immédiat s'enrichit de personnalités – artistes, écrivains, poètes –, telles que Pierre Guéguen, Jean Follain, Bernard Zimmer, Yves Renaudin, Joseph Csaky, Raoul Simon, Ismael de La Serna, Evsa Model.

Une complicité bien dissimulée

La reconnaissance d'Eileen Gray est désormais bien ancrée dans l'histoire de l'architecture et du design à la suite d'une relecture critique du fonctionnalisme, mais surtout du fait d'une prise en considération de la contribution que les femmes ont apportée aux avant-gardes artistiques. Sans être iconoclaste, il paraît possible, voire souhaitable maintenant, de redéfinir l'apport de ses collaborateurs, de revoir les attributions un peu rapides de certaines réalisations en regard des documents et de leur interprétation, sans remettre en cause les qualités créatives et la personnalité d'Eileen Gray. Dans la présentation de son œuvre, on navigue trop souvent entre des faits avérés, des souvenirs incertains, des interprétations ou des hypothèses, le tout utilisé indistinctement sur le même niveau d'analyse et de réflexion. Le rôle joué par Badovici dans la définition des projets d'architecture et dans la conception et le développement de certains aménagements ou pièces de mobilier pose question, bien évidemment. Quel niveau de participation, quelle aide ou quel soutien a-t-il apporté ? L'interrogation est bien plus vive encore du fait de la disparition, voire de la destruction, de toute correspondance entre eux et de la grande méconnaissance actuelle de l'œuvre de Badovici. Mais le propos n'est pas tant d'attribuer une paternité que de saisir comment s'opère, chez

Jean Badovici travaillant à la maquette du paquebot *Le Général Duquesne*, pour adapter celui-ci à l'utilisation du bateau de sauvetage unique qu'il a conçu et baptisé *E7*, *circa* 1956. Publié dans *Sciences et Avenir*, septembre 1956

Eileen Gray, le passage d'une posture d'artiste décorateur à celle d'architecte, sachant qu'elle ne dispose pas de culture architecturale propre. Ce complément essentiel à sa maîtrise du projet n'a pu se faire sans l'apport déterminant de Badovici.

L'énigme de leur complicité apparaît dès la création du lieu qu'Eileen Gray ouvre rue du Faubourg-Saint-Honoré, la galerie Jean Désert (mai 1922), notamment du fait de l'ambiguïté provoquée par le choix du prénom de ce propriétaire fictif. Comme pour témoigner de leur indissociable association créative, ils signent leur œuvre principale *E 1027*, selon un jeu qui entrelace leurs initiales. Le temps viendra par la suite troubler ce moment de félicité. Le texte de présentation de cette œuvre, « De l'éclectisme au doute » (1929), signé en commun et écrit sous la forme d'un dialogue, renvoie à la réciprocité des présences et des actions, à la formation des idées, et détermine ainsi un rapport pédagogique où, selon une des caractéristiques du dialogue socratique, le maître qui forme l'élève est tout aussi bien formé par ce dernier. Les idées exprimées par les auteurs ne peuvent être a priori identifiées sans preuve et analyse préalable. La distinction des apports réciproques ne pourra être établie sans un retour obligé sur l'œuvre de Badovici.

En dernier hommage, le monogramme-énigme E 7 sera utilisé par Badovici pour baptiser son canot de sauvetage en mer au début des années 1950. Jeu de secret et de discrétion où les relations sont dissimulées.

Vue de la villa *E 1027* depuis la mer, s.d. Centre Pompidou, Bibliothèque Kandinsky, Paris. Fonds Eileen Gray

E 1027 : DU MODERNISME AU DOUTE

Frédéric Migayrou

Qui est l'architecte de cette maison longtemps oubliée mais aujourd'hui érigée en incontournable icône de l'architecture moderne, à l'instar de la villa Savoye de Le Corbusier ou de la villa Noailles de Robert Mallet-Stevens ? La tentative d'identification achoppe sur l'identité trouble partagée entre Jean Badovici, un architecte et un grand publiciste de l'architecture moderne au nom duquel fut acheté en 1926 le terrain de Roquebrune-Cap-Martin, et Eileen Gray, une créatrice confirmée à l'avant-garde des arts décoratifs qui, fortunée, finance l'opération. Le programme, « une maison de vacances », s'énonce comme un scénario moderniste à l'image des ensembles ou des constructions éphémères réalisés pour les expositions internationales : « La maison a été construite pour un homme aimant le travail, les sports et aimant à recevoir ses amis[1]. » L'achat, deux ans plus tard, du terrain de Castellar, où Eileen Gray construira *Tempe a Pailla*, son deuxième projet, renforce le sentiment d'une duplicité, d'un jeu de masques : jeu sur le genre (homme, femme), sur la fonction (architecte ou client) ou, plus gravement, sur celui qui garde la maîtrise du sens (l'architecte, ami des grands noms du mouvement moderne) ou l'authentique créatrice qui aura le front d'affirmer sa singularité. Le nom même, « E 1027 », telle l'inscription maritime d'un navire qui conforte le symbolisme nautique de la villa (avec sa bouée, sa hampe de drapeau, le bastingage sur lequel on peut tendre des toiles), se joue de cette confusion d'identité : E pour Eileen, puis 10 pour J (dixième lettre de l'alphabet et initiale de Jean), 2 pour le B de Badovici, et 7 pour le G de Gray. Alors que Badovici conçoit l'escalier en spirale qui ancre la maison du sol jusqu'au toit, escalier conçu comme un instrument de régulation thermique et couronné par une cage en verre s'illuminant la nuit comme un phare, c'est Eileen Gray qui affirmera une relation déterminante entre intérieur et extérieur selon laquelle « le plan ne doit pas être la conséquence accidentelle de la façade et doit vivre d'une vie complète, harmonieuse et

1. Eileen Gray et Jean Badovici, « Description », *E 1027. Maison en bord de mer*, numéro spécial de *L'Architecture vivante*, Paris, Éd. Albert Morancé, 1929 ; rééd. : Marseille, Éd. Imbernon, 2006, p. 16.

Eileen Gray et Jean Badovici, plan de la villa *E 1027*, *circa* 1926. Niveau rez-de-chaussée supérieur, crayon sur papier fort. Galerie Doria, Paris

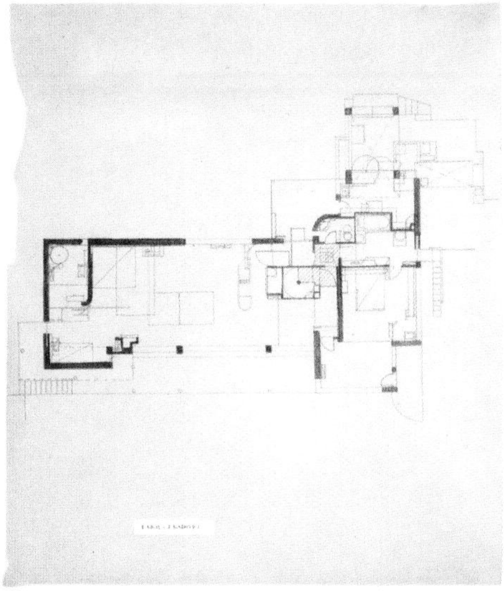

E 1027, intérieur du living-room, photographie rehaussée au pochoir, publiée dans Eileen Gray et Jean Badovici, *E 1027. Maison en bord de mer*, numéro spécial de *L'Architecture vivante*, Paris, Éd. Albert Morancé, 1929

logique[2] ». C'est aussi Eileen Gray qui suivra le chantier, et qui étendra le programme jusqu'au site, véritable projet architecturé qui dépasse le simple paysagisme. L'étagement du terrain sur six murs en retenue (restanques), destiné à la culture des citronniers, autorise une découverte en séquences du contexte et permet d'établir la villa, selon une orientation suivant la course du soleil, sur quatre gradins successifs en décalage de dix degrés par rapport aux lignes parallèles des murets, donnant le sentiment d'une construction en porte-à-faux. Du parallélépipède suspendu du réservoir à l'entrée latérale sous auvent qui dessert le corps principal de la villa, ancré sur pilotis sur deux niveaux, jusqu'aux pièces situées au niveau inférieur et au vaste espace en sous-face du bâtiment qui entre en correspondance avec la terrasse du jardin, la villa chevauche quatre niveaux de terrain, presque libérée de son emprise au sol.

Évoquant le projet, Badovici définira le programme comme « minimum », comprenant une grande pièce de séjour, deux chambres principales et affirmant un fonctionnalisme hygiéniste avec deux salles de bain, des cuisines d'été et d'hiver, un projet qui répondait aux cinq points de l'architecture moderne avec ses pilotis, son toit-terrasse, le plan libre, les fenêtres en bandeau et la façade libre. Pourtant c'est Eileen Gray qui affirmera, dans « De l'éclectisme au doute », une distance critique face au rationalisme : « Il me paraît inévitable que ce système de recherche des types aboutisse à une simplification extrême et par suite à des conceptions aussi pauvres que limitées[3]. » La villa est ainsi assimilée à « un organisme vivant », un tout homogène construit pour l'homme, résonnant de la présence physique de ses occupants. Elle s'organise autour d'un vaste living-room et, afin de préserver l'intimité de chaque pièce, les architectes introduisent un principe qui semble organiser l'ensemble de leur logique constructive : « désaxer les murs pour éviter que les portes soient visibles[4] ».

2. *Ibid.*, p. 13. **3.** E. Gray et J. Badovici, « De l'éclectisme au doute », *E 1027. Maison en bord de mer*, *op. cit.*, p. 8.

E 1027, chambre d'amis, photographie rehaussée au pochoir, publiée dans Eileen Gray et Jean Badovici, *E 1027. Maison en bord de mer*

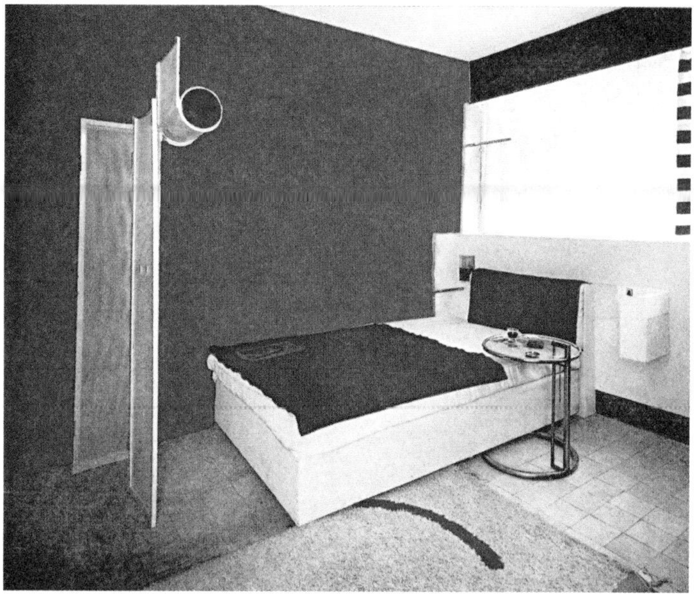

Fenêtre-paravent selon le système breveté par Jean Badovici pour la villa *E 1027*, à Roquebrune-Cap-Martin, publiée dans Eileen Gray et Jean Badovici, *E 1027. Maison en bord de mer*

Ce désaxement semble bien s'imposer comme une méthode permettant de complexifier les volumes par un système fluide de passages et de fonctionnalités entièrement organisé autour du corps. L'épine-paravent [ill. p. 96] qui dissimule l'entrée crée une transition entre un espace de rangement, formé d'un demi-cylindre en celluloïd et de placards, et le salon, comprenant un grand coin repos, une salle d'eau placée derrière une cloison et une salle à manger, ouverte sur une terrasse aux rambardes tubulaires pouvant être fermée par des toiles. Un escalier extérieur dessert le rez-de-jardin, composé d'un espace de plein air carrelé avec un mobilier fixe semi-enterré. À l'opposé du living-room s'établit le noyau distributif interne de la maison, où une porte ouvre d'un côté l'accès à la chambre principale, aussi conçue comme une pièce d'étude avec sa coiffeuse-paravent recouverte d'aluminium cachant la salle de bain, et où, de l'autre côté, l'escalier hélicoïdal dessert la chambre d'amis comprenant une table transformable en bureau et une salle d'eau avec son miroir *Satellite* [ill. p. 24]. S'ajoutent, en rez-de-chaussée, une chambre pour domestique, un espace pour le jardinier, ainsi qu'un débarras. Les architectes critiqueront le formalisme du mobilier moderne, le « tube en acier [...] cher, fragile et froid », mais affirmeront néanmoins une transition avec ce « style camping » pour distinguer « deux formules de vie : la formule "camping", qui répond à un besoin accidentel d'extériorisation, et la formule normale qui tend à fournir à l'individu un centre indépendant et isolé où il puisse développer ses puissances profondes[5] ». Alors que l'ensemble des éléments de l'architecture intérieure s'augmente de dispositifs, d'articulations, de charnières, de glissières, le mobilier lui-même semble s'adapter à une multifonctionnalité chargée de complexifier l'économie de l'espace, de briser l'ordre des séparations imposé par les traditionnelles symétries. Une armoire-paravent,

4. E. Gray et J. Badovici, « Description », art. cité, p. 16. **5.** *Ibid.*, p. 13.

E 1027, salon. Sont visibles le fauteuil *Transat*, un tapis et une composition murale, *L'Invitation au voyage*. Centre Pompidou, Bibliothèque Kandinsky, Paris. Fonds Eileen Gray

un dressing-douche, une table multipositions, une chaise asymétrique : *E 1027* semble renverser l'ordre rigide du machinique pour asservir la technique au domaine de l'organique, multipliant les liens entre ouvert et fermé, intérieur et extérieur, individuel et collectif. Au-delà des références à la maison Schröder (1924) de Gerrit Rietveld, à la *City in Space* (1925) de Frederick Kiesler, le jeu sur les écrans, fenêtres, paravents, murs mobiles ou plans de couleur des murs ou des tapis n'a pas pour seule fin une extension géométrique de l'espace, l'effacement des limites ; « il ne suffit pas de construire de beaux ensembles de lignes », dira Eileen Gray, mais plutôt de créer l'enveloppe pour un espace cognitif, presque conceptuel, chargé de références narratives. Les mots au pochoir figurant sur le tableau central du salon (« Beau temps », « L'invitation au voyage ») semblent le point focal d'un vaste calligramme qui s'égrène dans toute la maison : « Entrez lentement », « Défense de rire », « Sens interdit », « Chapeaux », « Oreillers », « Pyjamas », etc. Les mots semblent prescrire alors qu'ils libèrent l'imagination ; ainsi qu'Eileen Gray le suggère dans la préface au volume publié par Jean Badovici sur la maison : « Les formules ne sont rien : la vie est tout[6]. »

6. E. Gray et J. Badovici, « De l'éclectisme au doute », art. cité, p. 7.

LA RESTAURATION DE LA VILLA *E 1027*

Bénédicte Gandini
Pierre-Antoine Gatier

Eileen Gray et Jean Badovici inventent entre 1926 et 1929 une icône de l'architecture moderne dans le monde méditerranéen : la villa *E 1027* à Roquebrune-Cap-Martin. Cette œuvre s'intègre dans un site désormais remarquable d'un point de vue architectural, avec le *Cabanon* (1952), les *Unités de camping* (1954-1957) de Le Corbusier construits autour de *L'Étoile de mer*, le bar-restaurant de Thomas Rebutato, mais aussi en relation avec le paysage du littoral méditerranéen. La villa *E 1027* est laissée à l'abandon, squattée pendant de nombreuses années, ses meubles dispersés, avant d'être redécouverte et acquise par le Conservatoire du littoral. En 2000, la villa et son jardin sont classés en totalité monuments historiques, et depuis a débuté un projet global de restauration[1].

Une première phase d'étude associant la consultation des archives, des relevés précis, des sondages manuels sur place et des analyses en laboratoire a permis l'identification des matériaux et des modes de mise en œuvre[2]. La villa *E 1027* s'est avérée être un édifice mixte, l'emploi du béton étant réduit à la constitution d'une structure primaire poteau-poutre qui supporte la dalle du premier étage et le toit-terrasse. Des sondages manuels ont confirmé que les parois avaient été réalisées en maçonnerie de briques creuses, comme Gray et Badovici le décrivaient en 1929[3]. Les enduits d'origine en ciment et en mortier bâtard, iden-

1. Les chantiers concernent la restauration des façades extérieures et des intérieurs de la villa *E 1027*, et des peintures murales de Le Corbusier. La restauration du jardin est en cours. Ces opérations ont été possibles grâce à l'intervention du Conservatoire du littoral, propriétaire de la villa, du ministère de la Culture et de la Communication, de la Ville de Roquebrune-Cap-Martin, du Conseil général des Alpes-Maritimes, de la Fondation Le Corbusier, de l'Association pour la sauvegarde du site Eileen Gray et Le Corbusier, avec Friends of *E 1027*, et grâce au mécénat de Lafarge et au soutien technique du CICRP (Centre interrégional de conservation et de restauration du patrimoine), Marseille. **2.** Agence de Pierre-Antoine Gatier (Bénédicte Gandini [recherches, analyse et textes], Christopher Rodolausse [analyse et dessins] et Olga Gorban [dessins]), *Étude préalable à la restauration de la maison et du jardin. Villa E 1027*, Roquebrune-Cap-Martin, mars 2000.

E 1027, colorisation du sol
et des élévations intérieures
de la grande pièce, après sondages
et analyses.
Agence P.-A. Gatier

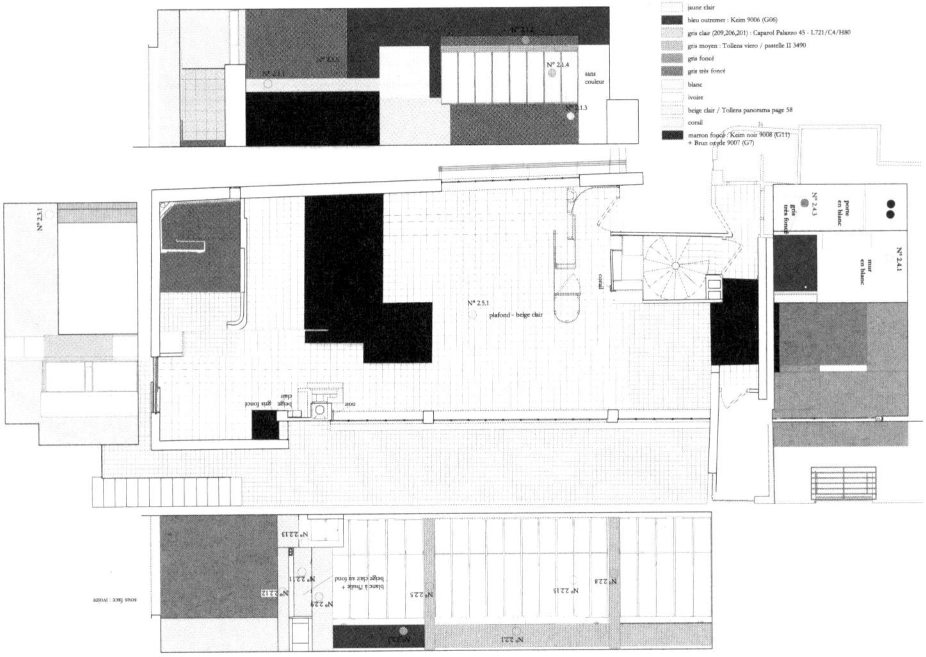

tifiés par les analyses en laboratoire, couvrent, à l'intérieur comme à l'extérieur, cette maçonnerie hétérogène. Ils assurent la continuité entre l'ossature et le remplissage, pour reconstituer les volumes réguliers de l'architecture puriste. Ces enduits sont le support de badigeons colorés au lait de chaux – savoir-faire méditerranéen que l'avant-garde architecturale s'est réapproprié –, redécouverts par sondage.

L'apport le plus spectaculaire de ces recherches préliminaires est sans doute la redécouverte des polychromies d'origine. En effet, la couleur semblait réservée aux sols et aux meubles en raison d'une documentation uniquement en noir et blanc, ou ponctuellement colorisée[4], ne livrant jamais la couleur véritable des parois, et négligeant les articles de *L'Architecture vivante* qui traitaient de la polychromie architecturale. La polychromie d'Eileen Gray retrouvée grâce à des sondages stratigraphiques réalisés de façon systématique et complétés par une étude colorimétrique[5] s'est révélée être une intervention destinée à l'ensemble des surfaces extérieures et intérieures de la maison. La gamme développée, qui se limite au blanc, noir, bleu, marron, gris, beige et rose, est également celle du mobilier conçu pour la villa (liège, aluminium…), incluant ponctuellement du vert et du jaune. Ces couleurs ne symbolisent pas des fonctions mais participent à la construction de l'espace. Elles peuvent aussi définir un objet (le bloc persienne en noir, par exemple). Les délimitations entre les surfaces colorées apparaissent également sur les plans de la villa publiés dans *L'Architecture vivante* en 1929.

3. « Le remplissage entre les poteaux est en briques creuses de 40 x 25 x 25 à 6 trous, de type courant ». Eileen Gray et Jean Badovici, « Description », *E 1027. Maison en bord de mer*, numéro spécial de *L'Architecture vivante*, Paris, Éd. Albert Morancé, 1929 ; rééd. : Marseille, Éd. Imbernon, 2006, p. 13. **4.** Comme Eileen Gray le souligne, concernant la qualité de la publication de *L'Architecture vivante* de 1929 : « Par suite d'une difficulté technique, il a été impossible de rendre les vraies couleurs de la maison. Celles qu'on voit dans le magazine sont fausses, elles n'ont aucun rapport avec la réalité ». E. Gray et J. Badovici, *E 1027. Maison en bord de mer, op. cit.*
5. Cette étude a été réalisée par le CICRP, partenaire de l'ensemble de la restauration de la villa *E 1027*, notamment pour accompagner les recherches sur la polychromie des décors originaux de Gray ou la caractérisation des liants de la couche picturale des peintures de Le Corbusier.

Chantier de construction de la villa *E 1027*, Roquebrune-Cap-Martin (balcon). Archives galerie Gilles Peyroulet, Paris

Chantier de *E 1027*. Archives galerie Gilles Peyroulet, Paris

Chantier de *E 1027* (escalier). Archives galerie Gilles Peyroulet, Paris

Ces découvertes ont joué un rôle structurant dans le choix du parti de la restauration, qui privilégie l'état d'origine de 1926-1929. Ce projet a été conduit selon une volonté de conservation de la matière d'origine – même altérée –, limitant son remplacement par des ouvrages neufs. Cependant, dans un respect strict de l'œuvre originale, la restitution de certains dispositifs perdus a été nécessaire, notamment la bâche de la grande terrasse et l'escalier de service extérieur en bois, qui participaient à la fusion revendiquée entre espaces intérieur et extérieur. La restauration de la structure en béton armé, particulièrement altérée, prévoyait un traitement des bétons en conservation. Cependant, certains ouvrages de béton armé trop dégradés ont été restitués : l'escalier extérieur de la grande terrasse, la citerne, les dalles des terrasses. Le projet de restauration incluait la consolidation des parois en briques creuses, des étanchéités, la reprise ponctuelle des enduits extérieurs et intérieurs et leur colorisation, et surtout la restauration en conservation des menuiseries métalliques, qui se sont révélées être les ouvrages d'origine, et des volets en bois coulissants, interprétations d'un élément architectural méditerranéen. Les agencements conçus par Eileen Gray et conservés (notamment les rangements de l'entrée, de la salle de bains et de la chambre d'amis au rez-de-chaussée bas) ont fait l'objet d'une remise en jeu et de réparations limitées. En revanche, l'épine-paravent [ill. p. 106], fragmentaire, structure complexe organisant le parcours d'entrée, a été restaurée par intégration des lacunes dans les feuilles de contreplaqué d'origine. Ce choix de restauration a permis également de conserver des interventions postérieures tout aussi remarquables, appartenant à l'histoire de la maison. Les peintures murales que Le Corbusier réalise en 1938 et 1939, et qu'il restaure en 1949 et 1962, ont fait l'objet d'une étude très approfondie suivie d'une restauration spectaculaire par dégagement des repeints des années 1970[6].

La restauration de la villa *E 1027*, édifice majeur du XXe siècle qui demeure fragile, illustre un exercice de conservation des savoir-faire du début du siècle, qui vise à révéler le projet partagé d'Eileen Gray et de Jean Badovici.

6. Agence de Pierre-Antoine Gatier (Bénédicte Gandini [recherches, analyse et textes]), *Étude préalable à la restauration des peintures murales de Le Corbusier*, mars 2008, avec Marie-Odile Hubert, restauratrice du patrimoine, conservation-restauration d'œuvres peintes, et le CICRP.

E 1027, plan et élévation de la fenêtre-paravent, élévation et coupe du volet côté nord dans la grande pièce. Agence P.-A. Gatier

E 1027, plan et élévations de l'« épine-paravent ». Agence P.-A. Gatier

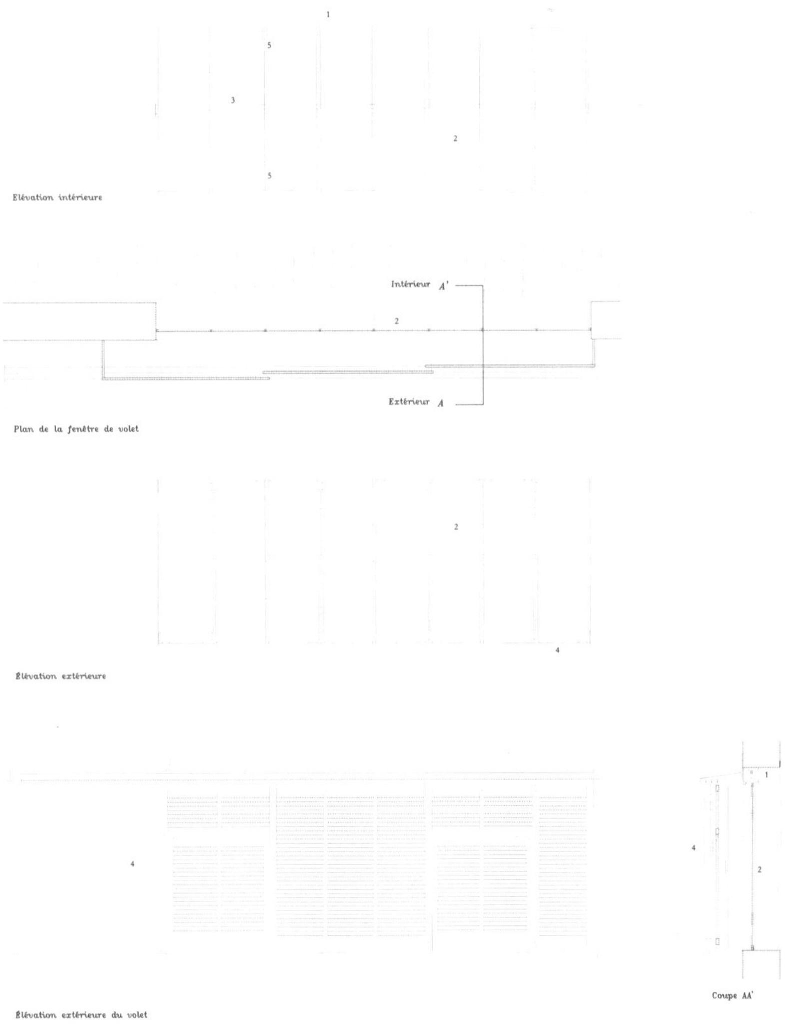

1 remise en service du système de coulissement après dépose du système de l'habillage en tôle

2 restauration de l'ensemble des huisseries métalliques

3 restitution de la barre anti-infraction d'origine

4 restauration des volets et compléments suivant les dispositions d'origine

5 rajouter les gonds

ÉTAT PROJETÉ

Restitution de la polychromie de l'épine paravent

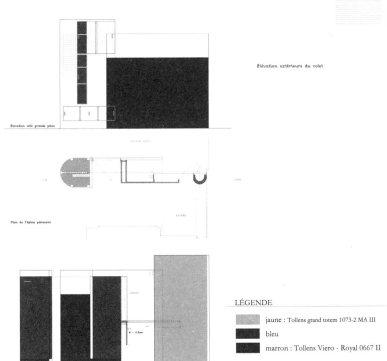

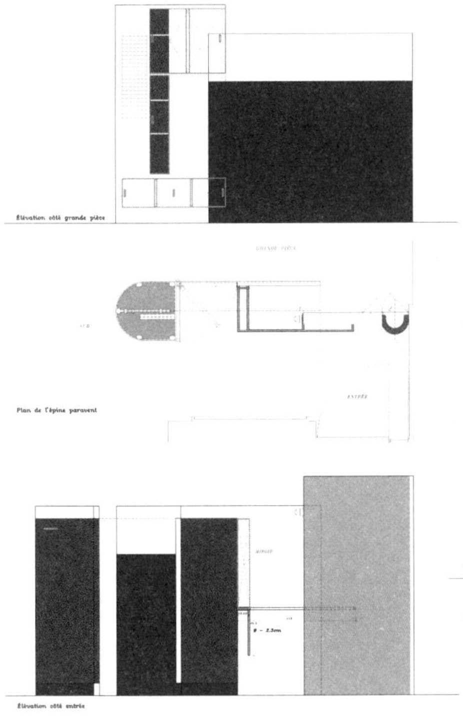

LÉGENDE

- jaune : Tollens grand totem 1073-2 MA III
- bleu
- marron : Tollens Viero - Royal 0667 II

Juliette Lévy,
photographiée par Thérèse Bonney
(1894-1978) dans son salon
aménagé par Eileen Gray,
9, rue de Lota, Paris, 1930.
Bibliothèque historique
de la Ville de Paris

LES EXIGENCES DU CORPS ET DE L'ESPRIT

Élise Koering

Tandis qu'elle dessine panneaux, objets et meubles isolés dans les années 1910, Gray semble éprouver la limite de son art. Une œuvre comme *Le Destin* [ill. p. 40] porte en elle le germe du désir « grayen » de penser le tout. Y est contenue la notion d'espace tant par la typologie de l'objet paravent que par son traitement iconographique. Figurative ou abstraite, la narration n'est ni circonscrite dans un cadre ni régie par une représentation perspective. De même que les lignes abstraites naissent et meurent hors champ, le corps partiellement tronqué du héros se poursuit au-delà du panneau. Gray fait voler en éclats les limites du cadre pour s'emparer de l'espace qui n'a, alors, de réalité que fantasmée. Un parti adopté, sous de nouvelles formes, dans des meubles ultérieurs. Autre agent de cette spatialisation, le mouvement imprimé dans les corps, qu'ils soient figurés ou abstraits ; mouvement incarné dont l'action dominée par une théâtralité toute antique s'inscrit dans un espace-temps – mouvement « pur, profond et intérieur[1] » dont l'élan doit autant à l'abstraction qu'à la danse libre. « Danses serpentines » de Loïe Fuller et danse expressive de Michel Fokine, « mouvement initial[2] » d'Isadora Duncan et sauts de Vaslav Nijinsky inspirent celle qui fait de l'homme et de son corps le centre de sa réflexion. *Le Destin* révèle ainsi très tôt la nécessité de penser un espace total habité par un corps exprimant toutes ses modalités et l'éventail de ses gestes. Après le chantier désincarné de Jacques Doucet, pour lequel elle ne dessine que des meubles, celui de la rue de Lota [ill. p. 56, 58] lui permet de faire vivre pleinement ce qu'un simple paravent ne pouvait qu'évoquer. Plus qu'un décor, l'appartement de Juliette Lévy (épouse de Mathieu Lévy) est une œuvre d'art totale où s'illustre la quête d'unité de Gray, unité néanmoins opposée à celle recherchée par l'Art nouveau.

1. Wassily Kandinsky, *Du spirituel dans l'art et dans la peinture en particulier*, édition établie et présentée par Philippe Sers, Paris, Gallimard, 1989, p. 185. **2.** Isadora Duncan, *Ma vie*, trad. de l'anglais par Jean Allary, Paris, Gallimard, 1932, p. 78.

Si panneaux et tentures dissimulent des murs jugés disgracieux, substituant à première vue un décor à un autre, ils modifient surtout la nature des espaces et la perception qu'en a son habitante. À l'image du *Destin*, les figures libres des panneaux et paravents entraînent le corps dans un mouvement continu ; en même temps, la reconstruction de l'espace par une révision de ses proportions et la conception d'un mobilier adapté répondent au désir de créer un lieu à l'échelle de l'habitante, de sa morphologie et de son mode de vie.

La réduction de la hauteur du plafond par un procédé visuel sans doute inspiré de Gerrit Rietveld et la création de petits meubles s'harmonisent avec la taille de Juliette Lévy. Par ailleurs, au-delà de la femme langoureuse représentée par Adolf de Meyer [ill. p. 40, 139], la couturière est une femme active qui souhaite, certes, posséder un lieu de vie à « l'ambiance reposante[3] », mais également afficher sa nouvelle position sociale. Déterminée et indépendante, elle incarne, à l'instar de Gray elle-même, ce type de femme en partie façonnée par la Grande Guerre : la femme nouvelle.

Nouvelle car son corps se libère physiquement et métaphoriquement des entraves du passé qui l'empêchaient d'assouvir ses désirs personnels et professionnels. Cheveux et robe raccourcis, nuque et jambes révélées, cette femme projette dans la société des années 1920 la réalité d'une révolution. Révolution vécue par la société entière qui assiste à la transformation de ses corps, féminin ou masculin, et à un rééquilibrage des deux auquel Gray, à l'instar d'une Charlotte Perriand, est alors très attentive. Dès la fin des années 1910, la créatrice se saisit de cette réalité dont elle est un acteur privilégié. Les meubles dessinés pour sa cliente témoignent de sa volonté de produire une nouvelle manière de vivre inspirée par un ailleurs, et de construire un espace domestique en adéquation avec le nouveau corps (féminin).

Comme Paul Poiret, Gray se tourne vers l'Orient, mais aussi vers l'Afrique, pour penser les intérieurs de la rue de Lota ou du stand exposé en 1923 au 14e Salon des artistes décorateurs [ill. p. 74]. Alors que des sofas accueillent le corps de l'habitante dans une profusion de coussins et fourrures, de petits tabourets lui proposent une autre manière de s'asseoir au ras du sol. Mais contrairement au fondateur des ateliers Martine, la créatrice refuse tout orientalisme esthétisant.

Dans le même temps, appartement et boudoir illustrent ses réflexions sur la nature d'un lieu habité par une femme moderne. Délivré du corset, son corps est désormais libre de se dévoiler davantage, d'emprunter en public des postures jugées jusqu'alors inconvenantes, de conduire, fumer, voyager, s'instruire ou laisser s'exprimer sa créativité. Les photographies de Thérèse Bonney en témoignent [ill. p. 102] : la sphère privée dite féminine n'est plus celle du tournant du siècle. Le boudoir, par exemple, n'est pas chez Gray un lieu empreint de sensualité érotique mais une pièce où la femme se retire pour réfléchir, lire ou se détendre après une journée de travail. Doté d'un bureau et de livres, plus proche du *studiolo* que de l'alcôve, il retrouve sa fonction initiale, troquant même son nom pour celui de studio dans *E 1027*. Femme, Gray sait traduire cette évolution due à ce que Le Corbusier nomme l'ère machiniste. Qu'elle se tourne vers les continents autres ou le « vertigineux monde moderne[4] », comme lui, elle souhaite moins reproduire une ambiance esthétisante qu'emprunter des usages, habitudes et attitudes.

3. Eileen Gray, portfolio, National Museum of Ireland, Dublin, réf. NMIEG 2000.250.
4. Jean Badovici, *Intérieurs français*, Paris, Éd. Albert Morancé, collection « Documents d'architecture. Art français contemporain », 1925, p. 7.

Eileen Gray et Jean Badovici, niche avec divan et tête de lit équipée, villa *E 1027*, Roquebrune-Cap-Martin, 1926-1929. Centre Pompidou, Bibliothèque Kandinsky, Paris. Fonds Eileen Gray

Eileen Gray, banquette escamotable (ouverte) dans la salle à manger, maison *Tempe a Pailla*, Castellar, 1934-1935. National Museum of Ireland, Dublin

Concevoir un habitat nouveau en accord avec la société nouvelle, car conçu à partir de et pour un corps nouveau, tel est le projet de Gray et, au plan théorique, de Jean Badovici. *E 1027* et *Tempe a Pailla* en particulier, ainsi que les appartements aménagés vers 1930, deviennent le théâtre d'expériences pour une nouvelle manière d'habiter. Affranchie des exigences du client, l'architecte veut réformer l'intérieur domestique comme Poiret réforma la toilette féminine, n'hésitant pas à bannir espaces et meubles d'antan : la salle principale multifonctionnelle remplace le salon bourgeois, les meubles libèrent le corps des postures régies par l'« étiquette traditionnelle[5] ». Adapté aux lois du monde nouveau, le mobilier de Gray, le siège en particulier, répond aux nouvelles attitudes et habitudes, aux « nouvelles façons de sentir[6] » engendrées par le progrès.

Nées dans les nouveaux moyens de transport – automobile, métropolitain, train, paquebot – et les nouveaux lieux de vie – bureau, dancing, club, salle de sport –, les « nouvelles manières de s'asseoir[7] », ainsi baptisées par Le Corbusier sous l'influence d'Adolf Loos, intéressent vivement Gray. Avant même que l'atelier de la rue de Sèvres ne donne vie à ses premiers meubles conformes à l'existence de l'homme moderne, l'artiste introduit un type dit « machiniste » dans la sphère domestique. Le fauteuil *Transat* [ill. p. 187], premier du genre en France, est une transposition assumée et élégante des chaises longues de transatlantiques. Emprunté au monde naval, il offre la souplesse de son hamac au voyageur immobile dont le corps s'expose désormais au soleil.

Le siège d'automobile, la banquette de train, le tabouret de bar, la malle de voyage ou encore l'équipement minimum d'une cabine de paquebot de seconde classe sont autant de types qui nourrissent l'inspiration de Gray sans affaiblir sa créativité et son approche expérimentale de l'art. Les sièges en tubes métalliques et la niche avec divan d'*E 1027*, la banquette escamotable et le bureau de *Tempe a Pailla* illustrent sa détermination à se saisir d'éléments exogènes pour mieux en adapter les usages. Du navire, par exemple, elle conserve davantage les systèmes rationnels et l'expérience corporelle que l'esthétique, hublots et mât

5. Le Corbusier, « L'aménagement intérieur de nos maisons du Weissenhof », *L'Architecture vivante*, Paris, Éd. Albert Morancé, printemps-été 1928, p. 35. **6.** J. Badovici, « L'art d'Eileen Gray », *Wendingen*, 6e série, no 6, Amsterdam, 1924, p. 12. **7.** Le Corbusier, « L'aménagement intérieur de nos maisons du Weissenhof », art. cité, p. 35.

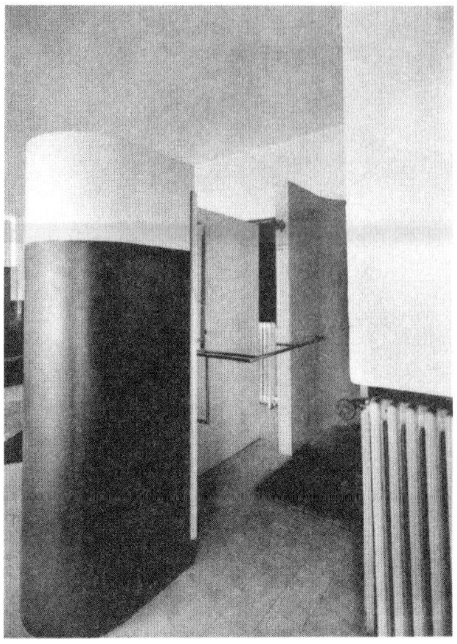

Eileen Gray et Jean Badovici, « épine-paravent », villa *E 1027*, 1926-1929, publiée dans Eileen Gray et Jean Badovici, *E 1027. Maison en bord de mer*, numéro spécial de *L'Architecture vivante*, Paris, Éd. Albert Morancé, 1929

orneraient-ils la bâtisse de Menton. C'est le caractère fonctionnel du bureau d'un officier de cuirassier qui inspire les plans de travail de *Tempe a Pailla* et du studio de Badovici rue Chateaubriand, pour une nouvelle manière de travailler. C'est la connaissance physique du paquebot qui est à l'origine du mouvement ascensionnel produit dans *Tempe a Pailla* grâce aux escalier, coursives, passerelle et terrasses, bordés de bastingages.

Le corps domestique reproduit les gestes et expériences du monde moderne. Observatrice, Gray se prend également à inventer des objets inédits en réponse aux nouveaux codes sociaux et en rupture avec les règles de bienséance. L'étonnant siège asymétrique de la villa *E 1027* [ill. p. 182] « laisse plus de liberté au corps qui peut, appuyer d'un côté, se pencher ou se tourner de l'autre sans aucune gêne[8] ». Hymne à la convivialité et au corps libéré, tel celui révélé par Fokine ou Duncan, il s'érige en critique du siège-corset dans lequel les mouvements d'un corps symétrique et frontal restent désespérément contraints.

À l'exploration des nouvelles manières de s'asseoir, Gray associe celle des autres façons de vivre en lien étroit avec le lieu où elle construit. Elle oppose au régionalisme pittoresque une compréhension anthropologique et sociologique d'une région. La douceur du climat méditerranéen, les rayons ardents de son soleil ou le souffle entêtant de ses vents lui font emprunter ou réinventer des solutions locales : cuisine en plein air, doublement des espaces clos par des espaces ouverts, « divan en dalles inclinées pour les bains de soleil[9] », fenêtres et volets permettant un éclairement et une ventilation adaptés.

À Roquebrune, tout est mis en œuvre pour répondre aux besoins d'un « homme aimant le travail, les sports » et « recevoir ses amis »[10] ; à Menton, tout est pensé pour une femme aimant le travail mais préférant, selon ses biographes, la solitude.

D'une part, la porosité des frontières entre corps masculin et féminin nouveaux trouve sa pleine illustration dans ces constructions exemptes d'attributs sexués. Au contraire d'un

8. E. Gray et J. Badovici, « Description », *E 1027. Maison en bord de mer*, numéro spécial de *L'Architecture vivante*, Paris, Éd. Albert Morancé, 1929 ; rééd. : Marseille, Éd. Imbernon, 2006, p. 18.
9. *Ibid.*, p. 26. **10.** *Ibid.*, p. 16.

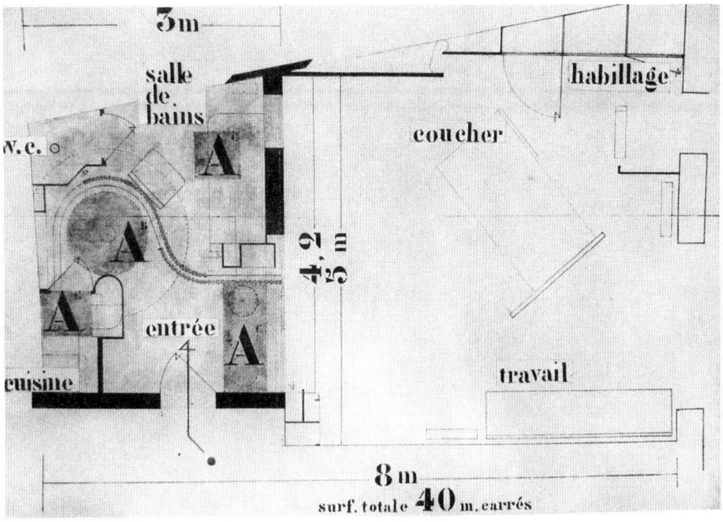

Eileen Gray, plan du studio de Jean Badovici, 17, rue Chateaubriand, Paris, 1930-1931. Centre Pompidou, Bibliothèque Kandinsky, Paris. Fonds Eileen Gray

André Groult, associant intérieurs de dames à courbes sensuelles, Gray considère que la distinction entre intérieurs masculin et féminin n'a plus cours. Objet mixte, le miroir *Satellite* [ill. p. 24] le prouve.

D'autre part, sa conception de l'intérieur respecte le principe badovicien selon lequel il doit être à la fois un miroir de la vie moderne et un lieu de retraite. « Je veux que l'asile de [ses] loisirs ne s'éloigne pas absolument des apparences où viennent de l'agiter [ses] passions[11]. » Dans ces maisons, l'habitant jouit de tout ce que son époque peut lui offrir, à commencer par le confort. Pour éviter perte de temps, d'énergie et d'espace, et bannir efforts ou gestes inutiles, Gray pense en zones, et crée une série de meubles serviteurs – armoire extensible [ill. p. 109], épine-paravent [ill. p. 106], table à thé [ill. p. 28], rangements aux plafonds [ill. p. 108] et têtes de lits équipées à faire pâlir d'envie le promoteur des « objets-membres humains[12] ». Chaque geste produit dans les espaces restreints – *minimum* – de ses villas est minutieusement étudié. Le rationalisme domestique n'est pas un vain mot pour celle qui conçoit des habitations gouvernées par l'ordre, l'économie, l'hygiène, le confort et la maîtrise de la circulation.

Chez l'habitant roquebrunois, un besoin s'exprime tout particulièrement, celui de convivialité, auquel Gray répond par des solutions imaginatives : chambre d'amis, divan-lit, niche avec divan et tête de lit, table-élément, placard à valises, « style camping ». Ce besoin étant plus affirmé dans *E 1027* qu'à Menton, la satisfaction des besoins contraires, au nom de la restauration de l'équilibre chère à Badovici, y trouve une expression incomparable. Pour satisfaire le besoin d'indépendance, Gray offre un coin toilette ou une entrée privative à chacun, ainsi que des parcours différenciés prévenant des rencontres inopportunes. La maison est un havre où doit pouvoir s'épanouir « la vie intérieure », où la promiscuité des corps doit être compensée par la protection de leur intimité. Chaque « homme vraiment civilisé [...] connaît la pudeur

11. J. Badovici, *Intérieurs de Süe et Mare*, Paris, Éd. Albert Morancé, collection « Documents d'architecture. Art français contemporain », mars 1924, p. 8. **12.** Le Corbusier, *L'Art décoratif d'aujourd'hui*, Paris, Vincent Fréal & Cie, 1925, p. 72 et 76. **13.** E. Gray et J. Badovici, « Description », art. cité, p. 13.

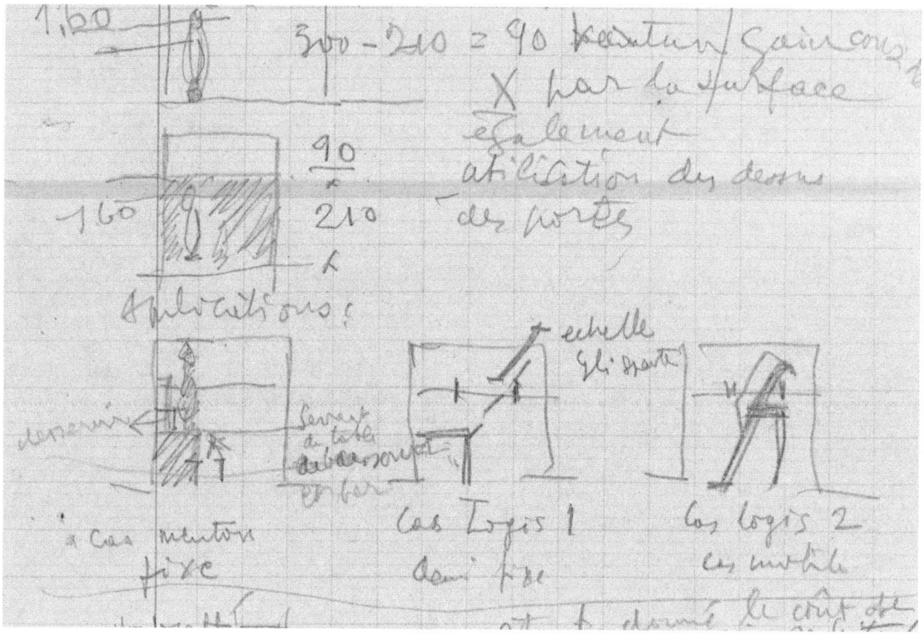

Eileen Gray, croquis pour le « principe d'utilisation du faux plafond ». Archives galerie Gilles Peyroulet, Paris

de certains gestes[13]. » L'aristocrate irlandaise dissimule alors derrière un écran de pierre ou une épine-paravent les gestes relevant du privé et privilégie les passages, renfoncements, décrochements, désaxements ou seuils évitant les entrées impromptues ou les vues plongeantes sur un espace autre. Corps et œil ne sont jamais dissociés, sauf dans leur relation à l'extérieur.

Dans ces lieux aux dimensions réduites, l'œil de l'habitant n'est pas oublié. Gray joue avec ses perceptions, mobilisant son talent pour créer des impressions, celles d'un espace plus grand ou d'une solitude désirée. Impressions, sensations et émotions ressenties par l'homme sont au cœur de son œuvre. Tous les sens du « regardeur » ou de l'habitant sont sollicités. C'est le corps tout entier qui chemine sans heurts, invité à la contemplation ponctuelle de paysages ou d'évocations de terres lointaines. C'est à lui que Gray s'adresse lorsqu'elle demande d'« entre[r] lentement » ou feint d'interdire de rire ; c'est à lui encore qu'elle dédie le « voluptueux sens tactile[14] » de ses meubles et tapis. En outre, les sons produits par la nature ou les appareils modernes – le gramophone, par exemple – résonnent dans ses villas, d'où sont bannis en revanche tous les bruits parasites, tel celui du contact d'un verre sur une table. Les senteurs du Sud ajoutent à la sensualité du lieu[15]. Plaisir des sens, mais aussi joie, étonnement, imagination, méditation, rêve(rie) sont également nécessaires au bien-être de l'homme moderne qu'hygiène et confort.

L'homme moderne de Gray, et de Badovici, échappe ainsi à la conception de l'homme-machine ou « homme de série[16] » prônée par nombre d'architectes modernes et promoteurs du mouvement mécanique. Si, comme eux, le couple juge primordial d'œuvrer pour

14. Élisabeth de Clermont-Tonnerre, « Les laques de Miss Eileen Gray », *Feuillets d'art*, 2e année, no 3, février 1922, p. 148. **15.** Caroline Constant insiste sur la sensualité de l'œuvre de Gray. **16.** Le Corbusier, Pierre Jeanneret, *Œuvre complète 1929-1934* (t. 2), Zurich, Girsberger, 1960, p. 113.
17. E. Gray et J. Badovici, « De l'éclectisme au doute », *E 1027. Maison en bord de mer*, *op. cit.*, p. 5.

Eileen Gray, armoire extensible (fermée et ouverte), chambre à coucher, maison *Tempe a Pailla*, 1934-1935. Centre Pompidou, Bibliothèque Kandinsky, Paris. Fonds Eileen Gray

l'homme de son temps, il condamne très tôt, à l'instar de J. J. P. Oud et Bruno Taut, les dérives d'un fonctionnalisme dont la « froideur intellectuelle[17] » et l'abstraction nieraient la nature plurielle de l'être humain.

Les écrits de Badovici et l'œuvre de Gray révèlent ainsi une recherche tournée vers la satisfaction des besoins autant physiques que spirituels, mais aussi des goûts, aspirations, passions, sentiments, émotions et habitudes d'un homme qu'ils qualifient de « vivant[18] ». Entendre et comprendre l'humain dans l'homme, c'est respecter sa complexité. Âme et individualité ne doivent être niées ; désirs contradictoires et gestes spontanés, « réflexe[s] instinctif[s][19] » ne peuvent être étouffés. Les partis artistiques de Gray, telles l'exaltation des contrastes ou l'interpénétration des espaces, relèvent de ce principe. Dans la mouvance de la danse libre et à l'opposé d'un Le Corbusier, Gray refuse toute classification, réduction et contrainte visant à standardiser l'habitant et son geste[20]. La manière dont elle exclut le type absolu pour y substituer la richesse de meubles multiples en est emblématique ; plus encore, plutôt que d'ignorer ou de faire taire la faiblesse humaine, Gray en tient compte et y remédie en adoptant des solutions pragmatiques, tel le recours à des draps colorés « de sorte que le désordre ne s'aperçoit pas, quand le lit est défait[21] », réfutant alors la thèse de l'homme idéal et celle de l'homme rééducable.

Toute la subtilité et la modernité, l'avant-gardisme même, de l'art de Gray réside entre autres dans cette tentative de réconcilier les contraires et de conserver la richesse d'un monde fait de « corps » différents. Les dialogues écrits avec Badovici en sont l'une des démonstrations. Loin d'une vision binaire et symétrique, Gray tente dans son œuvre de restaurer l'équilibre désiré par Van Doesburg et Badovici et de faire ainsi cohabiter ombre et lumière, raison et sensibilité, intelligence et amour, objectivité et subjectivité, science et spiritualité, rêve et action, individualité et communauté, et, bien sûr, féminin et masculin[22].

18. *Ibid.*, p. 7. **19.** *Ibid.*, p. 6. **20.** Brigitte Loye Deroubaix et Jean-Paul Rayon ont été les premiers à parler de mise en scène, de chorégraphie et d'homme acteur chez Gray. **21.** E. Gray et J. Badovici, « Description », art. cité, p. 22. **22.** Cette question est traitée de manière approfondie dans Élise Koering, *Eileen Gray et Charlotte Perriand dans les années 1920 et la question de l'intérieur corbuséen. Essai d'analyse et de mise en perspective*, thèse de doctorat, université de Versailles-Saint-Quentin-en-Yvelines, 2010.

Eileen Gray, maison *Tempe a Pailla*, Castellar, 1931-1935. National Museum of Ireland, Dublin

TEMPE A PAILLA : L'AUTRE MAISON D'EILEEN GRAY

Élise Koering

Au printemps 1926, Eileen Gray acquiert trois parcelles dominant la ville de Menton, le long de la route de Castellar, au lieu-dit Campa a Pailla. En octobre, l'achat d'un quatrième terrain complète l'ensemble sur lequel la créatrice choisira de bâtir une nouvelle maison, sa maison : *Tempe a Pailla*. Nanties d'arbres fruitiers, de citronniers, d'oliviers ou de vignes, ainsi que d'une maison paysanne, ces terres sises à « l'embranchement du chemin rural[1] » et entrecoupées de sentiers ne semblent alors faire l'objet d'aucun projet d'aménagement. Ce n'est que le 12 juin 1934, cinq ans après l'achèvement de la *Maison en bord de mer*, qu'une demande de permis de construire est déposée à la mairie de Menton. Une démarche tardive que peut expliquer l'engagement de Gray dans des chantiers parisiens.

Sur ce terrain pentu et accidenté, Gray souhaite édifier une « petite maison d'habitation » avec une façade principale orientée au sud-est[2]. Le chantier est pris en charge par un entrepreneur local, Savoyardo, qui pourrait avoir également construit *E 1027*.

En premier lieu, Gray sacrifie la maison rurale mais conserve la citerne, destinée à un garage, et les deux bassins (futurs cave et réservoir d'eaux pluviales) sur lesquels elle choisit d'élever une maison résolument moderne, de construction mixte (ossature en béton et remplissage en brique). À fleur de route, la bâtisse s'empare de l'existant en associant à la pierre locale les surfaces lisses des pans de briques enduites simulant le béton. À l'image de la maison que Le Corbusier conçoit pour Hélène de Mandrot au Pradet, *Tempe a Pailla* fait dialoguer esthétique moderne et langage vernaculaire. Souscrivant à quatre des cinq points corbuséens – le toit-terrasse relèverait-il davantage d'un toit plat que d'un toit-jardin –, Gray

1. Permis de construire, Archives de la mairie de Menton.
2. Lettre d'Eileen Gray, 12 juin 1934, Archives de la mairie de Menton.

Terrasse, s.d. Centre Pompidou, Bibliothèque Kandinsky, Paris. Fonds Eileen Gray

manifeste sa prévention à l'égard des pilotis, leur préférant un système qui marie subtilement autonomie et rapport étroit avec le site. Une gageure. Alors que le soubassement en pierre inscrit fermement la maison dans son environnement, terrasses et coursives en hauteur, escalier suspendu, passerelle en surplomb du jardin, tubes métalliques portant l'escalier et l'auvent, décrochements et ouvertures ménagés dans les façades libres dématérialisent cet ensemble ponctué de références navales. Comme à son habitude, et plus fermement qu'à Roquebrune, Gray joue des contrastes et s'amuse à opposer pleins et vides sans jamais se laisser emporter par des considérations purement formelles. *Tempe a Pailla* est le lieu des contradictions résolues.

Tout en étant conçue pour assurer la protection de l'intimité, la maison offre à l'habitant une vision panoramique du paysage mentonnais. La façade sur route [ill. p. 112] en est la plus belle illustration : longeant le mur en pierre, le passant est sommé de rester à distance, son regard ne pouvant atteindre ni les fenêtres situées en hauteur ni la terrasse dissimulée derrière ses volets. La façade tel un mur d'enceinte. De l'intérieur pourtant, les vues sur le chemin et les montagnes se multiplient comme autant de tableaux de paysage.

Attentive à l'orientation de sa maison et à la diversité du site entre mer et montagne, Gray pense chacune de ses façades en fonction des besoins et des usages, dans une relation intérieur-extérieur fort subtile. Dans le prolongement de la salle, mais physiquement séparée d'elle par une baie et des marches, la terrasse en partie couverte et carrelée de grès cérame, comme l'intérieur, laisse « entrer » la végétation dans la maison [ill. p. 112]. Si le plan libre domine, il est néanmoins mâtiné de *Raumplan* loosien[3]. Sans conteste, *Tempe a Pailla* exprime d'autres influences que corbuséennes ; la plus évidente étant celle des architectes néerlandais, déjà observée dans *E 1027*. Ici encore, Gray développe une série de points

3. Dans le *Raumplan* d'Adolf Loos, les espaces se trouvent à des niveaux différents selon leur fonction.

Terrasse vue depuis la salle principale, s. d. Centre Pompidou, Bibliothèque Kandinsky, Paris. Fonds Eileen Gray

Façade donnant sur la route de Castellar, s. d. Centre Pompidou, Bibliothèque Kandinsky, Paris. Fonds Eileen Gray

faisant écho aux recherches de Gerrit Rietveld, Cornelis Van Eesteren ou Theo Van Doesburg. Délaissant à nouveau l'esthétique traditionnelle de la maison méditerranéenne, elle bannit la symétrie et la répétition au profit de « l'équilibre des parties dissemblables[4] », remet en cause le principe de façade principale et privilégie décrochements, décalages, saillies légères et porte-à-faux discrets. Alors que, pour la première fois, deux pièces distinctes partagent une même fenêtre en bandeau, l'idée de continuité entre sol et mur, déjà présente dans *E 1027*, est reprise. La question de la limite est clairement posée et, différemment des architectures astatiques néoplasticiennes, la maison semble suspendue. Sans jamais tomber dans la citation, Gray instaure un jeu d'écrans dont l'effet de foliation est particulièrement abouti au niveau de la façade sud-ouest et de la terrasse, coiffée d'un auvent plié et étonnamment divisée par un volet.

Élément emblématique de l'architecture de Gray, et de Badovici, le volet joue ici un rôle crucial. Extérieur ou intérieur, coulissant et réglable ou fixe et pivotant, il a pour fonction de filtrer la lumière du soleil, cadrer le paysage et protéger des regards indiscrets. Associé aux divers types de fenêtres – coulissantes, pivotantes, zénithales –, le volet à jalousies en bois permet aussi de maîtriser l'éclairement et l'aération d'une maison exposée aux vents. L'efficacité de ces volets et fenêtres suscitera même l'admiration de Le Corbusier, qui proposera à Gray d'en présenter des photographies, assorties d'un commentaire, au sein du Pavillon des temps nouveaux présenté dans l'Exposition internationale des arts et techniques dans la vie moderne.

Le « volet pour pays chaud » n'est pas la seule invention mentonnaise à s'exposer dans le pavillon de 1937. On y trouve également le système de faux plafond destiné au rangement [ill. p. 108], initié à la fin des années 1920 et développé dans la salle à manger et le couloir de service de la maison. Équipement rationnel du logis, il répond au désir de Gray de créer des petites maisons équipées d'un mobilier idoine. Intégrés ou mobiles, les meubles de Menton, réalisés en partie par le menuisier local Roattino, sont transformables et souvent polyfonctionnels, à l'instar des espaces et de certains éléments d'architecture. Pliants, esca-

4. Theo Van Doesburg, « L'évolution de l'architecture moderne en Hollande », *L'Architecture vivante*, vol. 3, n° 9, automne-hiver 1925, p. 19.

Vues intérieures et extérieures présentées dans Eileen Gray, portfolio. National Museum of Ireland, Dublin, réf. NMIEG 2000.250

motables, extensibles, ils font partie intégrante de l'édifice, conçu comme une œuvre d'art totale mêlant matériaux naturels – bois, liège, textile, pierre – et industriels – Rhodoïd, métal, verre, etc. Ils marquent une étape dans les recherches de Gray sur le meuble-outil, certains, comme le petit meuble à tiroirs pivotants [ill. p. 117] de la chambre à coucher, n'existant qu'en lien avec leur architecture.

À l'opposé de l'esprit décorateur ou régionaliste, l'intérieur de la maison est à la fois d'une grande simplicité et d'une réelle sophistication d'usage. Passée maître dans l'art de penser l'espace et ses transitions, l'architecte hiérarchise avec subtilité les volumes, signifiant les zones par un plafond rehaussé, une marche ou un poteau projeté en avant d'une cloison, et use de la couleur, essentielle dans son œuvre, pour construire ses espaces.

Achevée en 1935, la maison souffre rapidement des problèmes d'étanchéité du toit-terrasse avant de subir les affronts de la guerre. Occupée par les combattants et ébranlée par l'explosion proche d'un obus, elle sort des hostilités privée de la totalité de ses meubles. La déclaration de sinistre déposée en avril 1946 marque le début d'un chantier de restauration essentiellement tourné vers la conception d'un nouveau mobilier. Gray peut néanmoins se réjouir de voir *Tempe a Pailla* enfin publiée dans l'ouvrage *25 années UAM* en 1956, peu après avoir décidé de la vendre au peintre Graham Sutherland.

UNE VIE DE PROTOTYPES

Brigitte Loye Deroubaix

Longtemps, les recherches d'Eileen Gray se sont focalisées sur l'objet unique, œuvre d'art, panneau de laque ou mobilier.

Le fait qu'elle saisisse en 1926 l'opportunité de réaliser une résidence de vacances, à Roquebrune-Cap-Martin, dans le Midi, peut surprendre : à quarante-sept ans, autodidacte et novice en matière d'architecture, elle est uniquement reconnue comme artiste et comme décoratrice. Mais ce premier projet architectural s'inscrit, comme ceux qui suivront, dans un cheminement intimiste marqué par l'expérimentation. Celui-ci lui permet de mettre en œuvre toute l'expérience acquise au fil des années, depuis la réalisation dans les années 1920 de l'appartement de Madame Mathieu Lévy – premier projet d'espace total – jusqu'aux créations pour la galerie Jean Désert, après la période féconde de mobiliers tubulaires qui, sans être conçus dans une logique de série, ne sont plus systématiquement attachés à un lieu ou à un commanditaire identifié.

« De l'éclectisme au doute », le prologue au numéro spécial que la revue *L'Architecture vivante* consacre à la maison de Roquebrune en 1929[1] et qui est organisé sous la forme d'un dialogue avec Jean Badovici, comporte de jolies répliques mais ne renseigne aucunement sur le nouveau métier d'Eileen Gray, l'architecture, ni sur la répartition du travail de conception entre elle-même et Badovici.

En dépit du vide laissé par la destruction des archives lors de la Seconde Guerre mondiale, l'étude minutieuse des documents et des prototypes conservés, ainsi que les relevés des maisons réalisés[2] dans les années 1980 permettent de cerner la question qui mobilise Eileen Gray au milieu de sa vie : faire œuvre d'architecture, et uniquement, ou poursuivre ses recherches sur le mobilier et un travail artistique ?

Aucun dessin original d'architecture n'a été conservé, contrairement aux croquis préalables pour le mobilier, sur lesquels on repère son écriture, toujours en langue française. Les plans, coupes et élévations des différents projets, très rarement cotés, sont de factures et de gra-

1. Eileen Gray et Jean Badovici, « De l'éclectisme au doute », *E 1027. Maison en bord de mer*, numéro spécial de *L'Architecture vivante*, Paris, Éd. Albert Morancé, 1929 ; rééd. : Marseille, Éd. Imbernon, 2006, p. 5-9. **2.** Relevé réalisé en 1978 par Emmanuelle et Jean-Paul Rayon pour *E 1027* et en 1981 par Jean-Vincent Rischard et Brigitte Loye Deroubaix pour *Tempe a Pailla*.

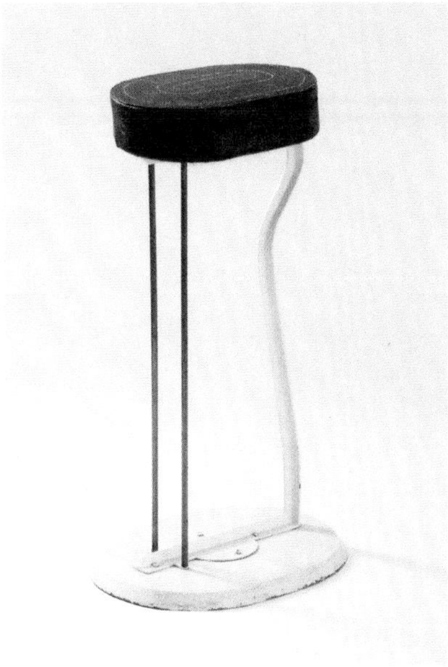

Eileen Gray, tabouret,
structure en cornière de métal
apparente, tiges en fer,
base en bois peint, assise en toile
enduite avec surpiqûres,
circa 1928-1930.
Collection particulière

phismes très divers. Ceci laisse supposer qu'Eileen Gray bénéficiait de « gratteurs » occasionnels, probablement des étudiants en architecture aux Beaux-Arts à Paris, puisqu'elle habitait dans une rue parallèle à l'école. Elle est trop absorbée par ses recherches en peinture, photographie, collage, pour se consacrer au minutieux travail que requiert la mise au point technique. Elle n'en maîtrise d'ailleurs pas les codes, n'ayant pas été formée au dessin technique.
E 1027 à Roquebrune-Cap-Martin (1926-1929), *Tempe a Pailla* à Castellar près de Menton (conçue entre 1931 et 1934), *Lou Pérou* à Saint-Tropez (1954-1961)... Ces trois réalisations – les seules d'Eileen Gray – étalées sur une période de trente ans sont : une maison surplombant la mer avec un accès par des planches couvertes de végétation méditerranéenne, une maison perchée sur des citernes et, enfin, un jardin avec une maison-cabanon. Leur programme est scrupuleusement identique : il s'agit d'une résidence estivale pour une personne seule avec un domestique à demeure, constituée d'une pièce principale « à vivre », de deux chambres au maximum et d'une cuisine totalement rejetée dans le dispositif du plan, à l'usage exclusif du domestique, qui bénéficie également d'une chambre monacale. En dépit de leur simplicité, chacune de ces maisons est un *home* qui reflète la personnalité et les goûts de leur conceptrice.
Les planches des plans de niveaux reproduites dans le numéro spécial que *L'Architecture vivante* consacre à la villa en 1929 ne comportent ni coupes techniques générales, ni cotations. Seules les planches de la chambre de domestique et celles du mobilier bénéficient d'une règle d'échelle permettant d'en apprécier la taille réelle. L'escalier d'accès au toit et une habile insertion dans le site exceptés, le travail de conception architecturale se limite au plan du niveau principal sans jeux de volume, un plan libre organisé autour de la pièce principale,

Eileen Gray, fauteuil *Non-Conformiste*, structure en acier profilé inoxydable brossé, tapisserie d'ameublement, 1925-1928. National Museum of Ireland, Dublin

avec une belle vue latérale sur la Méditerranée. Décrivant la pièce principale, Eileen Gray écrit : « La grande pièce : la maison a été construite pour un homme[3] aimant le travail, les sports et aimant à recevoir ses amis. Bien qu'elle soit très petite, elle devait être agencée de manière à permettre à son occupant de recevoir des amis et de leur donner toutes leurs aises[4]. »

À *E 1027*, certes, l'unique fenêtre en longueur, les pilotis, la blancheur des parois, les menuiseries métalliques combinent des codes modernistes, mais l'originalité de la maison est ailleurs. *E 1027* est une « maison-mobilier ». Les espaces sont imaginés dès l'origine pour être « habités » non pas seulement par du mobilier fixe, comme des parois-étagères, ce qui est une pratique courante, mais uniquement par les meubles conçus par Eileen Gray, rassemblés pour la première fois dans un même lieu. La force d'*E 1027* tient à cette incroyable conjonction : un lieu totalement meublé de réalisations inédites (chaises, lampes, miroirs…) aux proportions singulières. Plusieurs de ces créations aux noms surréalistes (fauteuils *Bibendum* [ill. p. 172], *Non-Conformiste* [ill. p. 182]) auront ensuite une vie autonome dans d'autres lieux, voire une vie posthume par les rééditions des années 1980.

Tempe a Pailla, la deuxième maison de vacances réalisée par Eileen Gray, surprend par la légèreté arachnéenne de sa construction sur d'anciennes citernes maçonnées. Toutefois, après avoir gravi les escaliers extérieurs, on découvre un ensemble spartiate. Seule la pièce principale bénéficie d'une vue sur l'arrière-pays mentonnais cadrée par les baies en longueur de la terrasse.

L'emprise de l'étage principal (90 mètres carrés) est proche de celle de l'étage sur pilotis de *E 1027* (110 mètres carrés). La superposition des plans principaux des deux maisons révèle que les largeurs sont identiques, de l'ordre de 6,30 mètres, et que le rectangle que forme la grande pièce de *E 1027* coïncide précisément avec les limites de la pièce de séjour et du coin repas de *Tempe a Pailla*. Ici, toutefois, un subtil jeu d'emmarchements ainsi que les

3. Elle parle d'un homme… Veut-elle ainsi dire qu'elle est l'architecte de la maison et non son commanditaire ?
4. E. Gray et J. Badovici, « Description », *E 1027. Maison en bord de mer*, *op. cit.*, p. 16.

Eileen Gray, meuble carré à tiroirs pivotants, *Tempe a Pailla*, 1931-1935. Centre Pompidou, Bibliothèque Kandinsky, Paris. Fonds Eileen Gray

décalages de plafond amplifient la profondeur de la pièce de séjour et lui confèrent un caractère intime. L'illusion de surfaces est obtenue, comme à *E 1027*, par le choix de meubles tubulaires disséminés de façon très sporadique et par des espaces de circulation très étroits (entre 55 et 65 centimètres de largeur).

Tempe a Pailla est équipée de nombreux meubles prototypes, comme l'armoire extensible [ill. p. 109], le meuble carré à tiroirs pivotants... et d'anciens meubles de *E 1027*. À la différence de la villa, la maison de Castellar est un lieu d'expérimentation et non un lieu de représentation. En témoigne le mobilier conservé, tel l'astucieux *Meuble mobile pour pantalons*.

Les deux maisons ont été scrupuleusement photographiées. Ces clichés étonnent car ils ne suivent pas les codes utilisés pour la photographie d'architecture, qui met surtout en évidence des volumes, des lignes, des masses. Il s'agit d'images au service du mobilier, de sa capacité à se déplier, à s'allonger... au gré du bon vouloir de son propriétaire, toujours invisible.

De maison en maison, Eileen Gray approfondit ses recherches personnelles. Elle y développe ses thèmes de prédilection, comme les tiroirs pivotants. L'idée est, certes, dans l'air du temps : Pierre Chareau, qu'elle rencontre au Salon des artistes décorateurs, aime aussi déployer ses tables en éventail.

Sa liberté d'action est une chance pour le design des années 1930-1950, car elle avance en artiste, concentrée sur son travail, au calme, sans l'enjeu que peut constituer le passage à la série industrielle, ni la confrontation des idées propre au travail en atelier avec laquelle Charlotte Perriand, par exemple, a dû composer. D'après des notes manuscrites, sa plus grande série serait la réalisation en douze exemplaires et en différentes finitions du fauteuil *Transat* [ill. p. 187]... afin d'obtenir un coût réaliste.

Le portfolio[5] qu'elle compile à la fin de sa vie et qui met en avant ses nombreuses esquisses architecturales développées dans les années 1950, occulte en partie son apport essentiel. Eileen Gray existe avant tout par sa production de prototypes de mobilier, conçus sans dogme, et par une approche sensible totalement inédite dans le mouvement moderne.

Eileen Gray, *Meuble mobile pour pantalons*, contreplaqué peint, celluloïd transparent vissé, cornières, 4 roulettes et 7 cintres en aluminium, conçu pour *Tempe a Pailla*, 1930-1933. Collection particulière

5. Eileen Gray, portfolio, 1956-1975, National Museum of Ireland, Dublin, réf. NMIEG 2003.1641.

Plan de la course du soleil
de *E 1027*, 1929,
stylo et encre sur papier
Victoria and Albert Museum,
Londres

LES SCHÉMAS D'ENSOLEILLEMENT

Daniel James Ryan

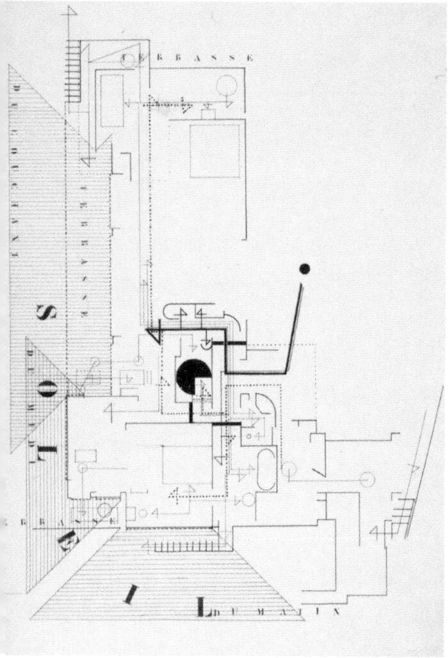

Si la lumière naturelle est un thème omniprésent dans le mouvement moderne, obsédé par les questions d'hygiène et de santé, le travail d'Eileen Gray remet en question les doctrines scientifiques rigides de l'époque concernant l'orientation idéale des bâtiments et la disposition des pièces[1].

L'idée de réorganiser l'habitat pour profiter au mieux de l'ensoleillement, du bon air et de l'ouverture sur l'extérieur imprègne tout le mouvement moderne dans l'Europe de l'entre-deux-guerres[2], mais il y a désaccord sur l'importance relative à accorder à chacune de ces variables : certains architectes refusent de privilégier l'ensoleillement direct, tel Achille Knapen[3], en 1920, invoquant le climat de sa Belgique natale ; d'autres considèrent que l'insolation est le facteur suprême de la vie, tel Adolphe-Augustin Rey[4], dont le travail est emblématique des tentatives hygiénistes pour maximiser la pénétration du soleil dans les bâtiments en toute saison, au risque d'avoir trop chaud en été[5]. Il met au point un axe héliothermique qui lui permet de trouver un équilibre entre le rayonnement optimal et la température maximale de l'air pendant la journée. Dans la pratique, le résultat est désastreux, car la théorie ne prend en compte que la durée de l'ensoleillement et non l'intensité du rayonnement sur des surfaces verticales (voir le cas de l'*Unité d'habitation* de Le Corbusier à Marseille).

À première vue, les études de Gray sur l'ensoleillement et les déplacements dans la maison ressemblent à de la propagande pour la réforme hygiéniste et tayloriste de l'environnement domestique. Les lignes d'activité montrent la circulation des occupants de la maison (traits pleins) et du personnel de maison (pointillés). Les chambres à coucher et les zones de service font face au soleil levant, tandis que les pièces de séjour donnent sur le sud et sur l'ouest. Cependant, quand on examine de près les écrits et les dessins de Gray, on remarque un certain malaise par rapport aux conceptions dominantes de l'hygiène à l'époque : « Et les

1. Daniel James Ryan, « Sunshine and Shade in the Architecture of Eileen Gray », *Architectural Science Review*, août 2010, vol. 53, n° 3, p. 340-347. **2.** Paul Overy, *Light, Air & Openness. Modern Architecture Between the Wars*, Londres, Thames & Hudson, 2007. **3.** Achille Knapen, « Hygiène sociale. La salubrité de la maison ouvrière. Compte rendu d'une conférence faite par A. Knapen à la Société centrale d'architecture de Belgique le 27 avril 1920 », *Bulletin mensuel de la Société centrale d'architecture de Belgique*, Bruxelles, Lielens, 1922, vol. 12. **4.** Adolphe-Augustin Rey, Justin Pidoux et Charles Barde, *La Science des plans de villes, ses applications à la construction, à l'extension, à l'hygiène et à la beauté des villes, orientation solaire des habitations*, Paris, Dunod, 1928. **5.** Daniel Siret, « Ensoleillement (première partie) », dans *Le Corbusier Plans 1932-1944*, DVD-rom, Paris, Éditions Échelle 1 / Fondation Le Corbusier, 2005.

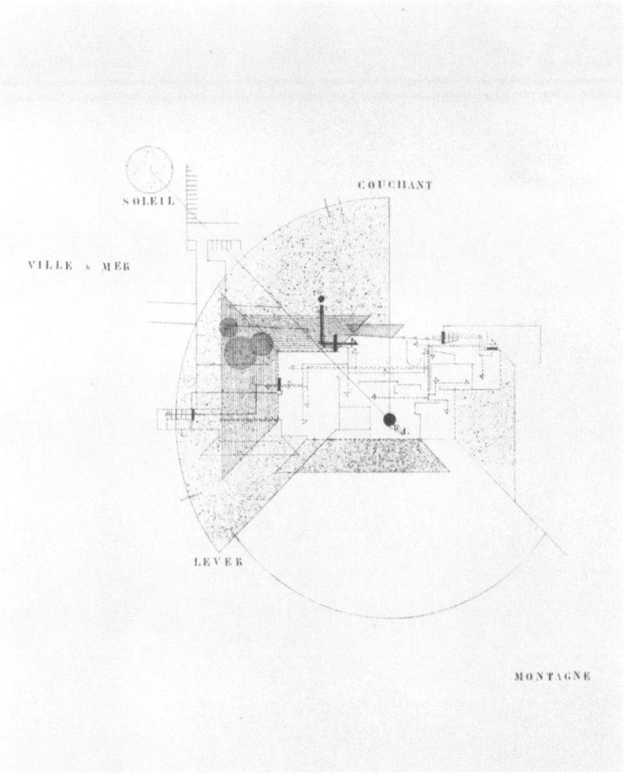

Tempe a Pailla, schéma de circulation et d'ensoleillement. Collection particulière

principes de l'hygiène à eux seuls ne sont-ils pas un peu responsables de cette froideur qui nous choque? – Oui! De l'hygiène à en mourir! De l'hygiène mal comprise. Car l'hygiène n'exclut ni le confort ni l'activité. Non, ils [les architectes d'avant-garde] sont intoxiqués par le machinisme. Mais il n'y a pas que le machinisme. Le monde est peuplé d'allusions vivantes, de symétries vivantes, difficiles à découvrir, mais réelles[6]. »

Eileen Gray montre par ses études solaires qu'elle critiquait les théories hygiénistes de l'orientation et les élargissait pour prendre en compte la circulation des personnes et leur interaction avec le bâtiment et le mobilier. Elle annonce ce que l'on appellerait aujourd'hui « l'opportunité adaptative » que permet la maison, c'est-à-dire l'aptitude des occupants à modifier leur environnement pour trouver le sentiment de confort qui leur convient[7]. Contrairement aux études de Rey, qui tentent de déterminer statistiquement une relation universelle idéale entre le bâtiment et le soleil, Gray insiste sur l'expérience vécue du lieu, adoptant une approche chorégraphique pour créer des liens entre le mouvement du soleil, les déplacements des personnes et l'adaptation du bâtiment[8].

Ainsi, ses études solaires mettent en évidence les passages entre activités intérieures et extérieures. Les seuils d'entrée des personnes sont indiqués par des traits noirs épais et les seuils d'entrée du soleil par des pointillés autour des fenêtres. Pas de volonté ici de

6. Eileen Gray et Jean Badovici, « De l'éclectisme au doute », *E 1027. Maison en bord de mer*, numéro spécial de *L'Architecture vivante*, Paris, Éd. Albert Morancé, 1929; rééd.: Marseille, Éd. Imbernon, 2006, p. 7-8. **7.** Nick Baker et Mark Standeven, « A Behavioural Approach to Thermal Comfort Assessment in Naturally Ventilated Buildings », intervention présentée à la Conférence nationale de la CIBSE, Eastbourne, 1995, p. 76-84. **8.** Caroline Constant, *Eileen Gray*, trad. de l'anglais par Jacques Bosser, Paris, Phaidon, 2003, p. 114-116.

Le Corbusier, *Recherche de l'axe héliothermique*, 1933. Fondation Le Corbusier, Paris

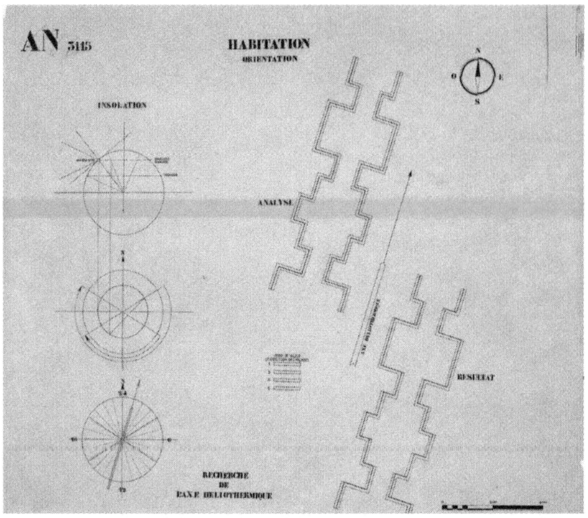

Orientation de la villa *E 1027* par rapport aux solstices, publiée dans Daniel James Ryan, « Sunshine and Shade in the Architecture of Eileen Gray », *Architectural Science Review*, vol. 53, nº 3, août 2010

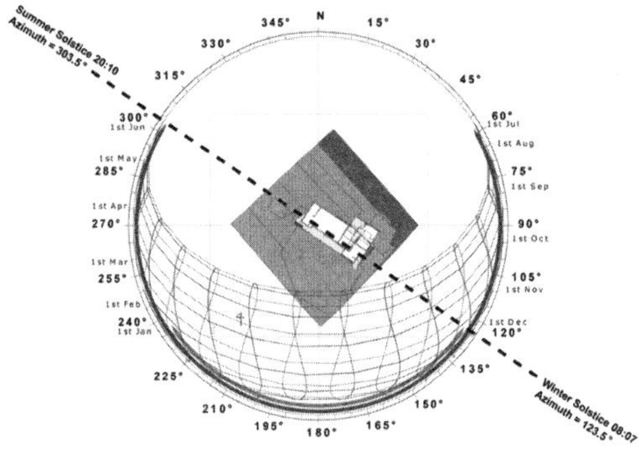

maximiser la pénétration du soleil ; Gray indique plutôt les zones de lumière qui semblent émaner de chaque fenêtre. Les pointillés représentent aussi les volets qui permettent de régler la vue, l'intimité, la ventilation, la lumière et la chaleur.

Bien que les schémas des deux bâtiments – la villa *E 1027* et la maison *Tempe a Pailla* – révèlent des approches semblables dans l'organisation des pièces et des déplacements en fonction de l'orientation et des seuils d'intimité, certaines différences méritent d'être soulignées. Ainsi, dans la villa *E 1027*, les visiteurs entrent et, ensuite seulement, s'adaptent à l'environnement extérieur, alors que dans *Tempe a Pailla*, conçue comme un lieu de retraite, la rencontre commence dès que l'on est l'intérieur de la maison. La course du soleil est implicitement indiquée par la rotation du mot « soleil » dans le dessin de la villa *E 1027* [ill. p. 118], alors que dans *Tempe a Pailla*, le soleil est figuré par un cercle autour de la fenêtre de toit de la chambre à coucher [ill. p. 119]. Sur ce dessin, le mobilier est absent, mais deux arcs séparés montrent comment le bâtiment résout la double question de l'aspect et de la perspective : un arc de cercle grisé décrit le parcours théorique du soleil entre l'aube et le cré-

Stonehenge,
plaque photographique, s. d.
Victoria and Albert Museum,
Londres

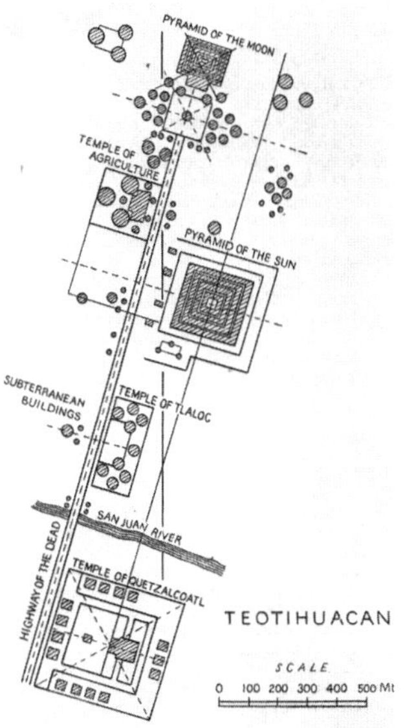

Teotihuacán,
plaque photographique, *circa* 1934
Victoria and Albert Museum,
Londres

puscule, tout en indiquant les vues sur Menton et la Méditerranée, et l'arc non rempli montre une autre perspective, cette fois en direction des montagnes depuis la chambre à coucher. Curieusement, Gray n'indique la position du nord géographique dans aucun de ses deux schémas. Cependant, l'orientation de la villa *E 1027* révèle quelques-unes des symétries très claires auxquelles elle fait allusion. D'après le plan du site publié, la maison s'écarte du chemin d'accès pour créer une approche oblique de l'entrée. Pour être précis, la maison est orientée à 123,5 degrés par rapport au nord, sur l'axe qui correspond exactement au lever du soleil du solstice d'hiver et au coucher du soleil du solstice d'été [ill. p. 120]. Quatre ans après l'achèvement de la maison de Gray et Badovici, pour un projet d'urbanisation de la rive gauche de l'Escaut à Anvers, Le Corbusier oriente les bâtiments selon un axe héliothermique décalé de 15 degrés par rapport au nord [ill. p. 120]. Comme on le voit dans le deuxième volume de son *Œuvre complète*, les maisons suivent cet axe, mais aussi la dérive graphique par rapport à cet axe. En outre, Le Corbusier indique non seulement le nord mais aussi l'axe du lever et du coucher du soleil qui relie les solstices d'été et d'hiver.
Peut-être s'agit-il d'un pur hasard, car les schémas publiés par Gray donnent une idée générale de l'ensoleillement plus qu'ils ne correspondent à ces calculs précis[9]. Pour autant, l'astronomie imprègne les créations d'Eileen Gray, depuis ses premiers luminaires jusqu'à ses maisons des années 1920 et 1930 : parmi les rares clichés que contiennent ses archives, figurent des reproductions des sites de Stonehenge et de Teotihuacán, connus l'un et l'autre pour leur géométrie solaire. Comme toujours avec Gray, la rareté de la documentation rend toute conclusion hasardeuse. En même temps, l'un des plaisirs que l'on éprouve à étudier son œuvre est de rencontrer ces géométries très précises, parfois difficiles à mettre en évidence mais probablement voulues.

Traduit de l'anglais par Jean-François Allain

9. *Ibid.*, p. 115.

L'ARCHITECTURE À L'ÉPREUVE DU TRAIT

Olivier Cinqualbre

Eileen Gray, architecte. C'est une question plus qu'un en-tête. Une question qu'elle a dû se poser à un moment de sa vie. Une question qu'il est légitime d'énoncer à la lecture de sa carrière. L'œuvre architecturale d'Eileen Gray est double. D'un côté, il y a ce que l'on connaît de son travail : les rares bâtiments qu'elle a édifiés (les maisons *E 1027* et *Tempe a Pailla*), que l'on augmente de ceux, également rares, qu'elle a ou aurait réaménagés (les maisons Badovici à Vézelay et *Lou Pérou* à Saint-Tropez)[1] et les quelques projets publiés de son vivant (un *Centre de vacances* et un *Centre culturel et social*[2]). On dépasse à peine les doigts d'une main. D'un autre, il y a ce qui émerge d'archives, une accumulation de projets sans lendemain, d'études dénuées d'informations nécessaires à leur compréhension, à leur identification, à leur datation. C'est à ce paysage incertain que l'on va s'attacher. Il n'est pas question ici de nourrir une liste d'œuvres, de tenter un quelconque rééquilibrage entre l'œuvre bâtie et celle en gestation. En revanche, il importe d'appréhender ces documents préservés pour ce qu'ils peuvent éventuellement nous apprendre de leur auteur et, même si on n'est malheureusement pas en mesure de lever la part de mystères dans lesquels ils sont plongés, de les considérer pour ce qu'ils sont : le témoignage d'une activité professionnelle espérée, contrariée, partagée peut-être, intime certainement, plus secrète qu'affichée.

Les dessins qui composent ici et là des fonds d'archives Eileen Gray, dont le plus conséquent est conservé par le Victoria and Albert Museum à Londres, ont tous les attributs d'une œuvre d'architecte : esquisses des débuts des phases de conception, ébauches de plans de niveaux et d'élévations tracées au crayon à papier, puis des mêmes à une étape plus avancée portées à l'encre de Chine sur des feuilles de calque, plans cotés, quelques reproductions par tirages industriels. Absence en revanche de dossiers constitués et aboutis, de dessins d'exécution, de dessins techniques – de gros comme de second œuvre. Les lacunes

1. L'éventuelle participation d'Eileen Gray à la réalisation de la maison de Jean Badovici à Vézelay demeure une interrogation. **2.** Le premier, dans Le Corbusier, *Des canons, des munitions ? Merci ! Des logis... S.V.P.*, Boulogne-sur-Seine, Éditions de L'Architecture d'aujourd'hui, 1938, p. 96-97 ; le second, dans *L'Architecture d'aujourd'hui*, n° 82, février-mars 1959, p. 16. Voir Olivier Cinqualbre, « Un centre de vacances », dans le présent ouvrage, p. 132-135.

Eileen Gray, *Maison-atelier pour deux sculpteurs*, 1933-1934, maquette originale. RIBA Library Drawings and Archives Collections

Eileen Gray, *Maison ellipse*, 1958, maquette originale. RIBA Library Drawings and Archives Collections

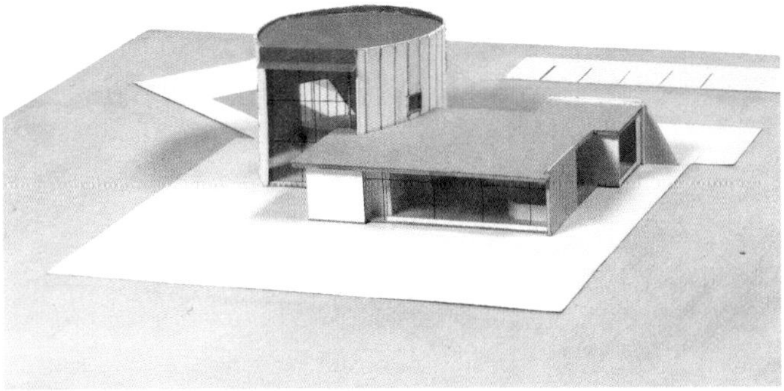

inhérentes à tout fonds d'archives ne peuvent expliquer de tels manques. D'une part, les dessins conservés, sans conteste des dessins d'architecte, ne relèvent pas de la production d'une agence, mais apparaissent comme des dessins personnels, conservés apparemment tout au long d'une vie pour leur importance, et non comme des documents oubliés et redécouverts. D'autre part, ils témoignent des moments de conception et de mise au point des espaces à vivre, moments qui concentrent l'intérêt et l'inventivité de Gray. Enfin, il s'agit vraisemblablement de dessins à leur ultime étape d'existence parce que ces projets ne connaîtront pas les suites escomptées. Dépourvus de « cartouches d'affaire » remplis par un gratteur et où figureraient le nom du client, l'objet de la commande, la localisation du terrain, la date du dessin, ces documents sont généralement exempts de toute mention et, quand il en existe une, elle excite l'imagination plus qu'elle n'apporte de réelle information[3]. À côté des projets identifiés, bâtis et publiés, deux groupes se dégagent. Le premier réunit les projets revendiqués par Eileen Gray, ceux qu'elle fait figurer dans un portfolio réalisé à partir des années 1950. Pour chacun, un nom, une date, des commentaires accompagnent une iconographie composée de photographies de maquettes ou de reproductions de plans.

3. Ainsi, la mention d'un « boulevard des Madeleines » portée sur les plans du projet d'une vaste habitation en ville a laissé croire, en raison d'une proximité toponymique, à une implantation niçoise.

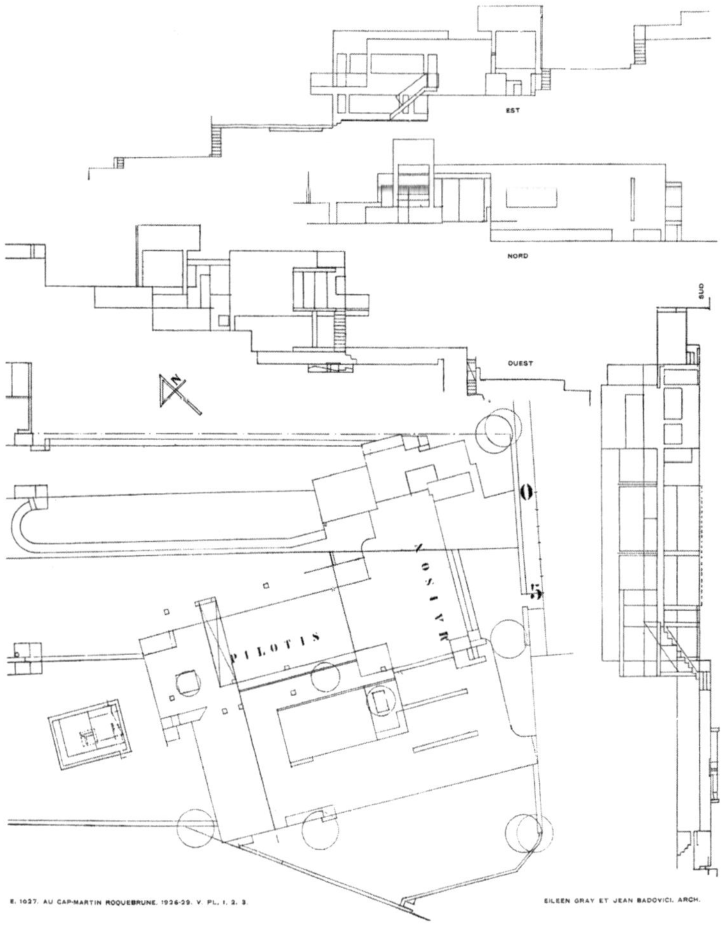

E 1027, plan et élévations, publiés dans Eileen Gray et Jean Badovici, *E 1027. Maison en bord de mer*, numéro spécial de *L'Architecture vivante*, Paris, Éd. Albert Morancé, 1929

Parmi ces projets figurent la *Petite Maison pour un ingénieur* (1926) [ill. p. 126], la *Maison-atelier pour deux sculpteurs* (1933-1934) [ill. p. 123], la *Maison ellipse* (1958)[4] [ill. p. 123]. Dans le second, on peut rassembler le reste des dessins, sur lesquels se concentrent les interrogations, hypothèses variées et supputations.

Si les dessins des deux ensembles apparaissent homogènes car obéissant aux mêmes règles de représentation architecturale, une donnée les distingue cependant nettement : pour chacun des projets du premier groupe existe une maquette. Les dessins appartiennent tous aux phases de conception qui allient les élévations des façades aux plans de niveaux. Les traits, tracés à main levée au crayon ou tirés à la règle à l'encre, sont tous de même valeur, leur épaisseur égale. Le graphisme, épuré à l'extrême, va à l'essentiel, sans recours aux artifices tels que l'ombrage ou l'évocation des matières. Sont étrangement absentes (sauf à de rares exceptions) les vues axonométriques, mode de représentation pourtant

4. Certaines, de par leur importance, ont suscité une analyse approfondie, telle la *Petite Maison pour un ingénieur* étudiée en détail par Jean-Paul Rayon : « L'étoile du nord, l'étoile du sud », dans Nancy J. Troy, Bruno Reichlin, Yve-Alain Bois (*et al.*), *De Stijl et l'architecture en France*, cat. expo., Liège/Bruxelles, P. Mardaga, 1985, p. 121-138.

abondamment utilisé à l'époque par les architectes modernes, en particulier par les membres du groupe De Stijl[5]. Peut-être Eileen Gray n'a-t-elle pas besoin de relier les différentes composantes – parois, sol, couverture – de ses espaces pour mieux se les représenter : elle les a en tête et cela lui suffit pour avancer dans la résolution de leurs agencements. En revanche, elle adopte le procédé alors en vogue de représenter sur une même planche, en son centre, un plan de niveau et, sur les quatre côtés, les élévations correspondantes, ainsi reportées par projection sur la feuille [ill. p. 135].

Les dessins témoignent-ils par leur facture d'un style personnel ? Nullement, c'est comme si Gray était en phase d'assimilation de la pensée architecturale, de ses principes, de ses codes, mais également en recherche d'une intégration de son travail dans la mouvance moderne. Ses élévations – celles de la villa *E 1027* comme celles du *Centre de vacances* [ill. p. 124], que le bâtiment soit à l'état de projet ou sur le point d'être édifié – ne se distinguent en rien, par exemple, de celles que dressent Robert Mallet-Stevens pour sa première construction, la villa de Paul Poiret à Mézy[6].

Observer ces dessins permet d'essayer d'approcher la manière dont Gray travaille. Légèreté du trait contre lourdeur de la construction (rares sont les murs pochés)[7] : elle privilégie la délimitation des espaces, indique la juxtaposition des surfaces composant une paroi ou une façade, qualifie les sols. En règle générale, ce sont les paramètres définissant l'intérieur – agencement des pièces et, en leur sein, des différentes zones selon leur usage, ou besoins en ouvertures sur l'extérieur (accès réels ou visuels) – qui déterminent les plans de niveaux, puis les élévations intérieures des pièces. Ainsi sont définies, pièce par pièce, partie par partie, l'enveloppe et la volumétrie générale du bâtiment. On est loin des compositions classiques enseignées à l'École nationale supérieure des beaux-arts, où, entre autres règles, l'élève détermine les masses de son édifice, dessine les façades et s'attèle ensuite à faire tenir le programme comme il peut dans des espaces ordonnancés, hiérarchisés et symétriques.

La maquette occupe une place d'importance dans le travail de Gray, même si rien dans ses propos n'en témoigne. Produire une maquette requiert un certain avancement dans l'élaboration du projet : l'adéquation entre plans de niveaux et élévations. Elle peut également constituer un recours pour éprouver et valider ce qui a été couché sur le papier. Gray réalise des maquettes de ses projets non seulement pour ceux qui sont parvenus à un stade suffisant de conception, mais surtout pour ceux dont elle veut offrir une image à tout un chacun, professionnel ou non. Car, pour accompagner ou pallier la lecture austère de ses dessins volontairement réalisés sans effet visuel (absence spectaculaire de vues perspectives), où la complexité des propositions n'est en rien atténuée par un style graphique réduit à l'extrême, il lui faut recourir à un médium accessible à tous. Une des fonctions de la maquette est de servir de support à un dialogue avec le client. Or, les projets en question relevant plus de l'essai que de la commande, l'hypothèse de l'échange avec le maître d'ouvrage tombe d'elle-même. Dès lors, c'est l'objet d'exposition qui prévaut. Aux Salons, les architectes ont pour habitude d'accrocher aux cimaises leurs projets ou leurs réalisations aux rendus les plus

5. On se référera à Frédéric Migayrou (dir.), *De Stijl. 1917-1931*, Paris, Éditions du Centre Pompidou, 2010. **6.** Aurélien Lemonier, « Le château de Paul Poiret, Mézy (1922-1923) », dans Olivier Cinqualbre (dir.), *Robert Mallet-Stevens. L'œuvre complète*, Paris, Éditions du Centre Pompidou, 2005, p. 83-85. Il est à noter que de 1922, date du premier projet, à 1938, reprise du projet pour Elvire Popesco, les dessins sont de la même facture, sobre et dépouillée. **7.** Cela, sans doute aux fins de la publication : Eileen Gray et Jean Badovici, *E 1027. Maison en bord de mer*, numéro spécial de *L'Architecture vivante*, Paris, Éd. Albert Morancé, 1929 ; rééd. : Marseille, Éd. Imbernon, 2006, et *L'Architecture d'aujourd'hui*, n° 82, février-mars 1959.

Eileen Gray, *Petite Maison pour un ingénieur*, 1926, tirage photographique de la maquette originale. Centre Pompidou, Bibliothèque Kandinsky, Paris. Fonds Eileen Gray

travaillés. Aux Salons d'automne, qu'ils privilégient, les modernes imposent progressivement les maquettes comme outils de représentation par excellence, jusqu'à proposer des « modèles grandeur »[8]. Et à l'exposition organisée à l'École spéciale d'architecture par Mallet-Stevens en 1924, où figurent un ensemble de meubles de Gray, celle-ci peut constater la profusion de maquettes présentées aussi bien par les élèves que par les maîtres[9]. Pour ce que l'on devine sur les photographies, celles que Gray réalise à ses débuts sont en carton et papier, peut-être en fines feuilles de bois, apparemment dans des tons proches du blanc, s'inscrivant entre les maquettes en plâtre du tournant du siècle et les fabrications en bois, voire en plastique, des années 1930. Avait-elle l'intention d'exposer ses premières maquettes? A-t-elle dû se contenter de les présenter à travers leur reproduction photographique? C'est en tout cas une pratique qu'elle conservera tout au long de sa carrière. La maquette du *Centre de vacances* est tout à la fois présentée dans le Pavillon des temps nouveaux en 1937 et reproduite dans l'ouvrage qui lui fait suite[10]. La *Maison ellipse* et le *Centre culturel et social* [ill. p. 127] conçus à la fin des années 1950 connaissent également une mise en maquette[11].

Qu'il s'agisse de projets que Gray se donne à étudier ou d'éventuelles commandes auxquelles elle s'essaye à répondre, les programmes concernent le plus souvent l'habitation – tente, villa, maisons groupées, immeuble collectif –, le logement de tout type et de toute taille – minimum, urbain et aisé, de villégiature, social. Mais plus qu'à l'élaboration d'un modèle, c'est au mode d'habiter qu'elle s'attache. Elle s'appuie sur sa connaissance des usages domestiques pour concevoir les surfaces qui leur sont dévolues, leur articulation, l'environnement nécessaire à leur pratique, et cela sans jamais se départir de sa façon d'appréhender le corps par l'espace; la rupture avec la tradition, le rejet des normes bourgeoises, elle les a expérimentés dans ses intérieurs personnels avant de les coucher sur le papier.

Pour sonder le mystère Gray, saisir son originalité, mais surtout éprouver sa maturité architecturale, les biographes et les historiens n'ont pas hésité à invoquer les grandes figures, l'influence des membres du groupe De Stijl et, plus encore, la proximité avec Le Corbusier, notamment par le biais de sa relation avec Jean Badovici. Mais il est une personne avec

8. On pense ainsi à la *Maison cubiste* d'André Mare, présentée au Salon d'automne en 1917 (voir O. Cinqualbre, « Mésaventure d'un modèle grandeur », dans *Duchamp-Villon. Collections du Centre Georges Pompidou-Musée national d'art moderne et du Musée des beaux-arts de Rouen*, cat. expo., Paris, Éditions du Centre Pompidou/Réunion des musées nationaux, 1998, p. 22-27) ou aux tentatives de Mallet-Stevens (voir J.-F. Archieri, « Pavillon de l'aéro-club, Salon d'automne, 1922 », dans Olivier Cinqualbre (dir.), *Mallet-Stevens...*, *op. cit.* **9.** Organisée par l'amicale de l'École à l'initiative de Mallet-Stevens, « L'Architecture et les arts qui s'y rattachent » se tient du 22 mars au 30 avril 1924. **10.** Voir « Un centre de vacances », dans le présent ouvrage, p. 132-135. **11.** C'est par une photographie de la maquette que s'ouvre l'article de *L'Architecture d'aujourd'hui* consacré au *Centre culturel et social*.

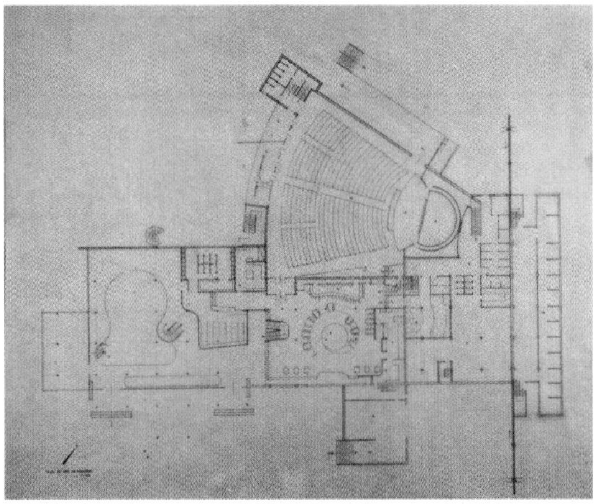

Eileen Gray,
Centre culturel et social, 1959,
plan du rez-de-chaussée.
RIBA Library Drawings and
Archives Collections

laquelle il est tentant d'établir un parallèle : Pierre Chareau[12]. De nombreux éléments les rapprochent : l'appartenance à une même génération distincte de la jeune garde moderniste de l'entre-deux-guerres, l'absence de formation académique, la création de meubles pour débuter, leur commercialisation par une enseigne en nom propre, l'aménagement intérieur comme suite naturelle, des relations professionnelles et artistiques communes, dont le cercle qui va constituer l'Union des artistes modernes (UAM), sans compter la participation conjointe à un certain nombre de manifestations[13]. Pour ce qui est de leur quête d'architecture, les similitudes sont frappantes. L'un et l'autre, autodidactes, débutent par un galop d'essai : une *Maison de travailleurs intellectuels* pour Chareau en 1923, une *Petite Maison pour un ingénieur* pour Gray trois ans après ; tous deux reçoivent leur première commande de proches : une famille amie mécène, les Dalsace-Bernheim, pour Chareau, Badovici pour Gray. Lorsqu'ils ont l'opportunité de construire, ils accordent une large place à l'expérimentation, au risque d'allonger les délais d'exécution, et signent des bâtiments manifestes. Et leur spectaculaire irruption sur la scène architecturale est minorée par certains historiens, qui arguent, pour l'un comme pour l'autre, de la présence dans leur ombre d'un véritable architecte (Bernard Bijvoët, Jean Badovici).

Si Chareau et Gray peuvent prétendre à l'architecture, voire se revendiquer architectes (le port du titre est alors libre)[14], c'est en raison du caractère moderne de leur œuvre. Ils sont architectes parce que modernes, résolument mais surtout d'emblée modernes. Grâce à cette architecture nouvelle, somme toute à créer, ils ont pu ainsi s'abstraire des codes de représentation, bénéficier de la révolution du ciment armé et profiter d'une liberté propice à leur inventivité. Avec la *Maison de verre* ou la villa *E 1027*, ils font jeu égal avec leurs homologues patentés. Mais la crise économique au début des années 1930 aura raison de leur activité, leur marginalité leur interdisant l'accès aux commandes publiques ou les éloignant des consultations professionnelles. Ils n'en continueront pas moins à essayer de pratiquer l'architecture, plus que la création mobilière, jusque dans leur exil, américain pour lui, intérieur pour elle.

12. Dans son article « Eileen Gray et les arts décoratifs : un autre regard », *fabricA*, n° 4, décembre 2010, p. 114-143, Élise Koering s'est penchée sur les similitudes et les relations existant entre Eileen Gray, Pierre Chareau mais aussi Pierre Legrain, sans cependant aborder l'architecture, qui excède son sujet. **13.** O. Cinqualbre (dir.), *Pierre Chareau. Architecte, un art intérieur*, cat. expo., Paris, Éditions du Centre Pompidou, 1993. **14.** Sur le permis de construire de *Tempe a Pailla* (Archives de la mairie de Menton) figure la signature de Gray au titre de propriétaire, mais accompagnée de la mention « architecte décorateur ».

EILEEN GRAY ET L'UAM

Élise Koering

« Artiste moderne », une bannière sous laquelle l'on ne peut s'étonner de voir Eileen Gray rangée en 1929 lorsque les grands « représentants du mouvement moderne[1] » français décident de former une nouvelle « Union ». Artiste totale, moderne dès ses débuts alors même qu'elle s'empare de l'art séculaire du laque, Gray possède bien plus que les qualités requises pour appartenir à un mouvement dont l'idéal est de créer en accord avec son temps.

Les premiers convaincus sont ses camarades qui, dès la création du groupe, lui demandent de les rejoindre. Car, contrairement à Robert Mallet-Stevens ou René Herbst, l'artiste n'est pas à l'origine de la scission de ces Artistes décorateurs avec la Société du même nom (la SAD). Pour elle, cette année-là, comme depuis 1924, il n'est apparemment pas question d'exposer au Salon ni de rallier la vingtaine de créateurs qui sollicite un emplacement commun au Grand Palais. Elle ne suit donc pas ces mêmes créateurs qui, furieux de ne pouvoir exposer ensemble, rompent avec la SAD et s'unissent en un groupement pluridisciplinaire. Ses préoccupations sont ailleurs.

Pour autant, Gray est l'une des premières à démissionner de la Société. Dans une lettre du 2 mai 1929, elle confirme son « accord » et dit son « espoir pour la réussite de la nouvelle société[2] », tout en posant les fondements de ce qu'on pourrait appeler son « action » au sein de l'Union des artistes modernes (UAM). Car après s'être montrée enthousiaste, Gray regrette de ne « pouvoir assister à la réunion » du lendemain, signant ainsi la première d'une série de lettres d'excuses. Selon les procès-verbaux des assemblées générales et autres réunions de l'UAM, elle n'aurait assisté qu'à celle du 6 octobre 1953.

Quoi qu'il en soit, en cette année 1929, la reconnaissance de ses pairs est éclatante. En témoigne leur désir de l'associer dès l'origine à leur groupe et de lui offrir une place de choix lors de la première exposition voulue manifeste. Alors que Mallet-Stevens propose un ambi-

1. André Hermant, note (années 1950), Archives René Herbst – UAM, Bibliothèque des arts décoratifs, Paris.
2. Lettre d'Eileen Gray, 2 mai 1929, Archives René Herbst – UAM, Bibliothèque des arts décoratifs, Paris.

Pierre Chareau, Eileen Gray, Jacques Lipchitz, stand « La réception et l'intimité d'un appartement moderne », Salon des artistes décorateurs, Paris, 1924, publié dans *Art et décoration*, juin 1924

tieux projet de wagons-lits réalisés par dix artistes différents, Gray se voit attribuer la conception d'une cabine, aux côtés de figures majeures comme Francis Jourdain, Pierre Chareau ou René Herbst. Et si le manque de temps et, sans doute, d'argent réduit ce projet à néant, Gray n'en devient pas moins membre actif de l'Union, statut fort convoité mais peu accordé. Ce statut s'explique, certes, par l'indiscutable modernité de sa production, mais encore, et les deux sont liés, par les rapports amicaux ou professionnels qui l'unissent à plusieurs créateurs majeurs de la future UAM. Plus encore, sa collaboration directe ou indirecte avec certains d'entre eux depuis des années permet de considérer Gray comme l'un des artisans de cette association d'artistes « en sympathie de tendances et d'esprit[3] ». Car bien que n'exposant ni avec les « Cinq » en 1926 ni avec l'« unité de choc » en 1928[4], elle est de la plupart des grands moments qui préfigurent l'histoire de l'Union. Avant sa constitution, celle-ci préexiste par des chantiers communautaires ou des expositions groupées. Alors que Jacques Doucet fait appel aux fleurons de la modernité pour meubler son appartement de l'avenue du Bois, Mallet-Stevens s'emploie très tôt à réunir autour de lui un groupe de créateurs modernes. Les demeures de Doucet et des Noailles abritent, auprès des créations de Legrain, Chareau ou Jourdain, meubles et tapis de Gray. Meubles et tapis qui s'exposent également lors d'événements collectifs majeurs en matière d'architecture et d'arts décoratifs modernes, tels l'exposition « L'Architecture et les arts qui s'y rattachent » de l'École spéciale d'architecture ou le stand du Salon des artistes décorateurs en 1924, constitué d'« artistes groupés par sympathie[5] », véritable préfiguration des futures expositions de l'UAM.

Pourtant, malgré son inscription dans cette préhistoire de l'UAM, Gray semble avoir toujours gardé une forme d'indépendance vis-à-vis de ses pairs. Position que son statut de membre actif de l'Union ne paraît en rien modifier. En effet, Gray est un membre absent, peu engagé

3. Statuts de l'Union des artistes modernes, 31 mai 1929, Archives René Herbst – UAM, Bibliothèque des arts décoratifs, Paris. **4.** Alors que Pierre Chareau, Raymond Templier, Dominique, Pierre Legrain et Jean Puiforcat (les « Cinq ») se regroupent pour la première fois en 1926 à la galerie Barbazanges afin de présenter ensemble leurs travaux respectifs, Charlotte Perriand, René Herbst et Djo-Bourgeois font de même deux ans plus tard au Salon des artistes décorateurs, formant ce que la créatrice nommera l'« unité de choc ». **5.** Léon Deshairs, « Le 15e Salon des artistes décorateurs », *Art et Décoration*, vol. 45, janvier-juin 1924, p. 162.

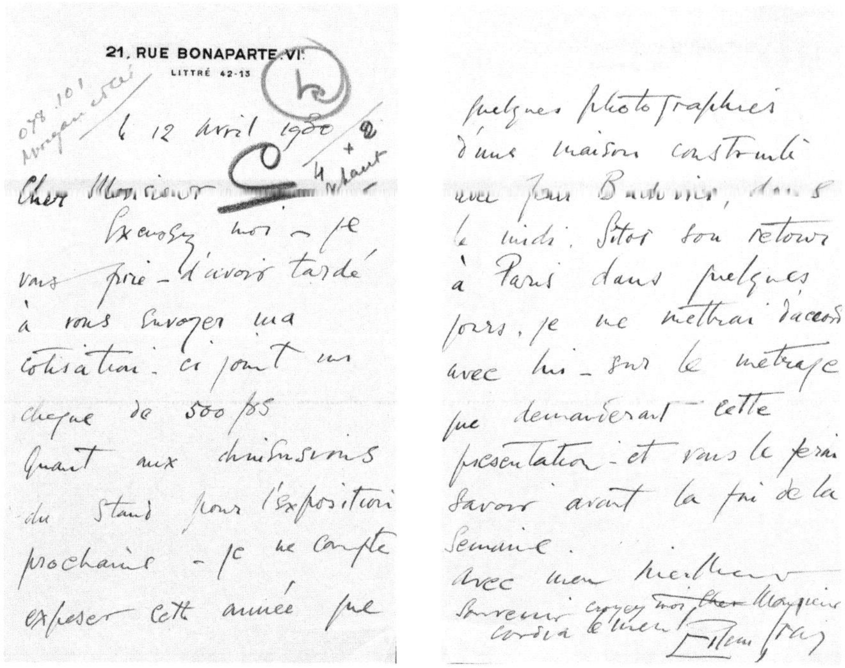

21, RUE BONAPARTE VIe
LITTRÉ 42-13

le 12 avril 1930

Cher Monsieur

Excusez moi – je vous prie – d'avoir tardé à vous envoyer ma cotisation. ci joint un cheque de 500 frs

Quant aux dimensions du stand pour l'exposition prochaine – je ne compte exposer cette année que quelques photographies d'une maison construite avec Jean Badovici, dans le midi. Sitôt son retour à Paris dans quelques jours, je me mettrai d'accord avec lui – sur le métrage que demanderait cette présentation – et vous le ferai savoir avant la fin de la semaine.

Avec mes meilleurs souvenirs croyez moi cher Monsieur cordialement

Eileen Gray

Lettre d'Eileen Gray concernant sa participation à la première exposition de l'Union des artistes modernes (UAM), 12 avril 1930. Les Arts décoratifs, Paris

dans la construction et la viabilité d'une association qui a du mal à se définir et parfois à exister. Contrairement à nombre de ses camarades, déterminer la nature et l'action de l'UAM ou en résoudre les problèmes matériels semble moins la préoccuper qu'exposer.

Après l'absence inexpliquée d'une de ses œuvres dans le *Bulletin* de 1929 et celle de sa participation à l'aménagement de « La Semaine à Paris », Gray prend part, en 1930, à la première exposition de l'UAM [ill. p. 131]. Associée à Jean Badovici, elle y présente photographies et plans de la *Maison en bord de mer*. Une surface murale d'environ 7 mètres carrés, divisée en deux bandes superposées, révèle les documents publiés l'année précédente par Albert Morancé, clichés essentiellement consacrés aux espaces intérieurs et au mobilier dessinés par Gray. Or, étrangement, aucun meuble conçu pour la villa *E 1027* ne complète ces panneaux. À la place, deux sièges tubulaires de Charlotte Perriand, comme si ces derniers pouvaient se substituer à ceux de son aînée. Un leurre. Et un choix de présentation malheureux. Car si le médium photographique peine à rendre compte de l'inventivité de l'artiste et de l'œuvre d'art totale qu'est la villa, l'absence de mobilier condamne la créatrice à être ignorée – ou quasiment – par la critique, fascinée par les meubles en tubes métalliques et les ensembles de ses confrères. Mais un choix délibéré sans doute, celui d'exister en qualité d'architecte.

En 1931, Gray souhaite une fois encore s'associer à Badovici pour présenter dans la Galerie Georges Petit un projet de tente pour campeur. Mais le couple y renonce, préférant exposer des photographies et plans de « travaux récents[6] ». Il est communément admis qu'il s'agit

6. Lettre d'E. Gray, 30 mars 1931, Archives René Herbst – UAM, Bibliothèque des arts décoratifs, Paris.

du studio de la rue Chateaubriand et du système de rangements adapté aux appartements modernes. Pourtant, malgré sa demande d'emplacement, tout porte à croire que Gray n'expose pas cette année-là. Sa présentation ne figure en effet sur aucun cliché de l'exposition et aucune trace de paiement d'un stand, d'une vitrine ou d'une surface murale n'apparaît dans la comptabilité de l'Union. Enfin, plus troublant, alors que son nom sort des listes de membres participant à l'exposition dans les procès-verbaux, il ne réapparaît pas dans le catalogue de l'exposition. Absence surprenante, imputable peut-être à la réaction trop tardive de Gray, qui ne confirme que le 30 mars sa place au sein de la galerie, dont l'espace réduit a été réparti en février.

Une absence qui sonne le glas de sa participation aux salons de l'UAM. Malgré sa généreuse donation en 1932 pour l'achat groupé d'un bronze de Joseph Csaky et sa cotisation en 1932 et 1933, elle n'expose plus avant de disparaître l'année suivante[7]. Si l'on en ignore les raisons, sa participation au Salon des artistes décorateurs de 1933 affiche un désir de rupture avec l'UAM. Rupture provisoire dès lors qu'on l'y retrouve au début des années 1950, auprès de Badovici – désormais membre actif –, désireuse d'exposer en 1953 en qualité d'architecte et nullement opposée au fait de présenter un logement individuel minimum pour la « Cité UAM ». Mais l'Union se meurt.

Un dernier hommage est rendu à ses membres avec la publication de *25 années UAM*, ouvrage au sein duquel l'œuvre de Gray est cette fois dignement représentée.

Présentation de la villa *E 1027* par Eileen Gray et Jean Badovici à la première exposition de l'UAM, Pavillon de Marsan, 1930. Les Arts décoratifs, Paris

Présentation de la villa *E 1027* par Eileen Gray et Jean Badovici à la première exposition de l'UAM, Pavillon de Marsan, 1930. Les Arts décoratifs, Paris

7. René Chavance cite pourtant son nom dans un article sur l'exposition de 1933 : « L'Union des artistes modernes inaugurait hier sa quatrième exposition », *La Liberté*, 1er juin 1933.

UN CENTRE DE VACANCES

Olivier Cinqualbre

Paris, 1925, Exposition internationale des arts décoratifs et industriels modernes : Eileen Gray est absente. Situation aujourd'hui encore inexpliquée mais qui a évidemment conditionné la suite de son activité. Elle, l'étrangère, a pu s'être trouvée naturellement exclue du pavillon de la Société des artistes décorateurs – à laquelle elle appartient – dès lors que celui-ci est érigé en « Une Ambassade française ».

Paris, 1937, Exposition internationale des arts et des techniques dans la vie moderne : la présence d'Eileen Gray est des plus modestes. On s'attendrait à voir son travail exposé dans le pavillon de l'UAM (Union des artistes modernes). Ses créations mobilières et ses études sur la rationalisation des espaces, l'adaptation de nouveaux usages ou l'intégration des meubles à l'architecture y auraient trouvé toute leur place. Or, Gray n'est plus très active en son sein. Certains de ses meubles sont exposés mais au Pavillon de Marsan, dans une rétrospective organisée sur « Le décor de la vie de 1900 à 1925 » : des pièces créées vingt-quatre ans auparavant.

Le présent de Gray est autre : elle se consacre entièrement à l'architecture et, à défaut de construire, à des recherches. Elle ne peut exposer de réalisations dans la section architecture de l'Exposition internationale. Pour la même raison, elle ne peut prétendre à l'attribution d'un pavillon, aussi modeste soit-il. Et l'architecture qu'elle conçoit, qu'elle revendique, dans cette période de « retour à l'ordre » quasi généralisé, est résolument moderne ; ce qui en pénalise terriblement l'expression. C'est donc le Pavillon des temps nouveaux de Le Corbusier et Pierre Jeanneret qui va l'accueillir.

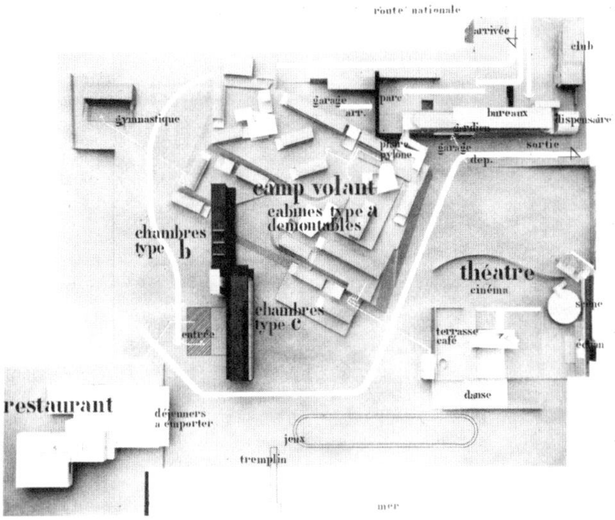

Centre de vacances, 1937, vue d'ensemble du projet, tirage photographique original de la maquette. Centre Pompidou, Bibliothèque Kandinsky, Paris. Fonds Eileen Gray

La genèse de ce pavillon est longue ; des péripéties qui affectent tant l'évolution de son objet que de sa forme. Du projet de musée initial, les architectes ont dû en rabattre jusqu'à produire un pavillon qui, dans sa matérialité même, signale le caractère éphémère de son installation. Ils édifient une tente et invoquent sa potentialité itinérante. Le contenu, dont la coordination est confiée à Charlotte Perriand, est tout trouvé : il s'appuie sur les travaux de la rencontre des CIAM (Congrès internationaux d'architecture moderne) qui vient de se tenir à Paris. Quant à l'ouvrage *Des canons, des munitions ? Merci ! Des logis... S.V.P.* que signe quelques mois après Le Corbusier, on doit y voir autant une publication sur son œuvre que le catalogue de l'exposition. L'intérieur du pavillon y est présenté dans un reportage photographique faisant la part belle aux grands murs illustrés et aux panneaux explicatifs présentant les analyses et les propositions des CIAM. Y sont associées les réalisations de quelques membres, pour la plupart de la section française. C'est par ses pages que nous est parvenu le témoignage visuel de la présence du travail de Gray.

Elle expose un *Centre de vacances* matérialisé par une grande maquette dont l'échelle permet de visualiser à la fois les dispositions générales de l'ensemble et l'architecture de chacun des éléments. L'ampleur du programme comme la réunion de ses différentes composantes – camp de tentes, bâtiment hôtelier, restaurant, cinéma-théâtre de plein air, gymnase –, son accompagnement social (un dispensaire) comme son implantation en bord de mer inscrivent cette proposition dans la perspective ouverte par la politique de congés et de loisirs engagée par le gouvernement de gauche. Dans sa présentation, Gray l'affiche d'emblée : « Maintenant que les Congés Payés sont universellement reconnus, on songe de plus en plus à faciliter le repos si nécessaire des familles et des personnes dont les ressources sont limitées[1]. » Le Corbusier n'est pas en reste : « Partout la sollicitude s'éveille pour accueillir les loisirs. On a vu à la suite de la semaine des congés payés, au cours de l'été

1. Eileen Gray, commentaires dactylographiés accompagnant la présentation de son projet, portfolio conservé par le National Museum of Ireland, Dublin (réf. NMIEG 2000.250).

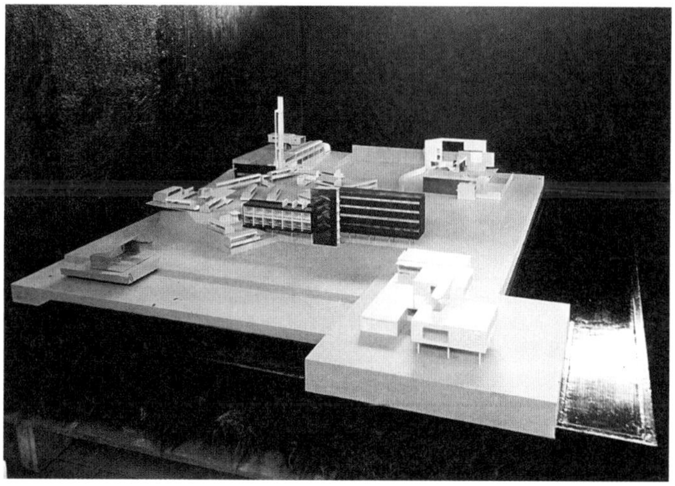

Centre de vacances, 1937, vue d'ensemble du projet, tirage photographique original de la maquette. Centre Pompidou, Bibliothèque Kandinsky, Paris. Fonds Eileen Gray

Centre de vacances, 1937, immeuble pour célibataires et restaurant, tirage photographique original de la maquette. Centre Pompidou, Bibliothèque Kandinsky, Paris. Fonds Eileen Gray

Centre de vacances, 1937, cinéma-théâtre en plein air, tirage photographique original de la maquette. Centre Pompidou, Bibliothèque Kandinsky, Paris. Fonds Eileen Gray

Centre de vacances, 1937, immeuble pour célibataires, tirage photographique original de la maquette. Centre Pompidou, Bibliothèque Kandinsky, Paris. Fonds Eileen Gray

1937, les campagnes et les provinces envahies par les bénéficiaires de la nouvelle loi. C'était un nouvel événement dans la vitalité du pays. Des hôteliers faisaient grise mine parce que c'étaient là de petites bourses ; mais d'autres commençaient à sentir qu'il fallait aménager le nécessaire[2]. »

Restaurant à prestations adaptées aux budgets, immeuble de chambres pour célibataires et ménages sans enfants, camp de tentes avec des « cabines démontables » pour les familles ; une situation les pieds dans l'eau qui annonce la découverte des bains de mer ; une scène de plein air dévolue à des spectacles ou à des projections de toute évidence gratuits. Le projet emprunte et répond aux mouvements alors en plein développement des Auberges de la jeunesse, des ciné-clubs et du théâtre populaire. De fait, il anticipe les centres de vacances des comités d'entreprise et villages familiaux des années 1960[3].

Sur ce théâtre d'opérations qu'elle s'est assigné, Gray combine anciennes et nouvelles recherches. La composition et l'esthétique des bâtiments sont dans la continuité de ses précédentes études : la juxtaposition des volumes du restaurant rappelle celle de la *Petite Maison pour un ingénieur* [ill. p. 126] ; les cabines démontables du « camp volant » sont les héritières de la tente de camping étudiée avec Jean Badovici en 1931. Dans une production dessinée au trait minimal, Gray livre une architecture où l'on retrouve peu ou prou, mais de manière plus pragmatique que dogmatique, les « Cinq points d'une nouvelle architecture » de Le Corbusier, notamment des pilotis pour s'adapter aux variations du relief, des toitures-terrasses préférées aux toits-jardins, des fenêtres en longueur mais toujours en fonction de l'usage et de façon à jouer de contraste avec d'autres types de percements. Ainsi, les élévations des façades de l'immeuble pour les jeunes présentent des baies filantes pour éclairer les couloirs de circulation quand les chambres disposent de fenêtres individualisées. Sur les photographies (en noir et blanc) de la maquette, cet édifice se différencie de ses voisins par sa teinte sombre : il est évidemment pensé en couleur. Le cinéma-théâtre en plein air,

2. Le Corbusier, *Des canons, des munitions ? Merci ! Des logis... S.V.P.*, Boulogne-sur-Seine, Éditions de L'Architecture d'aujourd'hui, 1938, p. 96. **3.** Pour l'étude approfondie de ces mouvements, voir Pascal Ory, *La Belle Illusion*, Paris, Plon, 1994. Parmi les réalisations des années 1960 : le village de vacances du comité d'entreprise d'Air France à Gassin de l'AUA ou le village de vacances *Le Renouveau* à Beg-Meil de Pierre Székely et Henri Mouette.

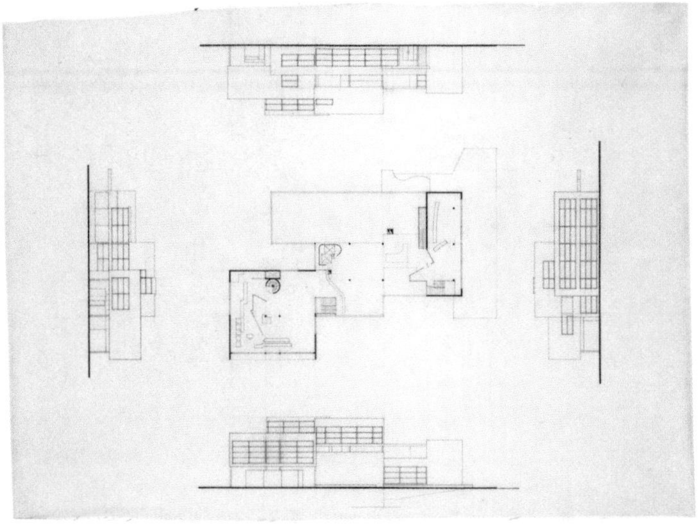

Centre de vacances, 1937, restaurant, plan et élévations. Centre Pompidou, Mnam-CCI, Paris

équipé d'installations techniques (régie, cabine de projection, etc.), associe judicieusement la pente nécessaire aux gradins à l'aménagement des espaces en dessous.

Mais les recherches de Gray sont moins portées sur les techniques constructives ou des questions de style que sur l'organisation, celle, générale, du *Centre* comme celle de chaque espace. Jamais auparavant Gray ne s'était affrontée à un projet d'une telle taille et d'une telle complexité malgré l'apparente simplicité des usages : dormir, se nourrir, se détendre... On est ici loin des maisons individuelles et si personnelles. Si le terrain est hypothétique, le projet n'en est pas moins situé et les bâtiments implantés en fonction du site, de l'orientation et de leurs relations entre eux. Entre les constructions réglées par une orthogonalité aussi stricte que celle qui préside à leur architecture vient s'intercaler la masse faussement désordonnée des installations du camp volant.

À la prise en compte du grand nombre, l'architecte moderne répond par l'organisation des flux. Gray le met en évidence en indiquant sur un plan-masse (une photographie zénithale de la maquette) les flèches symbolisant les circulations. Elle prête une attention particulière au restaurant qui doit proposer des prestations différenciées (service libre, menu à prix fixe, menus à la carte), ce qui conduit à son organisation en trois volumes distincts, les services communs (accès, cuisines, etc.) étant situés à leur intersection. Le service libre (self-service) intègre au premier plan la question de la circulation : celles des clients, de la nourriture, des plateaux... Ce modèle d'organisation mis en place dans les cantines des usines américaines au début des années 1920 avait éveillé l'intérêt des ingénieurs européens. Mais ce sont également les hôpitaux, les habitations économiques soviétiques qui inspirent Gray, à la recherche, dans ces structures complexes, des dispositifs appropriés à une vie collective. Elle inscrit par là son travail dans l'avènement de temps nouveaux.

EILEEN GRAY ET LA PHOTOGRAPHIE : PERFORMANCES, DOCUMENTS ET EXPÉRIMENTATIONS

Philippe Garner

Si l'on peut aujourd'hui reconstituer avec une certaine précision la carrière d'Eileen Gray comme designer, architecte, artiste et artisan, c'est grâce aux œuvres qu'elle a laissées : deux maisons, des meubles, quelques objets et des œuvres graphiques. Ce qui subsiste de son œuvre est, en soi, une preuve tangible de sa créativité. Mais si par ailleurs nous avons une idée assez juste de la manière dont elle a conçu et coordonné ses projets de décoration intérieure, visualisé la juxtaposition et l'intégration de ses meubles, objets, luminaires, tapis et autres pièces d'ameublement, c'est grâce à des archives photographiques, qui représentent une partie importante de son legs. En effet, Eileen Gray s'est beaucoup servi de la photographie pour documenter et faire connaître ses idées, et elle nous a laissé des témoignages visuels précieux sur ses créations. Elle a également utilisé le médium de la photographie comme outil d'exploration et d'expression de son identité, et comme moyen de donner libre cours – à titre privé – à sa curiosité visuelle. Sur la base des documents qui rendent compte de son travail, des portraits qui aident à définir et à projeter sa personnalité, et de ses expériences photographiques personnelles, il apparaît que la photographie est une facette importante de la carrière d'Eileen Gray ; elle a su apprécier les possibilités de l'appareil photo, notamment comme outil de médiation – fondamental et moderne – entre l'artiste et son public.

Anonyme, *Portrait d'Eileen Gray*, *circa* 1905-1910, tirage argentique. Collection particulière

George Charles Beresford, *Portrait d'Eileen Gray*, tirage argentique, *circa* 1915-1920. National Museum of Ireland, Dublin

Se mettre en scène

La première photographie dans laquelle Eileen Gray rompt avec la tradition du portrait privé conventionnel est celle (vers 1905-1910) où elle surgit, souriante, au milieu d'un bouquet de plumes de paon, reprenant là un style d'images extrêmement populaire en Grande-Bretagne à l'époque édouardienne, celui des cartes postales figurant des artistes connues de la comédie musicale. Il était habituel, en effet, de les représenter au milieu d'accessoires de scène – des fleurs ou du papier découpé, par exemple –, tels des cadeaux partiellement déballés. Les plumes de paon, toutefois, recréent une ambiance beaucoup plus « fin de siècle », car elles renvoient aux décadents et aux artistes et designers de l'Aesthetic Movement de la fin du XIXe siècle. Pour Eileen Gray, c'est une façon d'ancrer son image dans les pages d'un album culturel évoquant les univers d'Oscar Wilde et d'Aubrey Beardsley, ou de James McNeill Whistler dans son extravagante *Salle aux paons* [ill. p. 33]. Eileen Gray – déjà visuellement à l'affût de ce qui se passait autour d'elle et à l'aise dans les milieux à la mode dès l'époque où elle étudie les beaux-arts à Paris, au début du siècle – était certainement consciente des références stylistiques et culturelles auxquelles renvoie ce portrait, non sans humour.

Dans une tout autre veine se situent les portraits réalisés une dizaine d'années plus tard environ par George Charles Beresford, photographe londonien d'origine irlandaise. Eileen Gray porte une veste masculine au col haut, une chemise au col profond et une cravate élaborée, dans le style des dandys du début du XIXe siècle ou des poètes romantiques, mi-Beau Brummell, mi-lord Byron. Ce rôle qu'elle assume intentionnellement est révélateur : il nous rappelle la dimension poétique de l'imagerie d'Eileen Gray à l'époque – *Le Magicien de la nuit* [ill. p. 144], *La Nuit*, les figures symbolistes du *Destin* [ill. p. 40] – et sa propension à défier les conventions. Ici, son attitude de défi à l'égard du « travesti » préfigure la perméabilité entre les sexes qui sera à la mode dans l'élite bohême du Paris et du Londres des années 1920, et qui trouvera sa pleine expression littéraire en 1928 avec Orlando, le héros-héroïne éponyme du roman de Virginia Woolf, elle-même photographiée par Beresford au tout début du siècle.

Berenice Abbott,
Portrait d'Eileen Gray, Paris,
1926, tirage argentique.
Collection particulière

Quelques années plus tard, en 1926, Eileen Gray pose pour la photographe américaine Berenice Abbott, vêtue de façon provocante d'une veste masculine et d'une chemise simple, les cheveux coupés court à la garçonne selon le style alors à la mode, dans une reprise entendue et implicitement saphique du thème de l'ambivalence. Ce lien avec l'Américaine en visite rapproche Gray de Man Ray, car Abbott a travaillé en 1923 comme assistante du photographe et a utilisé son studio de la rue Campagne-Première jusqu'à ce qu'elle installe le sien rue du Bac, en 1926. Gray, Abbott et Man Ray figurent parmi les nombreux artistes étrangers qui ont trouvé à Paris un espace de liberté personnelle et une stimulation pour leur créativité.

Si la curiosité très éclectique de Gray s'exprime clairement dans son goût pour les voyages – elle se rend en Afrique du Nord et en Amérique du Nord –, son attirance particulière pour la modernité transparaît dans son attitude vis-à-vis des technologies nouvelles. Dès juillet 1905, elle passe son permis de conduire et, en 1909, achète sa première voiture, une Chenard & Walcker, affirmant ainsi son esprit d'aventure et défendant concrètement la cause de l'émancipation des femmes. Il subsiste un portrait photo emblématique d'Eileen Gray et de sa sœur Ethel, perchées dans l'une des premières voitures embarquée sur un ferry. Parallèlement, sa fascination pour les débuts de l'aviation – la première traversée de la Manche a lieu en 1909 – laisse des traces photographiques dans les cartes postales qu'elle achète (et conserve) de certains des premiers biplans ; images qui évoquent directement une suspension qu'elle créera plus tard et qui est clairement inspirée par la structure squelettique et l'envergure horizontale de ces nouveaux moyens de transport aérien.

Avec le temps, Eileen Gray protégera de plus en plus sa vie privée, si bien qu'il existe peu de photographies intéressantes de ses dernières années. Parmi celles-ci, citons néanmoins une série de portraits pleins de sensibilité, réalisés par l'architecte Alan Irvine lors des préparatifs de l'exposition organisée par le Royal Institute of British Architects (RIBA), en 1973, et qui, grâce à la délicatesse d'un éclairage adouci, en contre-jour, préserve la discrétion à laquelle l'artiste tient tant. Peut-être le portrait tardif le plus intéressant est-il celui en couleurs d'Eileen Gray à sa table de travail, réalisé par Robert Freson et illustrant un article du *Sunday Times* de juin 1975, intitulé « Lady of the Rue Bonaparte[1] », qui contribuera beaucoup à faire connaître sa trajectoire à toute une jeune génération.

Des archives de travail

Depuis ses tout débuts, la photographie a servi à documenter les œuvres d'art. Tout au long du XIXe siècle, les trésors artistiques vont être un thème dominant de la photographie. En 1900, les progrès de la sérigraphie en demi-teinte permettent enfin de transposer facilement et fidèlement l'image photographique sur la page imprimée. Le nouveau siècle voit se multiplier les magazines, illustrés de photos, consacrés à la mode et aux arts. C'est dans leurs pages que les créations d'Eileen Gray vont bientôt paraître.

La première publication date de 1913 : il s'agit d'un article sur le Salon des artistes décorateurs dans la revue *Art et Décoration*[2], où figure un panneau en laque d'Eileen Gray intitulé *Le Magicien de la nuit.* Et c'est à l'occasion de ce salon que Gray attire l'attention du coutu-

1. Mo Teitelbaum, « Lady of the Rue Bonaparte », *Sunday Times Magazine*, 22 juin 1975, p. 28-32, 40.
2. Maurice Pillard-Verneuil, « Le Salon de la Société des artistes décorateurs en 1913 », *Art et Décoration*, t. 33, janvier-juin 1913, p. 91.

Madame Mathieu Lévy dans son intérieur, photographiée par le baron de Meyer, tirage argentique. Archives galerie Gilles Peyroulet, Paris. Publié dans « A Modern Interior in Paris », *Harper's Bazaar*, septembre 1920

Anonyme (sous la direction d'Eileen Gray), *Tempe a Pailla*, négatif sur verre (détail), *circa* 1935. Victoria and Albert Museum, Londres

rier et collectionneur Jacques Doucet, à qui l'écrivain André Suarès donne, cette même année, le surnom de « Magicien[3] ». Doucet, personnage clé dans l'univers de la mode et des arts, sera le premier mécène d'Eileen Gray. Durant les années de guerre, celle-ci retourne à Londres, où, au début d'août 1917, *Vogue* lui consacre un article, signé « A. S. » et intitulé « An Artist in Lacquer[4] », la situant ainsi au cœur d'un monde à la mode, raffiné et sophistiqué. Cinq œuvres sont reproduites, dont le paravent *Le Destin*, acquis par Doucet.

Après le hiatus de la guerre, des articles importants suivent dans *Harper's Bazaar* et dans *Feuillets d'art*. Alors que *Vogue* avait illustré des œuvres en deux dimensions, son rival, *Harper's Bazaar*, se lance dans un projet éditorial plus ambitieux en demandant au photographe vedette le baron Adolf de Meyer de photographier Madame Mathieu Lévy – cliente d'Eileen Gray – dans son appartement nouvellement redécoré. L'image publiée est autant une interprétation de l'ambiance des lieux qu'un enregistrement des détails de l'intérieur, car de Meyer, grâce à une dominante douce accentuée par des éclairages latéraux dramaturgiques, parvient à créer une atmosphère théâtrale et glamour[5].

La revue *Feuillets d'art*, publiée par Lucien Vogel en association avec Condé Nast, entend être un « recueil de littérature et d'art contemporains ». Un article de février-mars 1922 illustre l'appartement de Madame Lévy et inclut un détail du *Destin* sur une planche en couleurs en hors-texte[6]. La comtesse de Clermont-Tonnerre décrit « un ensemble [qui] a la beauté d'un poème [...] un sentiment tactile voluptueux [...] des bandes qui rappellent à la fois les orbes stellaires et les ailes d'un aéroplane reliées par des lignes géométriques ». La comtesse, très libre d'esprit et dont l'amante – l'auteur Natalie Clifford Barney – connaît bien Eileen Gray, tient régulièrement un salon artistique et littéraire au 20, rue Jacob, près de l'appartement de Gray, qui fait d'ailleurs partie des habituées. Un splendide portrait contemporain de la comtesse, exécuté par l'artiste peintre Romaine Brooks, la représente dans une veste masculine ajustée, portant une cravate blanche, dans une sorte d'équivalent pictural de la mise en scène des portraits photographiques d'Eileen Gray. Cette dernière ne recherchait pas particulièrement la publicité, mais, par le biais de la photographie, elle s'était fait une place dans les milieux les plus à la mode, ainsi que dans les revues associées à ces milieux.

Parmi les riches archives données au Victoria and Albert Museum par l'exécuteur testamentaire d'Eileen Gray, le musée possède une collection de négatifs sur verre, provenant de la succession de l'artiste[7], qui recèlent un trésor d'informations sur son travail dans les années 1920 et 1930. On y voit surtout des meubles et des pièces d'ameublement – et notamment des tapis et des luminaires conçus pour la galerie Jean Désert ou pour la villa *E 1027* –, mais aussi des projets architecturaux, réalisés ou imaginés. Un des négatifs, pris à l'intérieur de la maison *Tempe a Pailla*, montre le reflet fantomatique d'une chambre photographique en bois montée sur trépied avec obturateur à volet[8], mais le photographe n'est pas visible. Sur une autre plaque, représentant un paravent en laque, une lanterne est hissée au bout d'un fil de façon à être située hors cadre[9]. Par ce détail, l'image ressemble à une expérience sculpturale abstraite jouant sur la lumière, les lignes, les tonalités et la structure, comme dans une œuvre de László Moholy-Nagy. Au centre, une sphère faisant miroir renvoie en réflexion les volumes déformés de la pièce qui fait office de studio. Mais là encore,

3. François Chapon, *Mystère et Splendeurs de Jacques Doucet, 1853-1929*, Paris, Jean-Claude Lattès, 1984, p. 173. **4.** A. S., « An Artist in Lacquer », *Vogue*, Londres, août 1917, p. 29. **5.** « A Modern Interior in Paris », *Harper's Bazaar*, New York, septembre 1920, p. 54. **6.** Élisabeth de Clermont-Tonnerre, « Les laques de Miss Eileen Gray », *Feuillets d'art*, 2e année, no 3, février-mars 1922, p. 147-148 et pl. XLIV-XLVI. **7.** V&A Museum Archive, Londres, réf. AAD/1980/9/22-150. **8.** V&A Museum Archive, Londres, réf. AAD/1980/9/98. **9.** V&A Museum Archive, Londres, réf. AAD/1980/9/150.

le photographe est absent. On peut se demander si ces images ont été prises par Eileen Gray elle-même ou sur ses instructions, mais, quoi qu'il en soit, ces témoignages historiques donnent des indications inestimables sur ses œuvres, dont certaines aujourd'hui perdues. Ces photographies et d'autres, dont beaucoup subsistent sous forme de tirages originaux ou ont été reproduites dans des publications, servaient à la fois de références et d'outils de promotion. Elles nous montrent également qu'Eileen Gray avait conscience que ses idées exigeaient à la fois une expression matérielle tangible et une diffusion par des moyens de représentation bidimensionnels. Parmi les publications photographiques contemporaines de ses œuvres, les plus notables sont le numéro spécial, très illustré, de *Wendingen* de 1924[10], et le portfolio *E 1027. Maison en bord de mer* de 1929[11].

Expérimentations

Dans les archives de la succession, un petit groupe de photographies prouve qu'Eileen Gray a utilisé dans les années 1930, et peut-être après, un appareil photo portatif pour produire des effets intéressants et réaliser des expériences relevant d'une pure recherche esthétique. Elle n'a jamais publié ni partagé ces images, mais le fait qu'elle en soit l'auteur est corroboré par divers indices, notamment par les objets personnels qu'on y voit, mais aussi par les affinités très nettes que l'on observe entre ces images et son travail graphique. Les photos, de format carré, sont probablement issues de pellicules de négatif de format 6 x 6, mais les négatifs ont disparu ; il ne subsiste que des épreuves en un seul exemplaire et en petit format.

On ignore quelles œuvres photographiques d'avant-garde Eileen Gray a pu voir dans les années 1920 qui l'auraient encouragée à se lancer dans ce type de recherche, mais on peut émettre quelques conjectures. À l'époque, Paris est de toute évidence un milieu stimulant dans ce domaine : le travail expérimental de Man Ray – qui réinvente le médium, sculptant la lumière et transformant des objets ordinaires en images étonnantes et obsédantes – paraît dans les pages de *La Révolution surréaliste*. En 1927, la galerie Au Sacre du printemps, rue du Cherche-Midi, organise la première exposition d'André Kertész, qui montre toute sa capacité à donner à des sujets souvent modestes une beauté formelle abstraite. Man Ray et Kertész figurent parmi les photographes de l'époque qui, à partir de 1928, publient leur travail dans le magazine photo *Vu*. La même année, le premier Salon indépendant de la photographie accueille ces photographes et bien d'autres, français et étrangers. La nouvelle photographie radicale offre donc un terrain d'expérimentation passionnant sur lequel Eileen Gray est tentée de s'engager à son tour.

Parmi ses photographies les plus frappantes, on citera des études de natures mortes, où elle joue avec la lumière, les formes, les structures et les contrastes ; elle accentue les ombres, qui prennent parfois une matérialité plus substantielle que les objets qui les projettent, selon un effet tonal qui réjouissait les photographes surréalistes et modernistes. Elle se concentre sur des sujets trouvés et construit des images à partir d'éléments divers : sphère en verre, miroir rond, plaque de verre, spirale conique, galet, bloc déchiqueté, sculpture abstraite de sa création ou masque kpan de la tribu des Baoulés en Côte d'Ivoire – qui fait écho au masque baoulé utilisé par Man Ray dans sa célèbre étude de Kiki de Montpar-

10. Jean Badovici et Jan Wils, *Eileen Gray. Meubelen en interieurs,* numéro spécial de la revue *Wendingen*, 6e série, no 6, Amsterdam, 1924. **11.** Eileen Gray et Jean Badovici, *E 1027. Maison en bord de mer*, numéro spécial de *L'Architecture vivante*, Paris, Albert Morancé, 1929 ; rééd. : Marseille, Éd. Imbernon, 2006.

Eileen Gray, *Nature morte au masque kpan*, années 1920, tirage argentique. Collection particulière

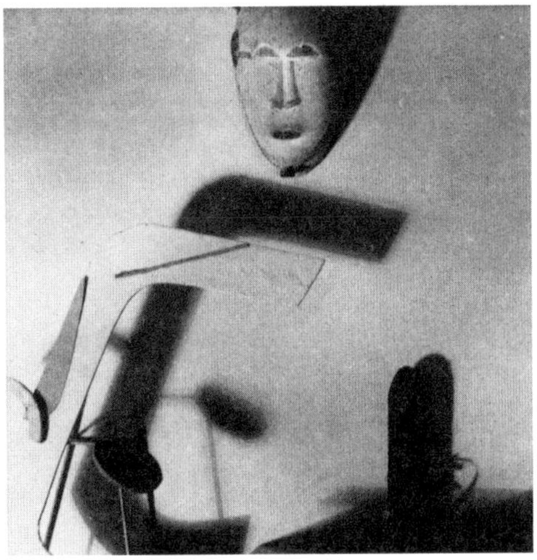

nasse (1926), publiée pour la première fois dans *Vogue*[12] et dont Jacques Doucet, le premier mécène d'Eileen Gray, avait acquis un magnifique tirage[13].

Eileen Gray braque également son objectif sur des éléments d'architecture et autres sujets extérieurs, trouvant des motifs dans des détails, créant des effets abstraits ou jouant sur le contraste dramatique entre les ombres et les lumières. En bref, elle s'intéresse aux thèmes dominants des années 1920 et 1930, ce qui laisse penser qu'elle est au fait des expériences de l'avant-garde aussi bien parisienne qu'internationale : celles de Man Ray, Kertész, Moholy-Nagy et d'autres. Dans ses natures mortes en intérieur comme dans ses sujets architecturaux, on remarque ce jeu sur les formes et ces superpositions qui caractérisent aussi ses œuvres graphiques, qu'il s'agisse de motifs de tapis, de gouaches ou de collages. Dans les différents médiums, elle fait preuve d'une grande fluidité en déconstruisant et en reconstruisant les éléments constitutifs du monde matériel, et ceux de son imaginaire.

Eileen Gray a toujours été fidèle à elle-même et à son époque. Elle n'a jamais suivi la mode mais a toujours été en phase avec l'esprit de son temps, des années 1900 aux années 1920-1930 – et même après –, en passant par les années fécondes qui précèdent la Première Guerre mondiale. Elle a toujours su en assimiler les idées, et transformer la matière première de ses observations et de ses influences en un langage formel très original. C'était une femme moderne, déterminée à explorer et à exprimer son identité et sa personnalité. Son utilisation de la photographie fait partie intégrante de sa vie personnelle et professionnelle. Grâce à elle, Gray nous a laissé un précieux témoignage illustré sur son parcours, elle a mis en mémoire ses créations en tant que designer et architecte, et elle nous livre, dans ses instantanés, l'équivalent d'un carnet de croquis qui atteste en images l'acuité de son regard et sa capacité à exprimer sa créativité.

Traduit de l'anglais par Jean-François Allain

12. « Les photographies de Man Ray », *Vogue*, Paris, mai 1926, p. 154.
13. *Photographs*, Christie's, New York, 20 avril 1994, lot 31. La note de provenance confirme que ce tirage est passé des mains de Jacques Doucet à celles de J. Suzanne Talbot (nom de l'enseigne dirigée par Madame Mathieu Lévy, modiste et cliente d'Eileen Gray).

Entretien avec Peter Adam par Cloé Pitiot

Vous êtes l'auteur de la biographie d'Eileen Gray[1], mais Gray et vous, c'est avant tout une longue histoire d'amitié. Comment est-elle née entre un journaliste allemand de la BBC et une architecte d'origine irlandaise de quarante ans son aîné?

Eileen Gray s'intéressait d'avantage aux autres qu'à elle-même. Son sérieux et son calme lui avaient donné un intérêt infini pour tous. Elle était avide de compagnie et de conversation, par exemple le monde de la politique la fascinait. Beaucoup de souvenirs s'étaient effacés chez elle. Elle n'aimait pas revenir sur le passé, qui lui semblait du reste flou, le sien plus que tout autre. « Le futur projette la lumière, le passé seulement des nuages », écrivait-elle. Je l'avais rencontrée par l'intermédiaire de sa nièce, la peintre Prunella Clough, en 1960; elle était âgée de quatre-vingt-deux ans. Au fil du temps, nous sommes devenus amis, nous étions souvent proches, rarement intimes. Elle menait une vie recluse qui convenait, du reste, à son tempérament. Elle était une femme encore très active, elle venait d'achever l'esquisse d'un imposant paravent en liège [ill. p. 204]. Son travail représentait le seul domaine dans lequel se reflétaient ses passions et ses obsessions. Elle vouait sa vie à la création.

Comment travaillait-elle?

Elle sentait profondément l'esprit des objets, les contemplant, les analysant, les perfectionnant. Les différentes étapes de son travail manifestaient un esprit libre, sans concession, ni à la mode ni au goût du moment. Elle échappait à l'imposture intellectuelle de ses contemporains par une remise en cause perpétuelle de son travail et d'elle-même. Ses créations étaient le fruit de recherches menées dans l'isolement le plus absolu. Elle puisait son énergie dans la solitude, loin des obligations imposées par la société. Elle avait besoin de s'immerger dans son travail pour s'échapper. Parmi ses notes, elle a laissé ces quelques lignes de Julien Green: « D'une façon générale, c'est le problème de toute vie: s'échapper. [...] Presque toujours, notre agitation est en surface; au fond de nous, il y a une région de calme, et du bonheur pour qui en veut. »

Cependant, elle dessine *E 1027* à quatre mains?

E 1027 fut pensée dans un dessein de vie communautaire, pour un homme qu'elle aimait, l'architecte roumain Jean Badovici. C'est lui qui l'incita à aller au-delà de la décoration et à se lancer dans l'aventure architecturale malgré ses appréhensions. Elle n'avait aucune formation dans le domaine. La villa de Roquebrune fut finalement le reflet d'un certain art de vivre. Elle chercha à y fixer la beauté des choses, souhaitant marquer une impression de stabilité définitive; ni ajout, ni retranchement, juste une impression de stabilité éternelle à l'image de leur complicité.

L'aventure architecturale achevée, elle préfère s'échapper.

« J'aime faire les choses, je déteste les posséder. Les souvenirs s'accrochent aux choses et aux objets, alors il vaut mieux tout recommencer à zéro », disait-elle.

Alors elle se lance dans un projet plus personnel?

Tempe a Pailla, à Castellar, dévoilait son intimité profonde. Plus spartiate, presque masculine, cette maison fut un lieu idéal pour la réflexion et le travail. Mais son pillage durant la guerre comme l'incendie de son appartement à Saint-Tropez l'ont plongée dans un désespoir absolu.

C'est la colère qui lui a permis d'avancer?

« En ces jours où l'individu se sent tellement divisé, la colère est peut-être la meilleure des inspiratrices. Elle vous rassemble soudain en une seule pièce », disait-elle. Elle ne renonça jamais. Je conserve le souvenir de nos conversations et de ses réflexions sur sa vie, son travail : « Les plantes et les animaux semblent naturellement croître et atteindre leur perfection ; meilleur est l'environnement, meilleur le résultat. L'homme, lui, dégénère dans des conditions trop faciles ; il lui faut descendre en enfer pour progresser, se renier lui-même, perdre pied avant de s'accomplir. »

C'est de cette descente aux enfers qu'elle a tiré l'énergie nécessaire à la restauration de *Tempe a Pailla.*

Elle pensait qu'« en peinture et en architecture, il est bon de laisser décanter les choses, et de s'y remettre après un certain temps ». Après huit années de labeur, Castellar fut achevée, mais, doucement, son charme, aux yeux de la créatrice, s'évanouit. Elle choisit de vendre la maison.

Elle se lance alors, à soixante-quinze ans, dans une nouvelle et ultime aventure, celle de la construction de sa dernière demeure.

Elle avait succombé au charme d'un grand vignoble situé au pied de la chapelle Saint-Anne, aux abords de Saint-Tropez. Une vieille bâtisse en pierres, un rêve de cabanon. La rénovation et l'extension de *Lou Pérou* nécessitèrent cinq années de travaux.

Cette maison évoque-t-elle, comme beaucoup d'autres œuvres d'Eileen Gray, les pays lointains ?

Elle a beaucoup voyagé, dans la réalité comme dans ses rêves. Elle ne cessait de me questionner sur mes voyages au Japon, en Inde, à Cuba. « Quelle vie fascinante vous avez tous ! », écrivait-elle. Mais elle n'était pas dupe du médium télévisuel. « Toutes ces émissions qui devraient satisfaire le rêve fumeux de toute-puissance de l'homme moderne [...], je me demande si votre travail de grands reporters commentant les drames de l'humanité ne finissait pas par dominer et écraser votre vie. » Elle avait quatre-vingt-dix ans lorsqu'elle écrivait cela. À cette époque, elle ne voyait presque plus personne. Mais elle correspondait beaucoup. Avec sa nièce, Prunella Clough. Leurs échanges concernaient souvent la peinture, les couleurs. Elles ont parfois même peint à quatre mains. Eileen Gray renouait avec sa formation première, la peinture. Elle répondait aussi aux sollicitations de professionnels comme Joseph Rykwert, le premier historien à lui rendre hommage en 1968 dans un article de la revue *Domus*.

Les années 1970 marquent le début de la redécouverte de son œuvre. Le Royal Institute of British Architects (RIBA) lui consacre une exposition à Londres en 1973. Et c'est lors d'une visite à l'exposition « Cinquantenaire de l'exposition de 1925[2] » au Pavillon de Marsan que je l'ai vue pour la dernière fois, en 1976. Elle y exposait certaines de ses œuvres. Je me souviens de ses propos : « On ne peut qu'éprouver de la reconnaissance envers tous ces gens qui se donnent la peine de vous déterrer et de préserver au moins une partie de votre œuvre, laquelle, sans leurs efforts, aurait disparu comme tout le reste », même si sa voix intérieure lui soufflait « *totally unnecessary* ».

1. Peter Adam, *Eileen Gray, Architect/Designer. A Biography*, New York, H. N. Abrams, 1987. **2.** Musée des arts décoratifs, Paris, 15 octobre 1976-2 février 1977.

Catalogue des œuvres exposées

EILEEN GRAY ET SEIZO SUGAWARA
LE MAGICIEN DE LA NUIT, *CIRCA* 1913
PANNEAU EN LAQUE DE CHINE GRAVÉ FAÇON COROMANDEL ET REHAUSSÉ
DE COULEURS, À INCRUSTATIONS DE BURGAU, SUR FOND UNI DE LAQUE ROUGE SANG-DE-BOEUF ;
ENCADREMENT D'ORIGINE EN LAQUE NOIR
SIGNÉ AU DOS « SOUGAWARA »
COLLECTION PARTICULIÈRE

EILEEN GRAY ET SEIZO SUGAWARA
CLAIR DE LUNE, *CIRCA* 1918
BAS-RELIEF EN BOIS LAQUÉ ET LAQUE ARRACHÉ ; LAQUE BRUN TRAVAILLÉ EN RELIEF ET POINTS DE NACRE ;
PAYSAGE ABSTRAIT DANS UN CADRE EN LAQUE ROUGE, NOIR ET VIEIL OR
GALERIE VALLOIS, PARIS

PANNEAU À DOUBLE FACE, *CIRCA* 1915
BOIS LÉGÈREMENT BOMBÉ ; UNE FACE EN LAQUE NOIR ET L'AUTRE PRÉSENTANT
UNE COMPOSITION QUADRILLÉE, CARRÉS ET RECTANGLES NOIRS SUR FOND APPARENT
GALERIE DORIA, PARIS

TABLE AUX CHARS, CIRCA 1915
BOIS LAQUÉ ROUGE ET NOIR, TIROIR À POIGNÉE D'ÉBÈNE ET D'IVOIRE
CONÇUE POUR JACQUES DOUCET
COLLECTION PARTICULIÈRE, COURTESY GALERIE VALLOIS, PARIS

FAUTEUIL *SIRÈNE*, *CIRCA* 1919
STRUCTURE EN BOIS SCULPTÉ ET LAQUÉ, ASSISE EN VELOURS
ANTHONY DELORENZO

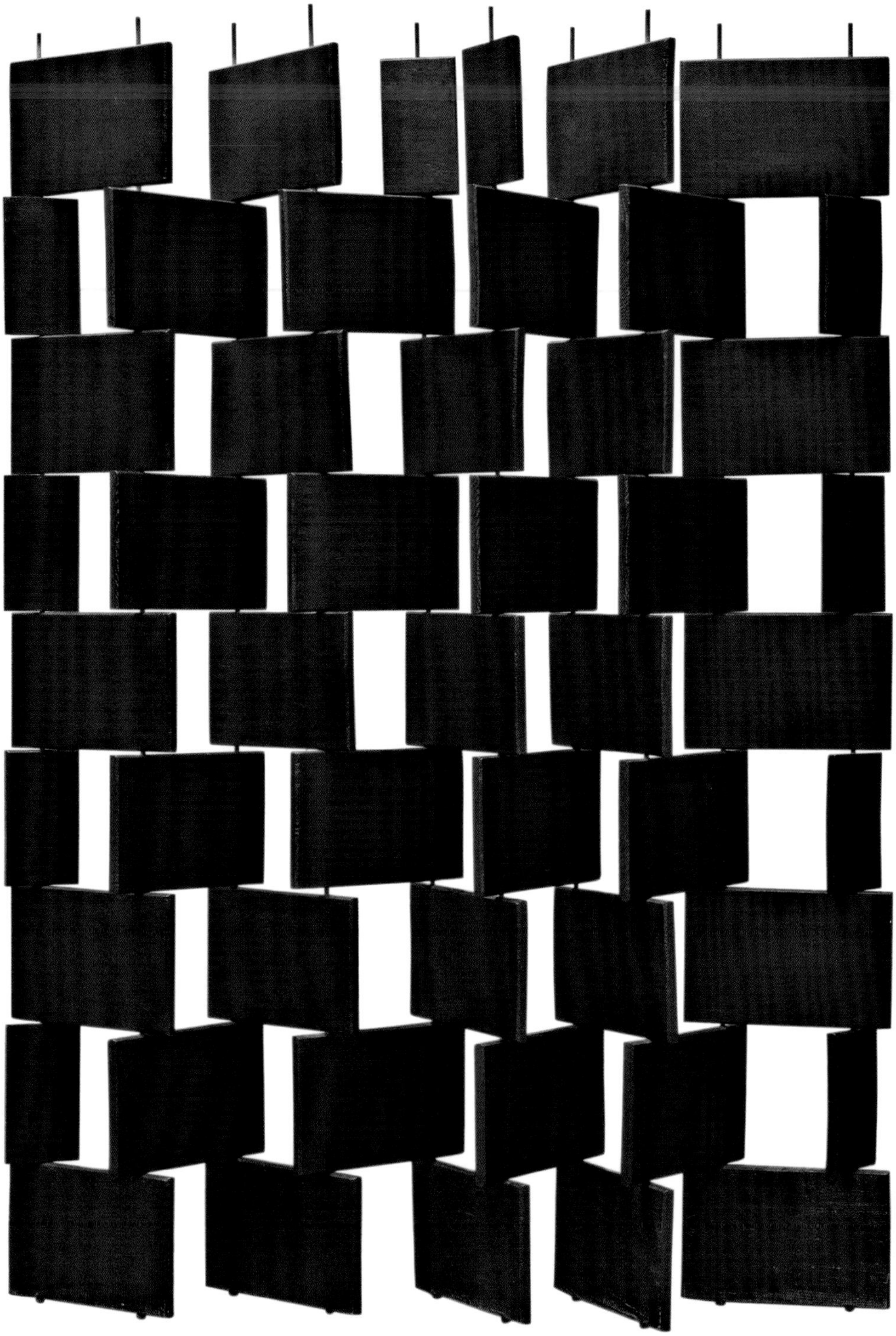

PARAVENT EN BRIQUES NOIRES, *CIRCA* 1918
PROTOTYPE. BOIS NOIRCI, MÉTAL
GALERIE VALLOIS, PARIS

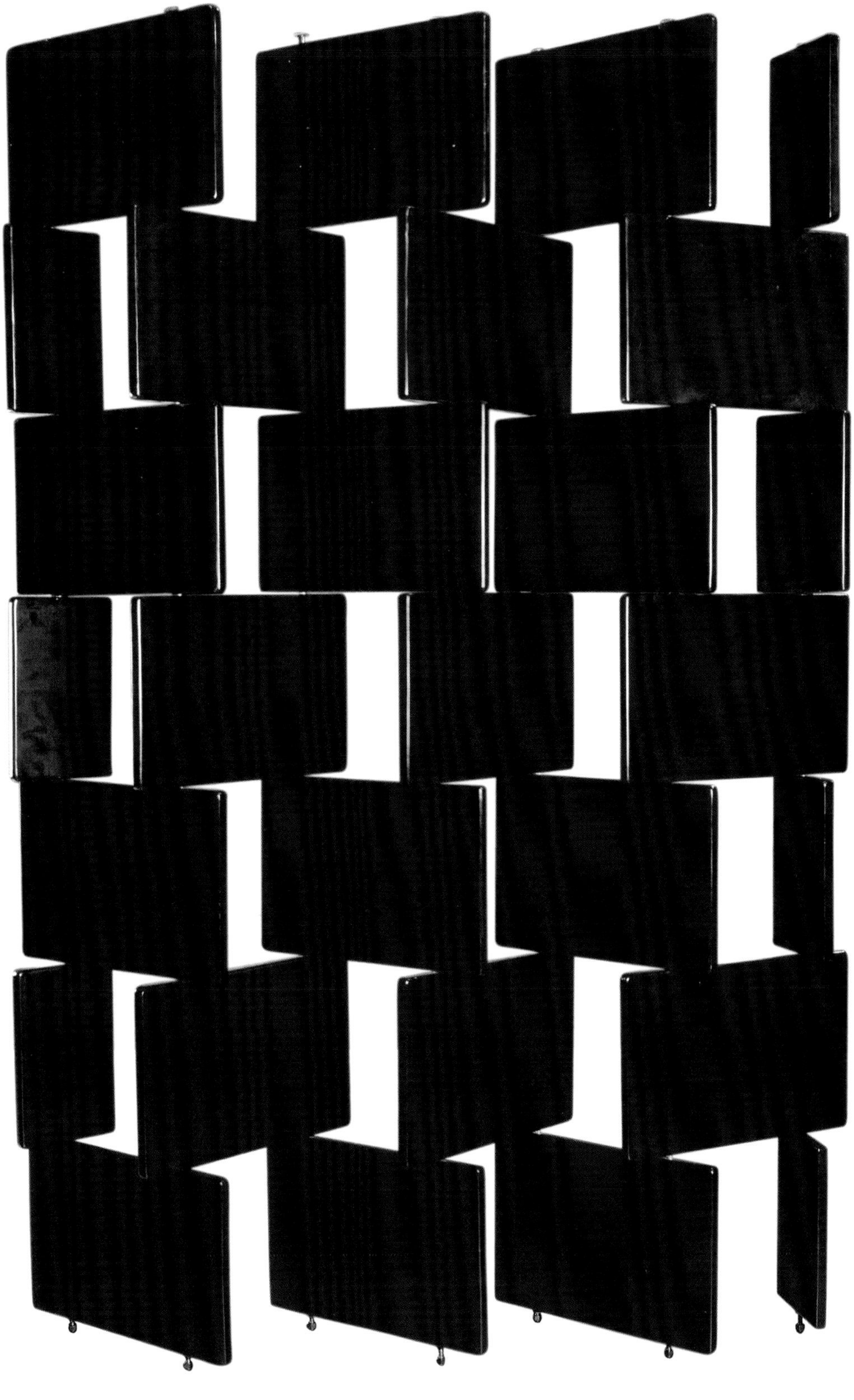

PARAVENT EN BRIQUES, 1919-1922
BOIS LAQUÉ NOIR
COLLECTION PARTICULIÈRE, COURTESY GALERIE VALLOIS, PARIS

CONSOLE, *CIRCA* 1918-1920
BOIS LAQUÉ DE CHINE POLI ET ARRACHÉ ; PLATEAU EN LAQUE ARDOISE MOUCHETÉ
ET MÉTALLISÉ, TIRETTES AUX DEUX EXTRÉMITÉS EN BOIS LAQUÉ ORANGE CORAIL ; PIÈTEMENT COMPOSÉ
D'UN TABLIER CURVILIGNE ET DE TROIS DISQUES EN LAQUE. LES PIEDS EN LAQUE KAKI, BRUN FONCÉ
ET ORANGE SONT AGRÉMENTÉS, DANS LEUR PARTIE SUPÉRIEURE, D'UNE COMPOSITION EN LAQUE
ARRACHÉ ET SE TERMINENT PAR DES PIEDS BOULES LAQUÉS CORAIL
PIÈCE UNIQUE. COLLECTION PARTICULIÈRE

BOÎTE CYLINDRIQUE, *CIRCA* 1920
BOIS LAQUÉ NOIR
JOE ET MARIE DONNELLY

BOÎTE, *CIRCA* 1920
BOIS LAQUÉ CARAMEL ; COUVERCLE ORNÉ D'UN ÉLÉMENT D'IVOIRE
GALERIE VALLOIS, PARIS

BOÎTE OVALE, *CIRCA* 1920
BOIS LAQUÉ, EFFET ÉCAILLE DE TORTUE ; COUVERCLE CREUSÉ D'UNE OUVERTURE CARRÉE
JOE ET MARIE DONNELLY

ASSIETTE, *CIRCA* 1920
BOIS LAQUÉ BRUN TACHETÉ ARGENT
GALERIE VALLOIS, PARIS

BOÎTE, *CIRCA* 1920
BOIS LAQUÉ BORDEAUX AGRÉMENTÉ D'UN DÉCOR GÉOMÉTRIQUE ARGENTÉ
COLLECTION PARTICULIÈRE, COURTESY GALERIE VALLOIS, PARIS

COUPE, *CIRCA* 1920
BOIS NATUREL ET BOIS LAQUÉ NOIR AGRÉMENTÉ DE DESSINS ABSTRAITS ARGENTÉS
GALERIE VALLOIS, PARIS

COUPE *PIROGUE*, *CIRCA* 1920
BOIS LAQUÉ BRUN FONCÉ, AGRÉMENTÉ D'UN FILET LAQUÉ OR
COLLECTION PARTICULIÈRE, COURTESY GALERIE VALLOIS, PARIS

COUPE, *CIRCA* 1920
BOIS LAQUÉ BRUN ROUGE, DÉCOR LAQUÉ NOIR
COLLECTION PARTICULIÈRE, COURTESY GALERIE VALLOIS, PARIS

COUPE, *CIRCA* 1920
BOIS LAQUÉ NOIR AVEC DES INCRUSTATIONS LAQUÉES OR
GALERIE VALLOIS, PARIS

VASE, *CIRCA* 1920
CHÊNE SCULPTÉ ET LAQUÉ
COLLECTION PARTICULIÈRE, COURTESY GALERIE VALLOIS, PARIS

PLATEAU, *CIRCA* 1920
BOIS LAQUÉ ORANGÉ, BRUN, NOIR ET ARGENT
COLLECTION PARTICULIÈRE, COURTESY GALERIE VALLOIS, PARIS

GUÉRIDON, *CIRCA* 1922-1925
BOIS NATUREL ET BOIS LAQUÉ
GALERIE VALLOIS, PARIS

CI-CONTRE :
LAMPADAIRE, *CIRCA* 1925
BASE EN BOIS LAQUÉ NOIR ET ORANGE COMPOSÉE DE FIGURES GÉOMÉTRIQUES
ET CUBISTES ; TIGE EN LAITON ; ABAT-JOUR CONIQUE EN PAPIER
PIÈCE UNIQUE DISPOSÉE DANS *TEMPE A PAILLA*, PUIS DANS L'APPARTEMENT
D'EILEEN GRAY RUE BONAPARTE JUSQU'À LA FIN DE SA VIE
COLLECTION PARTICULIÈRE

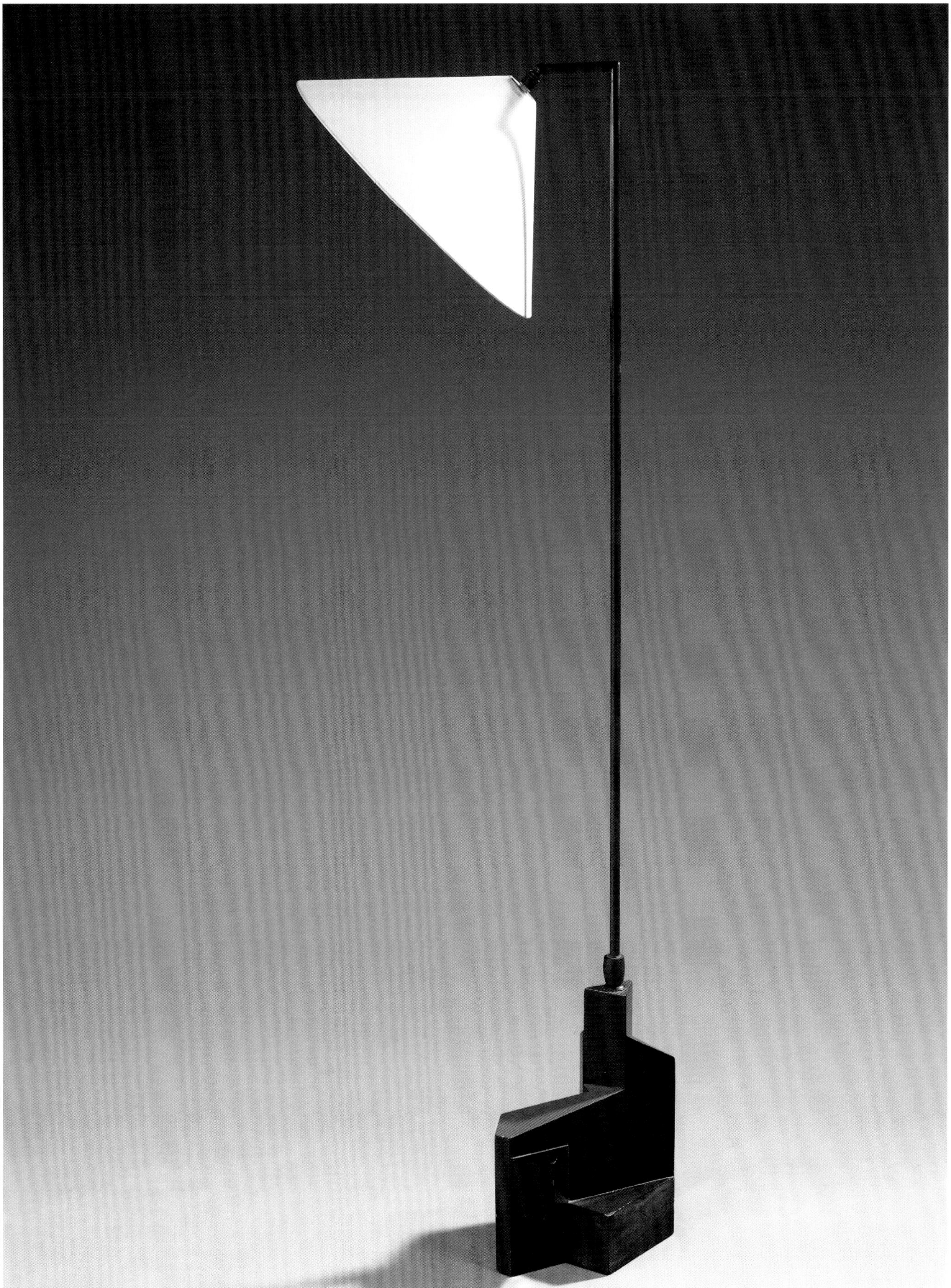

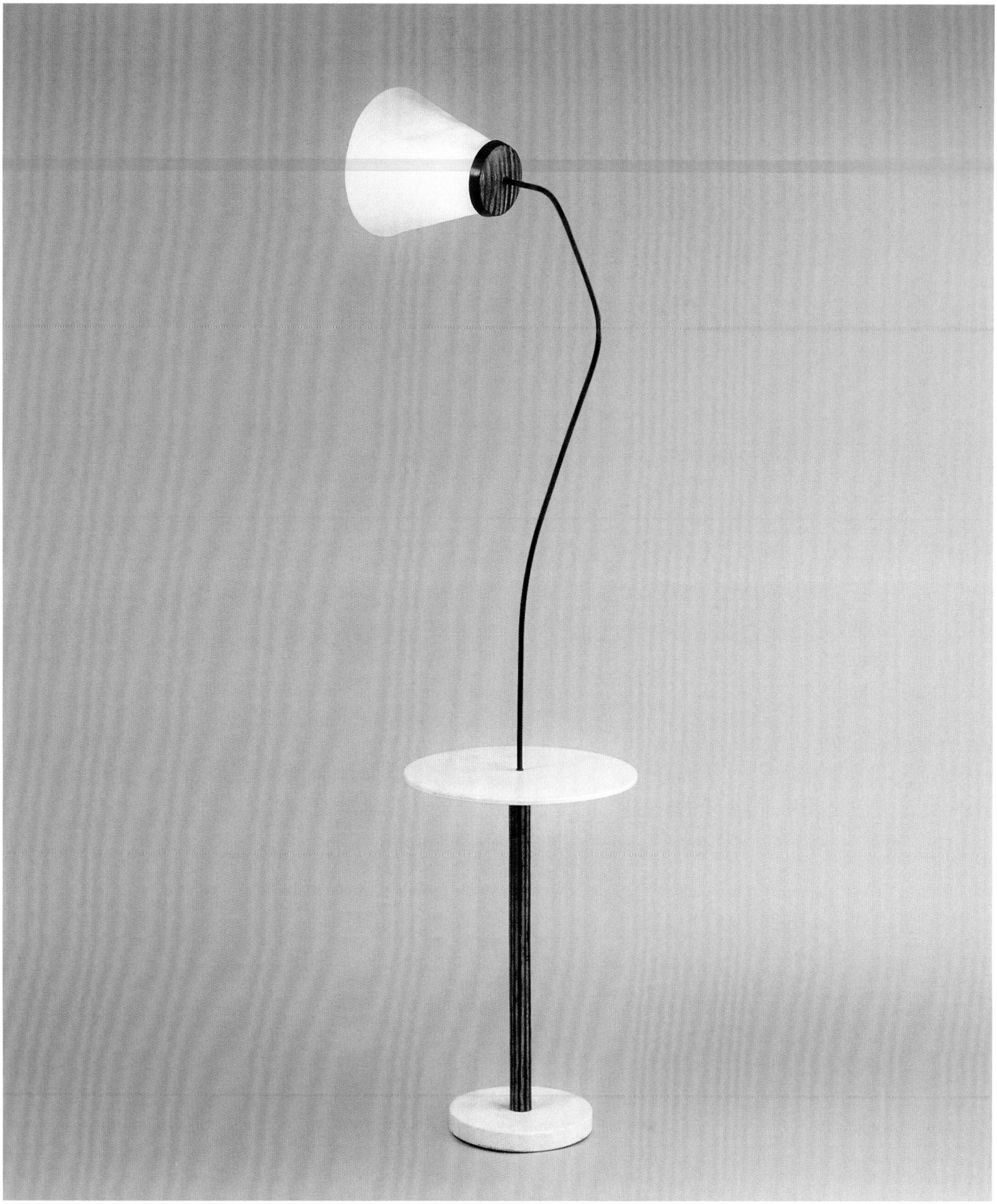

LAMPADAIRE, *CIRCA* 1925
STRUCTURE EN BOIS ET MÉTAL ; BASE ET TABLETTE CIRCULAIRE EN BOIS LAQUÉ BEIGE ;
CULOT ET PIED EN LAQUE NOIR PEIGNÉ ; ABAT-JOUR EN PARCHEMIN
JOE ET MARIE DONNELLY

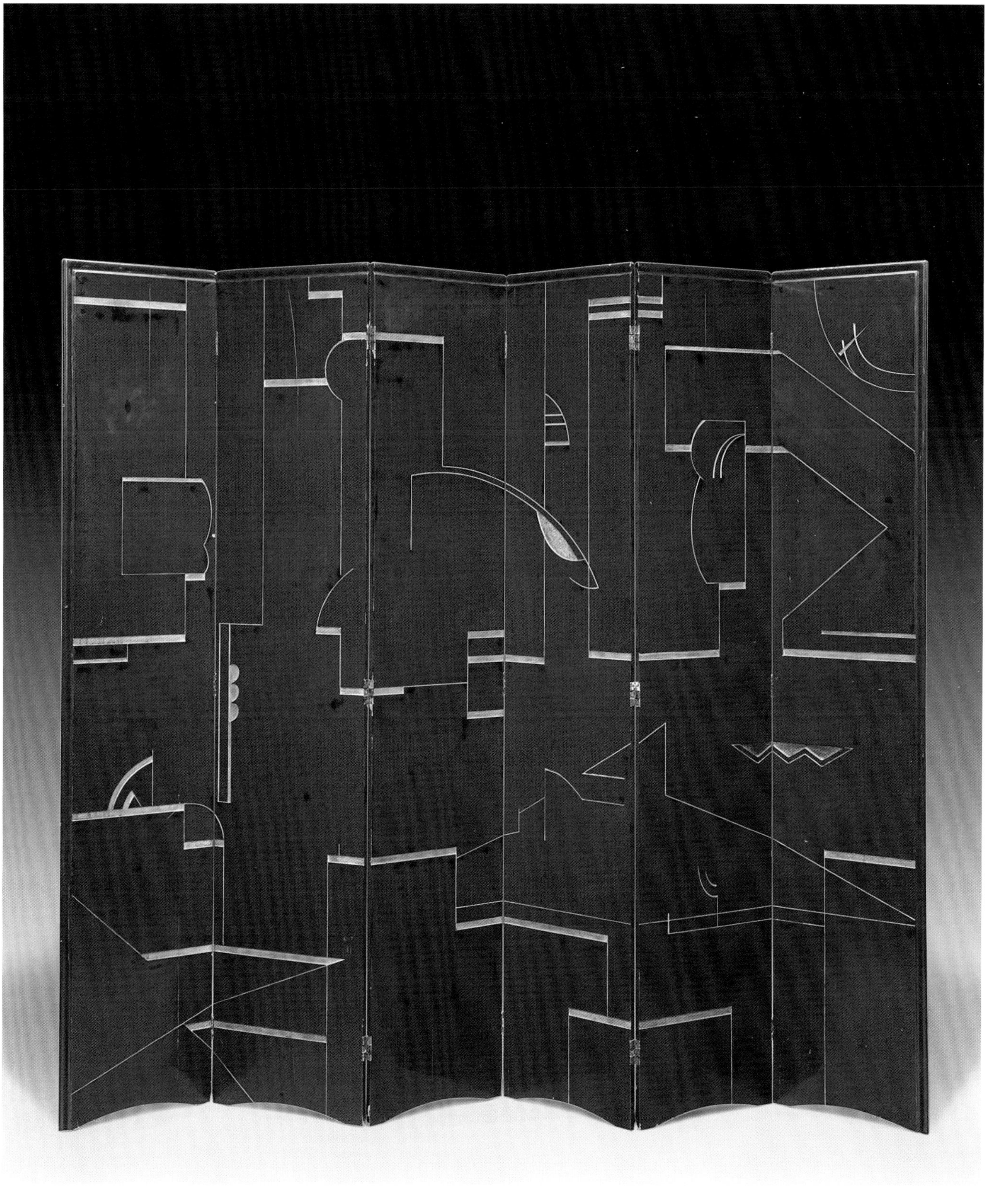

PARAVENT À SIX FEUILLES, *CIRCA* 1922-1925
BOIS LAQUÉ, INCISÉ ET PEINT
STEPHEN E. KELLY, NEW YORK
CHRISTIE'S IMAGES LIMITED 2013

TABLE-COIFFEUSE, *CIRCA* 1920
CHÊNE ET SYCOMORE ; PLATEAU EN VERRE
GALERIE VALLOIS, PARIS

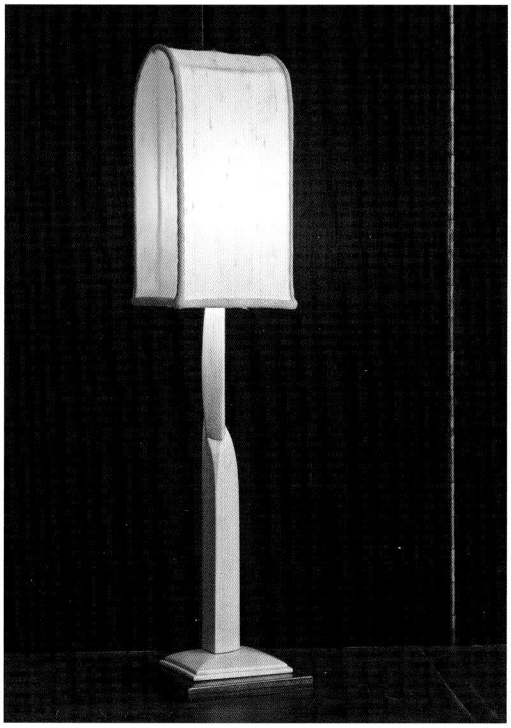

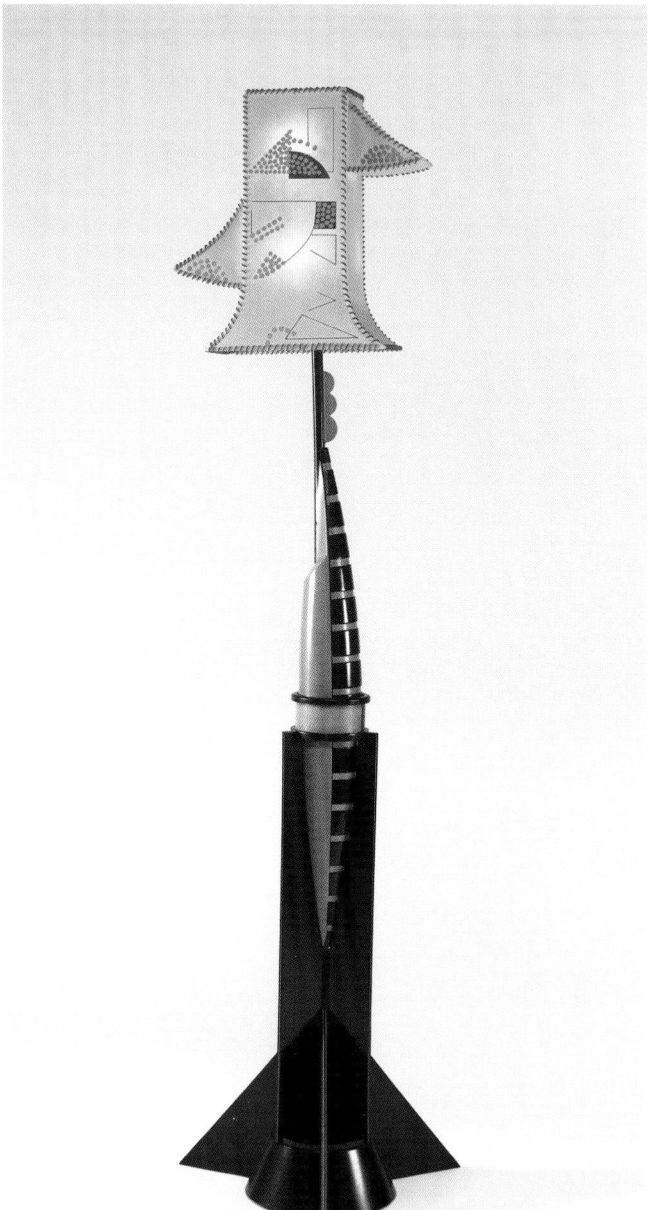

LAMPE, *CIRCA* 1920
FÛT À DEUX ÉLÉMENTS EFFILÉS EN IVOIRE SCULPTÉ ET POLI ;
SOCLE EN ACAJOU ; ABAT-JOUR EN TISSU
GALERIE VALLOIS, PARIS

LAMPADAIRE, 1923
BASE EN BOIS SCULPTÉ ET LAQUÉ ; ABAT-JOUR EN PARCHEMIN
PRÉSENTÉ DANS *UNE CHAMBRE À COUCHER BOUDOIR*
POUR MONTE-CARLO AU SALON DES ARTISTES DÉCORATEURS À PARIS EN 1923
VIRGINIA MUSEUM OF FINE ARTS, RICHMOND (VE).
DON DE SYDNEY ET FRANCES LEWIS
INV. : 85.169A-C

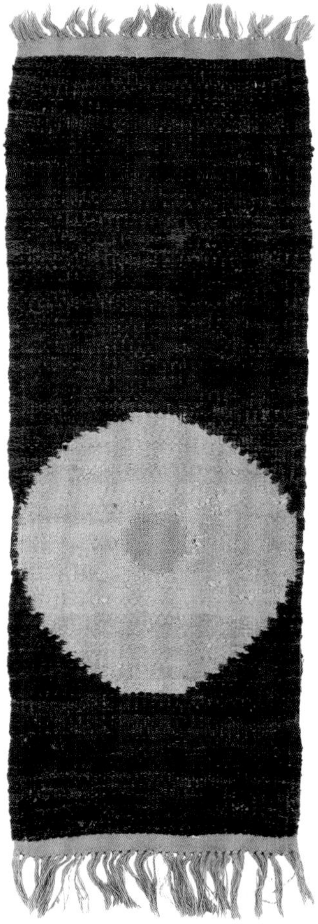

TAPIS, 1926-1929
TISSÉ EN LAINE INDIGO FONCÉ, BEIGE ET JAUNE ; LAINE SUR CHAÎNE DOUBLE TISSÉE À LA MAIN, AVEC FRANGES
LES ARTS DÉCORATIFS, MUSÉE DES ARTS DÉCORATIFS, PARIS
INV. : 41971

MAQUETTE DE TAPIS AU POINT NOUÉ, 1910-1920
FILS DE LAINE DE COULEURS
COLLECTION PARTICULIÈRE

MAQUETTE DE TAPIS, *CIRCA* 1925
FILS DE LAINE ; FILS DE LAINE ET SOIE ; BORDURE EN LAINE BOUCLÉE EN RELIEF
PORTE L'ÉTIQUETTE D'ÉPOQUE AU NOM DE « GRAY & W. »
COLLECTION PARTICULIÈRE

TAPIS, *CIRCA* 1925
COTON
GALERIE VALLOIS, PARIS

TAPIS *SAINT-TROPEZ*, 1975
LAINE. ÉDITION DONEGAL CARPETS
NATIONAL MUSEUM OF IRELAND, DUBLIN
INV. : NMIEG 2008.1

CI-CONTRE :
TAPIS, *CIRCA* 1928
FEUTRE BEIGE
THE MUSEUM OF MODERN ART, NEW YORK.
DON DE PRUNELLA CLOUGH, 1980

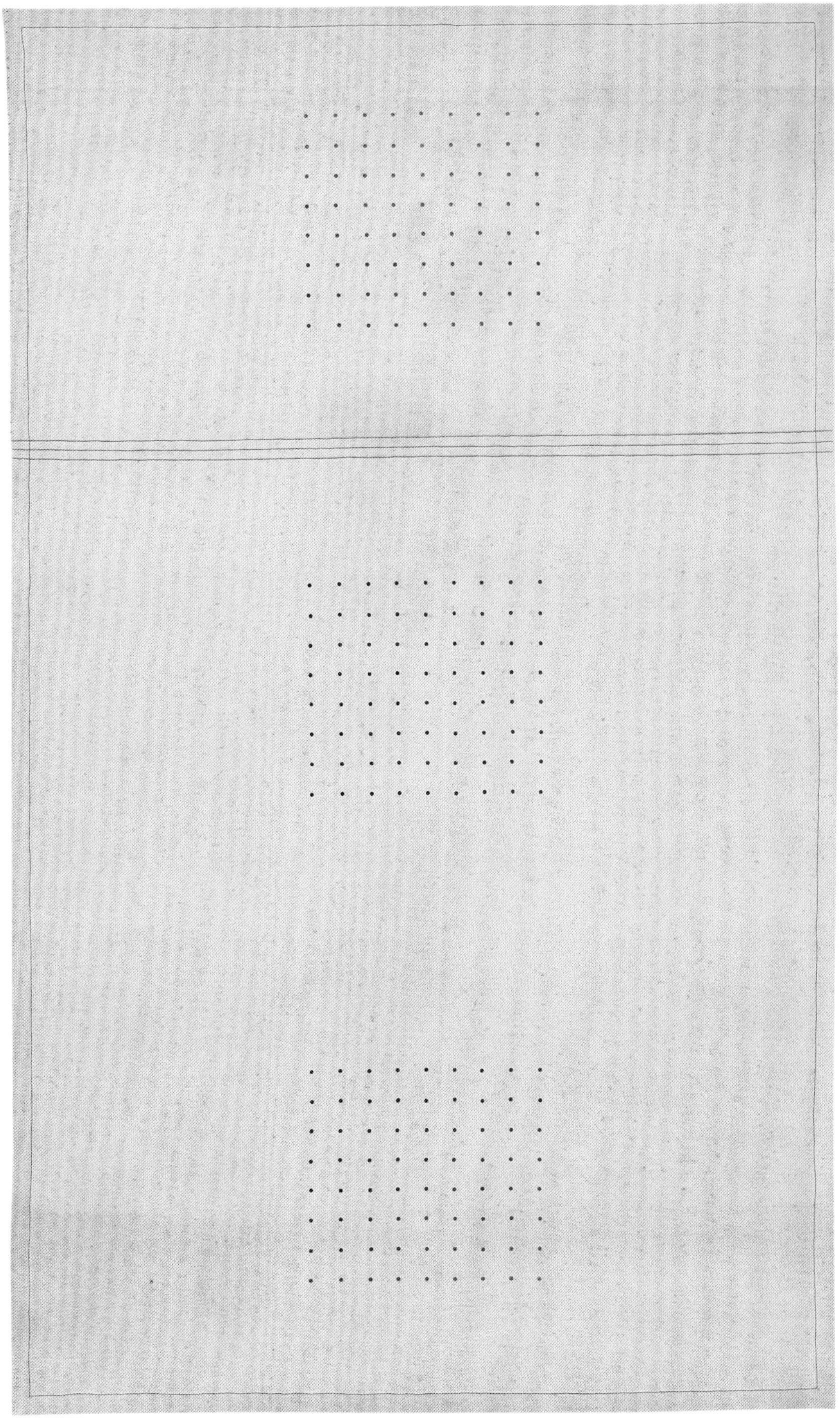

TAPIS, *CIRCA* 1922-1924
LAINE, DÉCOR GÉOMÉTRIQUE EN RELIEF DANS LES TONS BEIGE, BRUN, BLEU CYAN ET VERT CÉLADON
MOBILIER PROVENANT DE L'APPARTEMENT DE Mme TACHARD
COLLECTION PARTICULIÈRE

MEUBLE D'ARCHITECTE, 1924
SYCOMORE ; POIGNÉES EN MÉTAL CHROMÉ
RÉALISÉ POUR L'ARCHITECTE HENRI PACON
JOE ET MARIE DONNELLY

TABLE, 1922-1924
CHÊNE ET SYCOMORE PEINTS
VIRGINIA MUSEUM OF FINE ARTS, RICHMOND (VE).
DON DE SYDNEY ET FRANCES LEWIS
INV. : 85.114

DIVAN COURBE, 1929
STRUCTURE EN TUBE D'ACIER CHROMÉ ;
ASSISE ET DOSSIER REMBOURRÉS ET REVÊTUS DE TISSU ENDUIT DE PVC
CENTRE POMPIDOU, MNAM-CCI, PARIS
INV. : AM 1992-1-231

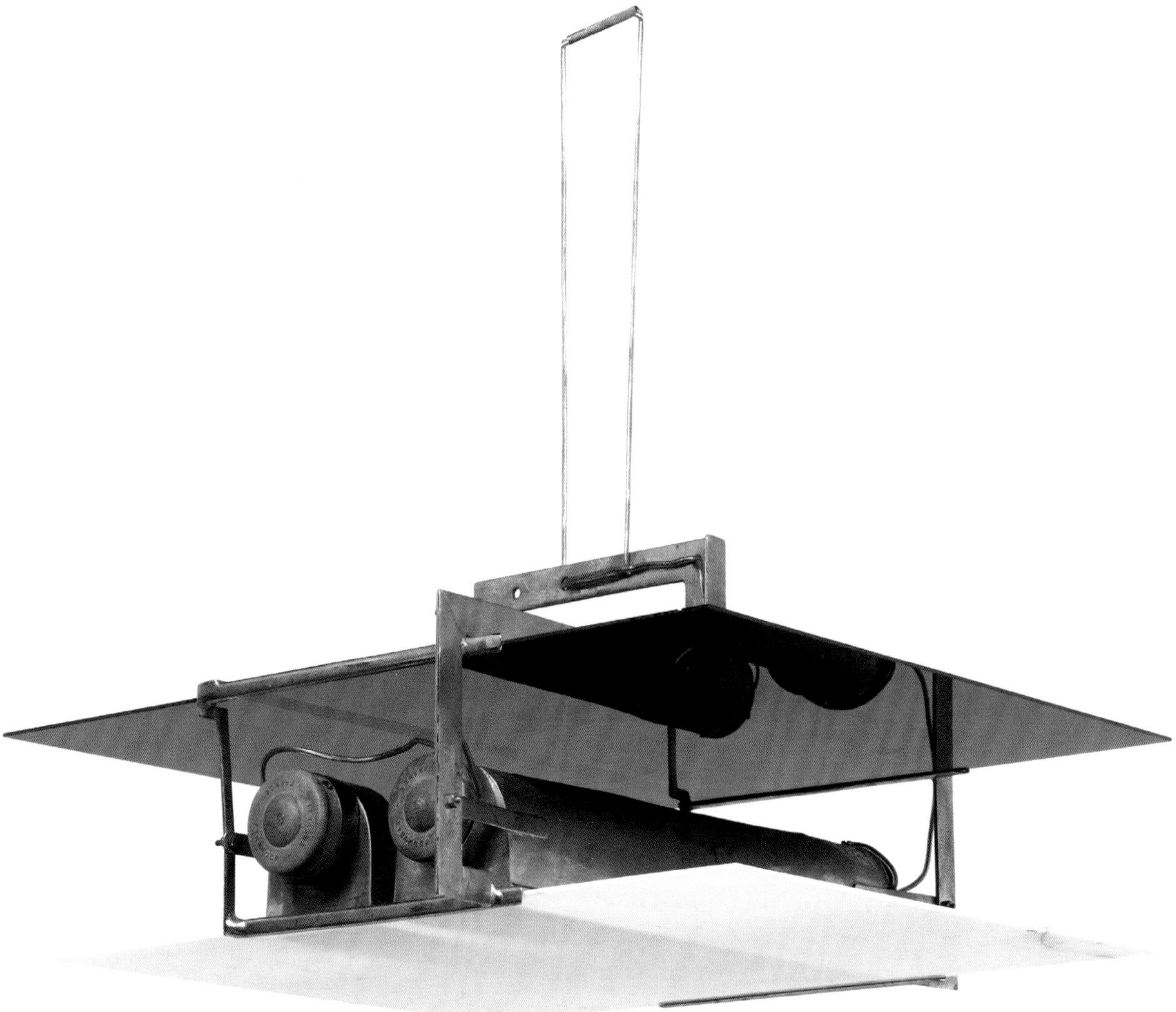

SUSPENSION *AÉROPLANE*, *CIRCA* 1930
DEUX PLAQUES DE VERRE SUPERPOSÉES OPALIN BLANC ET BLEUE ; STRUCTURE EN MÉTAL CHROMÉ ;
DEUX TUBES INCANDESCENTS INSÉRÉS DANS DES EMBOUTS EN CAOUTCHOUC
COLLECTION PARTICULIÈRE

TABLE *TROMBONE*, 1925-1928
MÉTAL CHROMÉ D'ÉPOQUE. TABLE PERSONNELLE D'EILEEN GRAY
POUR SON APPARTEMENT RUE BONAPARTE, PARIS
COLLECTION PARTICULIÈRE

TABOURET, 1930
PIÈTEMENT EN ALUMINIUM; ASSISE EN CUIR ROUGE AVEC UNE POIGNÉE CACHÉE
RÉALISÉ POUR LA CHAMBRE PERSONNELLE D'EILEEN GRAY DANS SON APPARTEMENT RUE BONAPARTE, PARIS
COLLECTION PARTICULIÈRE

FAUTEUIL *BIBENDUM*, *CIRCA* 1930
DOSSIER ET ACCOUDOIRS FORMÉS DE DEUX ROULEAUX SUPERPOSÉS S'ÉVASANT
ET COUSUS SUR UNE ASSISE PROFONDE EN DEMI-CERCLE ;
GARNITURE EN TOILE D'ORIGINE COULEUR IVOIRE ; BASE EN MÉTAL CHROMÉ
CETTE PREMIÈRE ÉDITION SERA SUIVIE PAR UNE AUTRE VERSION EN CUIR BLANC.
MOBILIER PROVENANT DE L'APPARTEMENT DE Mme TACHARD
COLLECTION PARTICULIÈRE

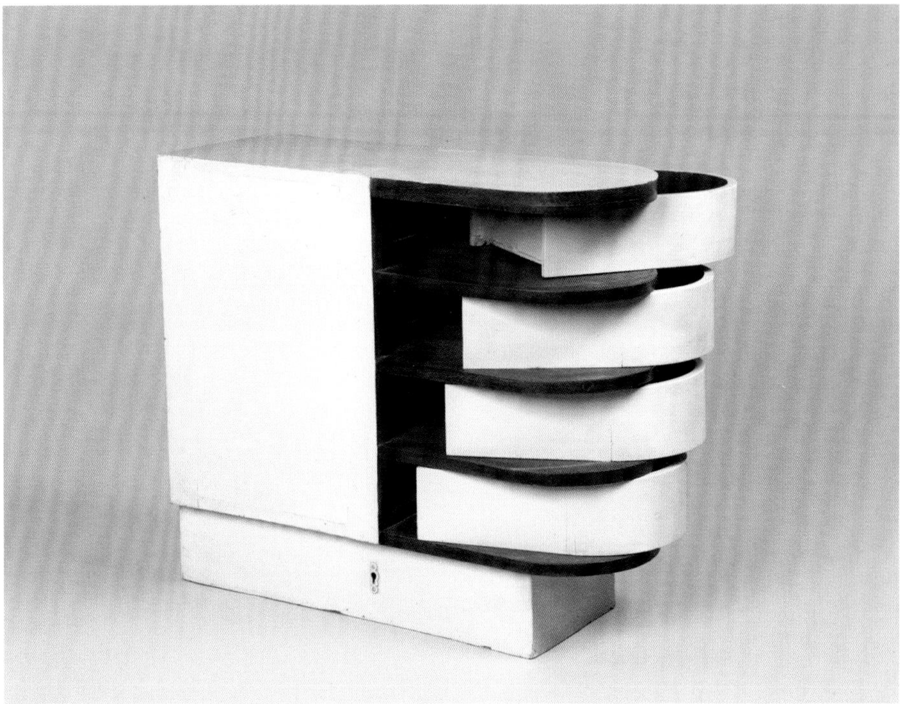

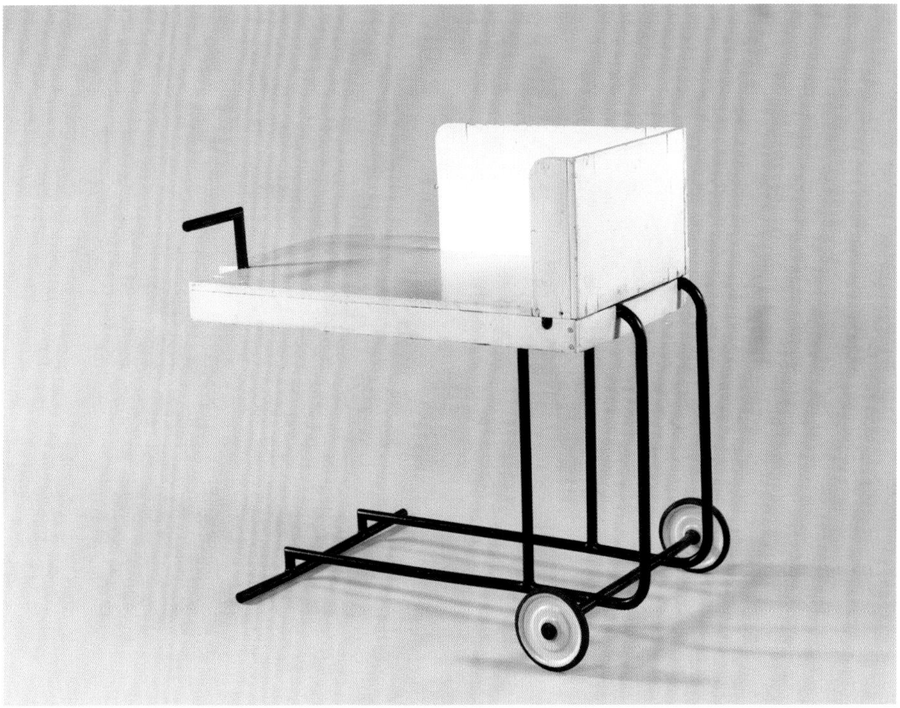

CABINET À TIROIRS PIVOTANTS, 1926-1929
BOIS PEINT. MOBILIER PROVENANT DE *E 1027*, ROQUEBRUNE-CAP-MARTIN
CENTRE POMPIDOU, MNAM-CCI, PARIS
INV.: AM 1992-1-4

TABLE ROULANTE, 1926-1929
STRUCTURE EN TUBE DE MÉTAL PEINT ; PLATEAU, PANNEAUX
ET RANGEMENT VERTICAL EN BOIS PEINT
MOBILIER PROVENANT DE *E 1027*, ROQUEBRUNE-CAP-MARTIN
CENTRE POMPIDOU, MNAM-CCI, PARIS
INV.: AM 1992-1-2

TABLE, S.D.
PROTOTYPE. PLATEAU SUPÉRIEUR ET BASE CIRCULAIRE EN BOIS ; PIED EN TUBE MÉTALLIQUE
MODÈLE CONÇU À L'ORIGINE POUR *E 1027*, ROQUEBRUNE-CAP-MARTIN
LES ARTS DÉCORATIFS, MUSÉE DES ARTS DÉCORATIFS, PARIS
INV. : 41350

COIFFEUSE, *CIRCA* 1927
STRUCTURE EN MÉTAL TUBULAIRE CHROMÉ ; PLATEAU ET TIROIRS PIVOTANTS
EN CONTREPLAQUÉ REVÊTUS DE CUIR
RÉALISÉE POUR *E 1027*, ROQUEBRUNE-CAP-MARTIN
COLLECTION PARTICULIÈRE

CI-CONTRE :
COIFFEUSE-PARAVENT, 1926-1929
STRUCTURE EN BOIS PEINT HABILLÉE DE FEUILLES D'ALUMINIUM ; MIROIRS ; ÉTAGÈRES EN VERRE ;
TIROIRS MOBILES ET PIVOTANTS GARNIS DE LIÈGE ET TAPISSÉS DE FEUILLES D'ARGENT
MOBILIER PROVENANT DE *E 1027*, ROQUEBRUNE-CAP-MARTIN
CENTRE POMPIDOU, MNAM-CCI, PARIS
INV. : AM 1992-1-6

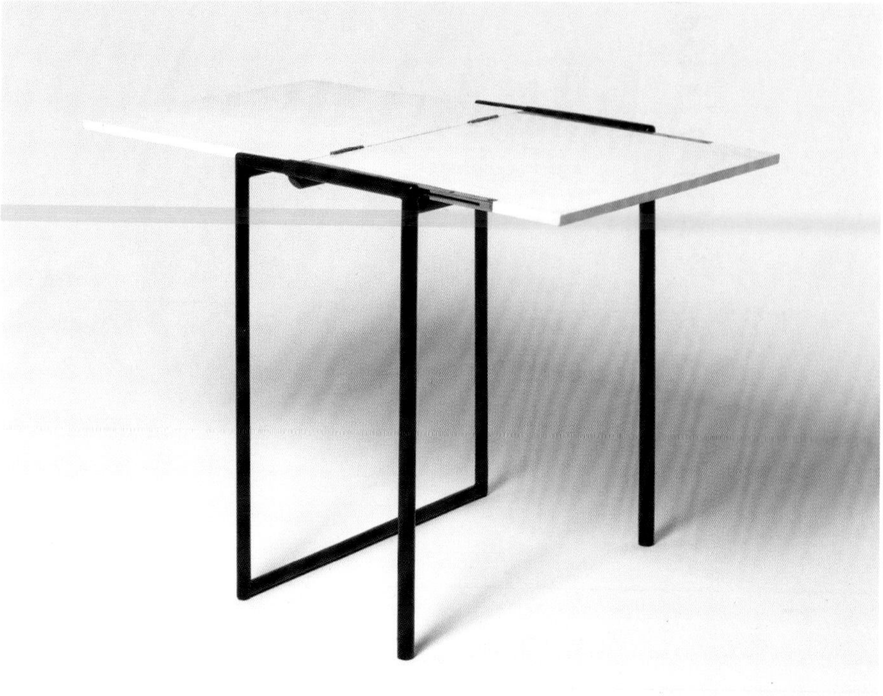

TABLE ÉLÉMENT, 1926-1929
PLATEAU RABATTABLE EN BOIS PEINT ; PIÈTEMENT EN ACIER TUBULAIRE LAQUÉ
MOBILIER PROVENANT DE *E 1027*, ROQUEBRUNE-CAP-MARTIN
CENTRE POMPIDOU, MNAM-CCI, PARIS
INV. : AM 1992-1-5

TABOURET À GOUPILLE, 1925-1928
STRUCTURE EN FER CHROMÉ ; ASSISE EN CUIR AVEC SURPIQÛRES ; MÉCANISME PERMETTANT D'INCLINER L'ASSISE
RÉALISÉ POUR *E 1027*, ROQUEBRUNE-CAP-MARTIN
COLLECTION PARTICULIÈRE

CABINET, *CIRCA* 1929
MEUBLE DE RANGEMENT QUADRANGULAIRE EN BOIS PEINT BLANC ET MARRON D'ORIGINE COMPORTANT UN PETIT ABATTANT EN PARTIE SUPÉRIEURE, TROIS PETITS TIROIRS EN FAÇADE ET QUATRE TIROIRS À L'ANGLAISE EN PARTIE MÉDIANE, QUI SONT RETENUS PAR UNE PORTE LES RECOUVRANT EN GRANDE PARTIE. UNE ÉTAGÈRE EN PARTIE INFÉRIEURE DIVISE DEUX LARGES NICHES. DEUX PORTES SONT DISSIMULÉES SUR LE CÔTÉ DROIT. L'APPLICATION DES TASSEAUX HORIZONTAUX ET VERTICAUX SOULIGNE UN DISCRET HOMMAGE AU MOUVEMENT DE STIJL.
PIÈCE UNIQUE CONÇUE POUR *E 1027*, ROQUEBRUNE-CAP-MARTIN
COLLECTION PARTICULIÈRE

CHAISE DE SALLE À MANGER, 1926-1929
STRUCTURE EN ACIER TUBULAIRE NICKELÉ ; DOSSIER LÉGÈREMENT INCLINÉ AGRÉMENTÉ DE DEUX BARREAUX HORIZONTAUX ; ASSISE GAINÉE DE CUIR BRUN D'ORIGINE, REPOSANT SUR DEUX PIEDS AVANT DROITS ET DEUX PIEDS ARRIÈRE CAMBRÉS, TERMINÉS PAR QUATRE PATINS CIRCULAIRES EN BUBINGA
CENTRE POMPIDOU, MNAM-CCI, PARIS
INV. : AM 2011-1-35

TABLE DE SALLE À MANGER, *CIRCA* 1927
MÉTAL TUBULAIRE NICKELÉ, LIÈGE ET BOIS
RÉALISÉE POUR *E 1027*, ROQUEBRUNE-CAP-MARTIN
GALERIE ANNE-SOPHIE DUVAL, PARIS

TABLE BASSE, 1925-1928
STRUCTURE DÉCENTRÉE EN TUBE NICKELÉ ; PLATEAU EN BOIS NATUREL GRAVÉ
MOBILIER PROVENANT DE *E 1027*, ROQUEBRUNE-CAP-MARTIN
COLLECTION PARTICULIÈRE

TABLE BASSE, 1925-1928
PLATEAU DÉCENTRÉ EN CONTREPLAQUÉ PEINT, STRUCTURE EN TUBE PEINT
RÉALISÉE POUR *E 1027*, ROQUEBRUNE-CAP-MARTIN
COLLECTION PARTICULIÈRE

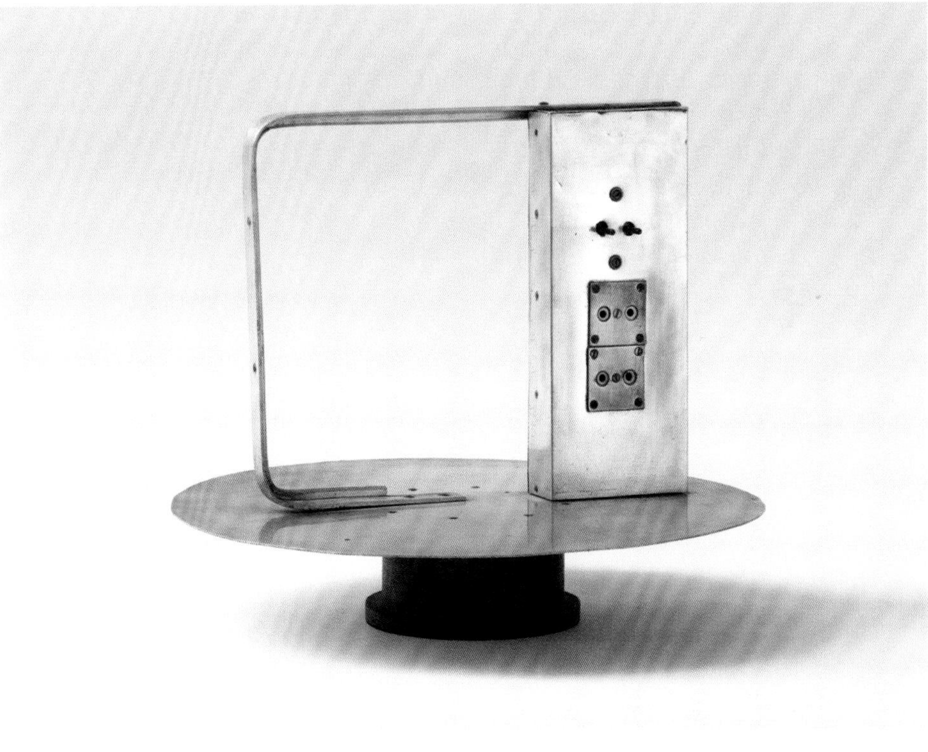

APPLIQUES, *CIRCA* 1925-1929
MÉTAL CHROMÉ EN DEUX PARTIES VISSÉES
UTILISÉES POUR LA TERRASSE DE *E 1027* (ROQUEBRUNE-CAP-MARTIN),
TEMPE A PAILLA (CASTELLAR) ET L'APPARTEMENT DE LA RUE BONAPARTE (PARIS)
COLLECTION PARTICULIÈRE

DOUBLE PRISE ÉLECTRIQUE, 1925
ALUMINIUM, BOIS ET CUIVRE.
UTILISÉE POUR LA TERRASSE DE *E 1027*, ROQUEBRUNE-CAP-MARTIN
COLLECTION PARTICULIÈRE

FAUTEUIL *NON-CONFORMISTE*, 1925-1928
STRUCTURE EN TUBE PEINT ; ASSISE EN CONTREPLAQUÉ ET BOIS PEINT ; ACCOUDOIR EN BOIS PEINT
RÉALISÉ POUR *E 1027*, ROQUEBRUNE-CAP-MARTIN
COLLECTION PARTICULIÈRE

FAUTEUIL, 1926-1929
STRUCTURE EN TUBE DE MÉTAL LAQUÉ ; ASSISE ET DOSSIER EN BOIS PEINT
CENTRE POMPIDOU, MNAM-CCI, PARIS
INV. : AM 1992-1-7

TABLE AJUSTABLE, CIRCA 1925
PROTOTYPE. STRUCTURE EN ACIER TUBULAIRE ;
PLATEAU CIRCULAIRE EN CONTREPLAQUÉ LAQUÉ
COLLECTION PARTICULIÈRE

TABLE AJUSTABLE, CIRCA 1926-1929
STRUCTURE EN ACIER TUBULAIRE ;
PLATEAU CIRCULAIRE EN VERRE
COLLECTION PARTICULIÈRE [ŒUVRE NON EXPOSÉE]
CHRISTIE'S IMAGES

TABLE AJUSTABLE, 1926-1929
STRUCTURE EN ACIER TUBULAIRE LAQUÉ ; PLATEAU CIRCULAIRE TRANSPARENT
EN ACÉTATE DE CELLULOSE ; HAUTEUR RÉGLABLE
MOBILIER PROVENANT DE *E 1027*, ROQUEBRUNE-CAP-MARTIN
CENTRE POMPIDOU, MNAM-CCI, PARIS
INV. : AM 1992-1-3

FAUTEUIL *TRANSAT*, *CIRCA* 1926-1930
STRUCTURE EN BOIS LAQUÉ NOIR, TENDUE D'UNE TOILE ENDUITE VERT AMANDE ;
DOSSIER À BASCULE AGRÉMENTÉ DE TÊTES DE VIS EN ACIER NICKELÉ ; PIEDS ET MONTANTS
TERMINÉS PAR DES SABOTS EN LAITON NICKELÉ
MOBILIER PROVENANT DE LA COLLECTION JEAN BADOVICI
COURTESY BRÖHAN DESIGN FOUNDATION, BERLIN
CHRISTIE'S IMAGES

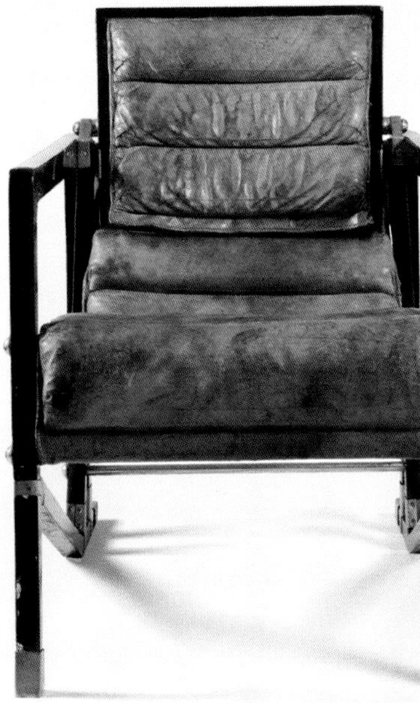

FAUTEUIL *TRANSAT*, 1930
STRUCTURE EN BOIS LAQUÉ NOIR DE SECTION RECTANGULAIRE ; DEUX CÔTÉS RELIÉS PAR UN TUBE EN LAITON NICKELÉ ; SABOTS ET ÉLÉMENTS DE JOINTURE EN LAITON NICKELÉ ; ASSISE MATELASSÉE ET APPUI-TÊTE PLACÉ DANS UN CADRE PIVOTANT EN CUIR NATUREL D'ORIGINE, DOUBLÉ D'UNE TOILE BEIGE D'ORIGINE ÉGALEMENT ; CHOISI POUR LE PALAIS DU MAHARAJAH D'INDORE PAR ECKART MUTHESIUS
COLLECTION PARTICULIÈRE

FAUTEUIL *TRANSAT*, 1926-1929
STRUCTURE EN SYCOMORE VERNI AVEC PIÈCES D'ASSEMBLAGE EN ACIER NICKELÉ ; ASSISE EN CUIR NOIR SYNTHÉTIQUE ; APPUI-TÊTE ORIENTABLE
MOBILIER PROVENANT DE *E 1027*, ROQUEBRUNE-CAP-MARTIN
CENTRE POMPIDOU, MNAM-CCI, PARIS
INV. : AM 1992-1-1

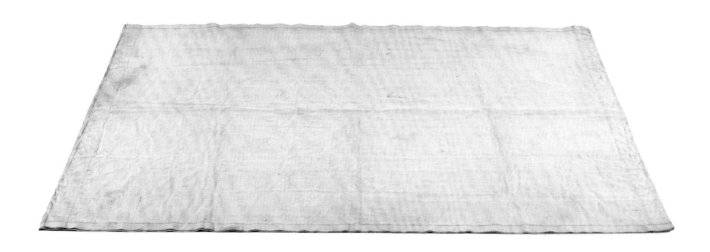

CHAISE À ASSISE AMOVIBLE, 1930-1933
STRUCTURE EN FER PEINT ; COUSSIN RECOUVERT DE RABANE
RÉALISÉE POUR *TEMPE A PAILLA*, CASTELLAR
COLLECTION PARTICULIÈRE

TAPIS, 1929-1934
BÂCHE DE COULEUR CRÈME, AVEC SURPIQÛRES BLANCHES ET LISERÉ BLEU
MOBILIER PROVENANT DE *TEMPE A PAILLA*, CASTELLAR
COLLECTION PARTICULIÈRE

TABOURET, *CIRCA* 1928-1930
STRUCTURE EN CORNIÈRE DE MÉTAL APPARENTE ; TIGES EN FER ; BASE EN BOIS PEINT ;
ASSISE EN TOILE ENDUITE AVEC SURPIQÛRES
COLLECTION PARTICULIÈRE

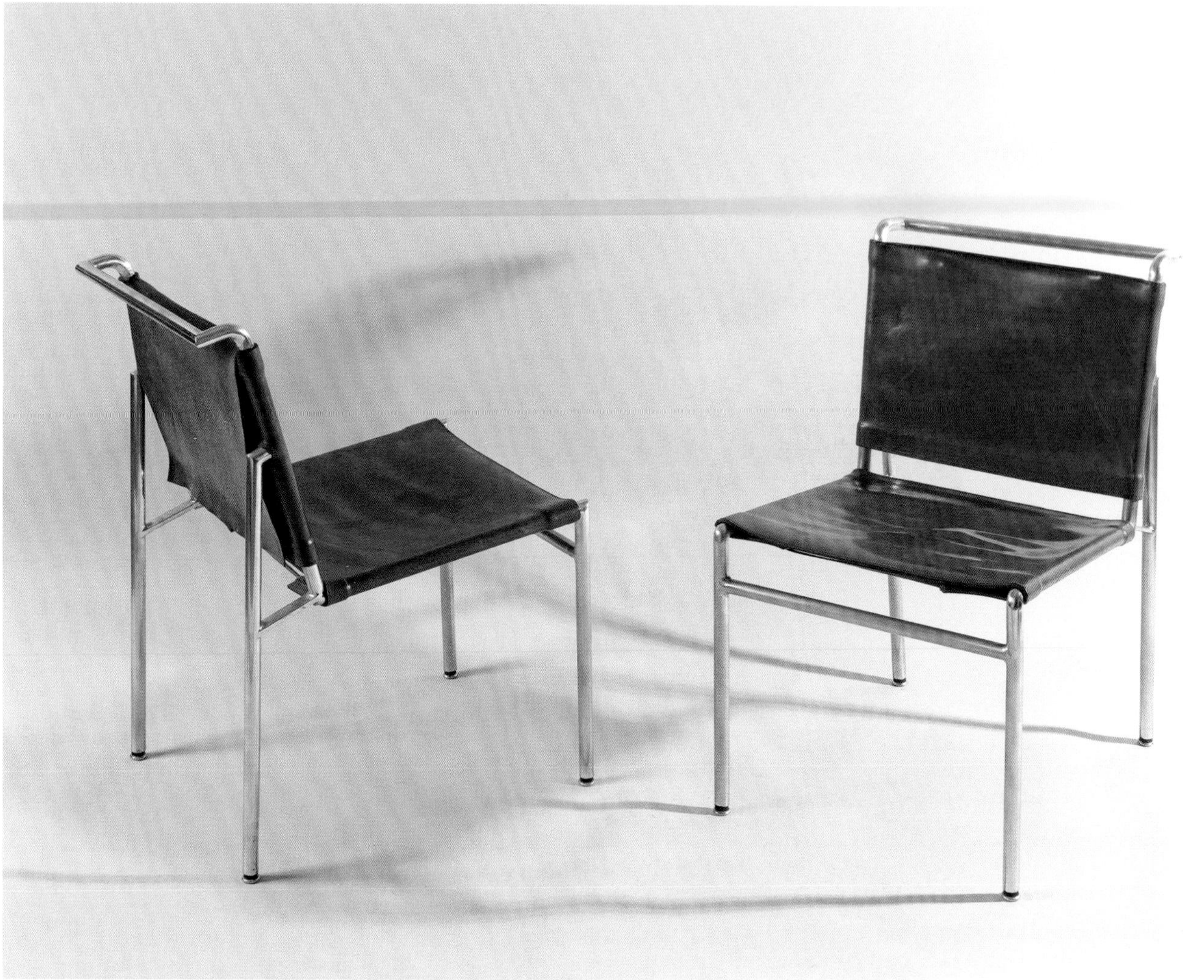

PAIRE DE CHAISES, *CIRCA* 1930
MÉTAL TUBULAIRE CHROMÉ, CUIR ET CAOUTCHOUC
DISPOSÉES DANS *TEMPE A PAILLA*
GALERIE ANNE-SOPHIE DUVAL, PARIS

CI-CONTRE :

LAMPE *TUBE*, *CIRCA* 1930
TUBE INCANDESCENT ET MÉTAL CHROMÉ
THE MUSEUM OF MODERN ART, NEW YORK
ESTEE ET JOSEPH LAUDER DESIGN FUND, 1980

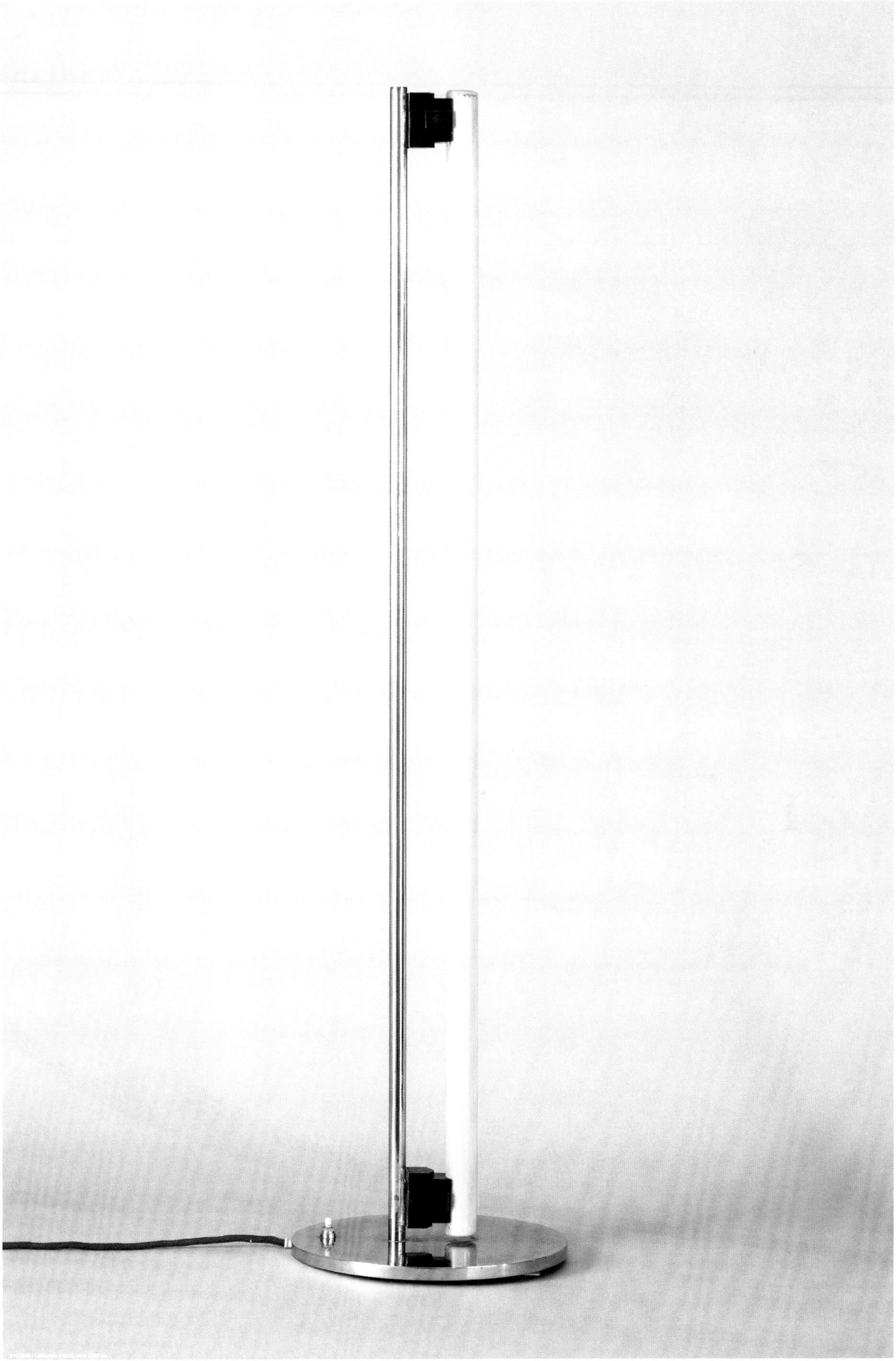

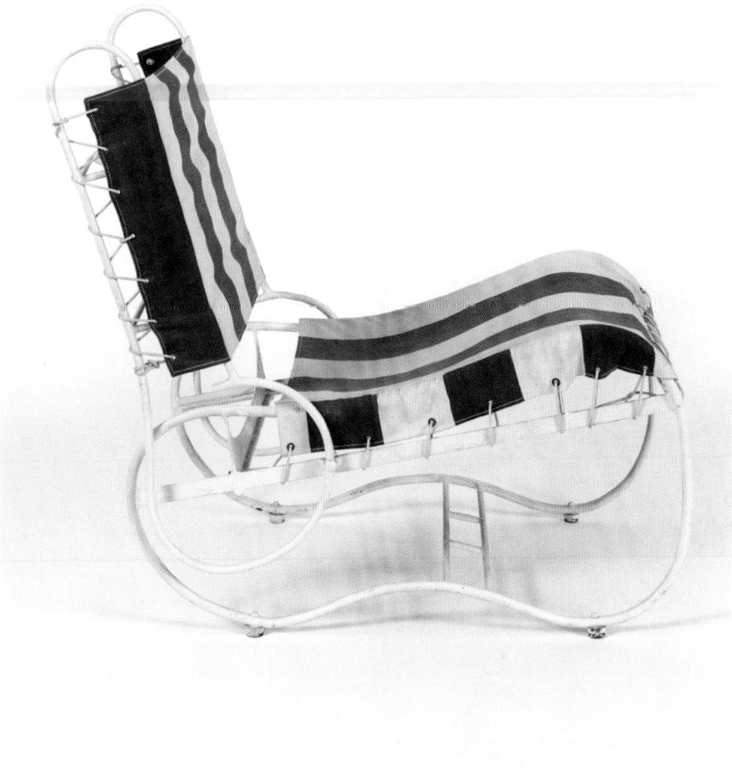

CHAISE DE TERRASSE PLIANTE, 1930-1933
STRUCTURE EN MÉTAL AVEC DOSSIER RABATTABLE,
TOILE DE BÂCHE ET TENDEURS
RÉALISÉE POUR *TEMPE A PAILLA*, CASTELLAR
COLLECTION PARTICULIÈRE

TABLE BASSE, 1935
BOIS ET MÉTAL TUBULAIRE
RÉALISÉE POUR *TEMPE A PAILLA*, CASTELLAR
NATIONAL MUSEUM OF IRELAND, DUBLIN
INV.: NMIEG 2003.212

CHAISE LONGUE PLIANTE, 1938
STRUCTURE EN FORME DE « S » EN BOIS LAMINÉ ET PEINT ;
ASSISE EN TOILE DE BÂCHE
RÉALISÉE POUR *TEMPE A PAILLA*, CASTELLAR
VICTORIA AND ALBERT MUSEUM, LONDRES
INV. : CIRC.579-1971

SIÈGE-ESCABEAU-PORTE-SERVIETTES, 1930-1933
BOIS PEINT BICOLORE BLANC ET VERT FONCÉ
RÉALISÉ POUR *TEMPE A PAILLA*, CASTELLAR
COLLECTION PARTICULIÈRE

CI-CONTRE :
MEUBLE MOBILE POUR PANTALONS, 1930-1933
CONTREPLAQUÉ PEINT, CELLULOÏD TRANSPARENT VISSÉ, CORNIÈRES,
QUATRE ROULETTES ET SEPT CINTRES EN ALUMINIUM
RÉALISÉ POUR *TEMPE A PAILLA*, CASTELLAR
COLLECTION PARTICULIÈRE

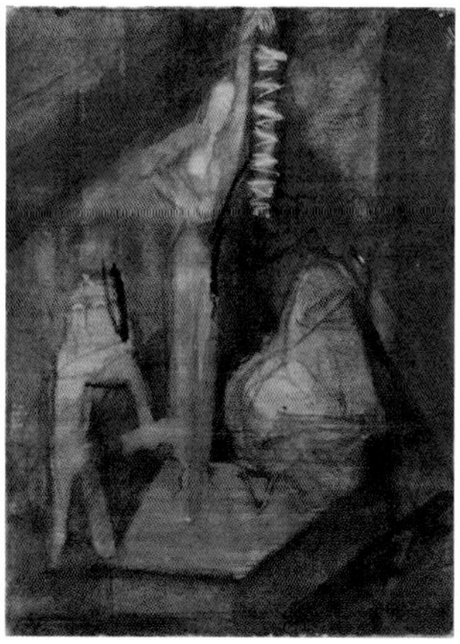

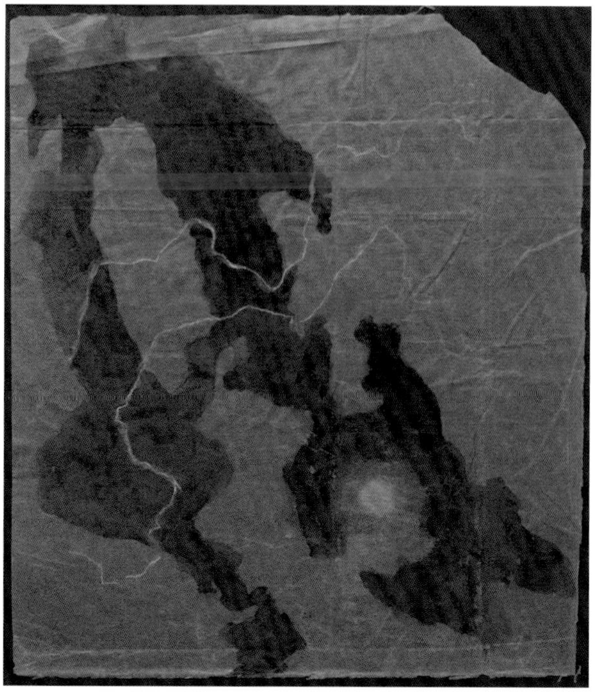

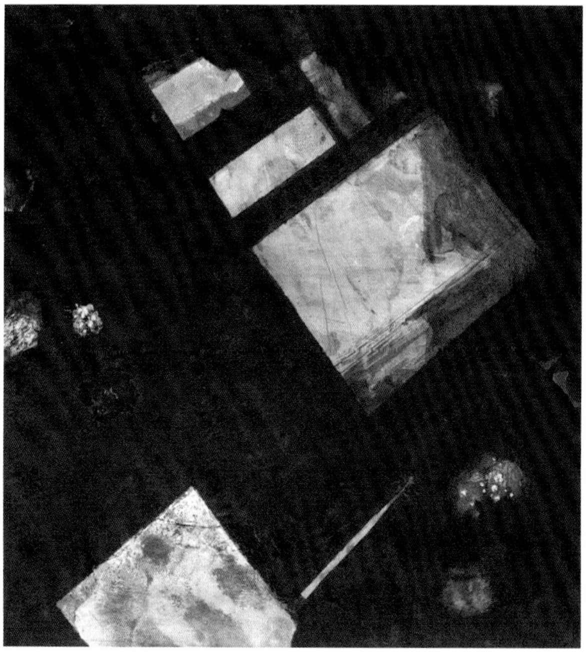

SANS TITRE, CIRCA 1930
GOUACHE SUR PAPIER. COLLECTION PARTICULIÈRE

MAP, 1930
PASTEL ET GOUACHE SUR PAPIER. COLLECTION PARTICULIÈRE

SANS TITRE, CIRCA 1930
GOUACHE ET COLLAGE SUR PAPIER. COLLECTION PARTICULIÈRE

SANS TITRE, CIRCA 1930
GOUACHE SUR PAPIER. COLLECTION PARTICULIÈRE

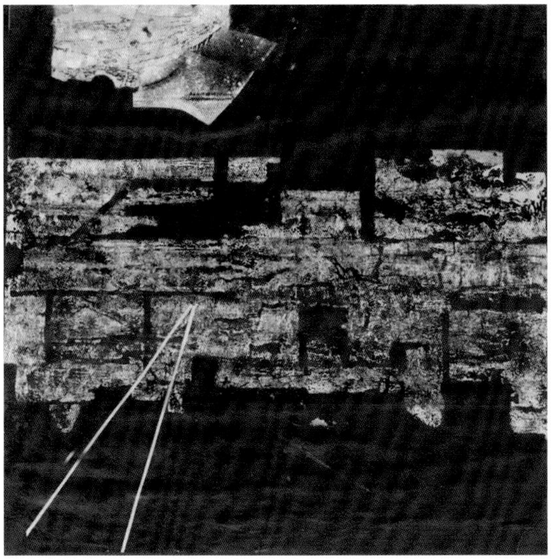

SANS TITRE, CIRCA 1940
COLLAGE ET GOUACHE SUR PAPIER. COLLECTION PARTICULIÈRE

SANS TITRE, CIRCA 1940
HUILE SUR PANNEAU. COLLECTION PARTICULIÈRE

SANS TITRE, CIRCA 1930
COLLAGE SUR PAPIER. COLLECTION PARTICULIÈRE

SANS TITRE, CIRCA 1940
GOUACHE ET COLLAGE SUR PAPIER. COLLECTION PARTICULIÈRE

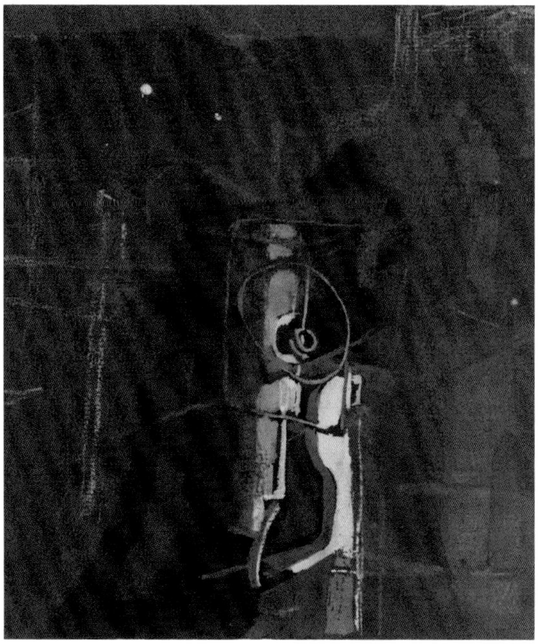

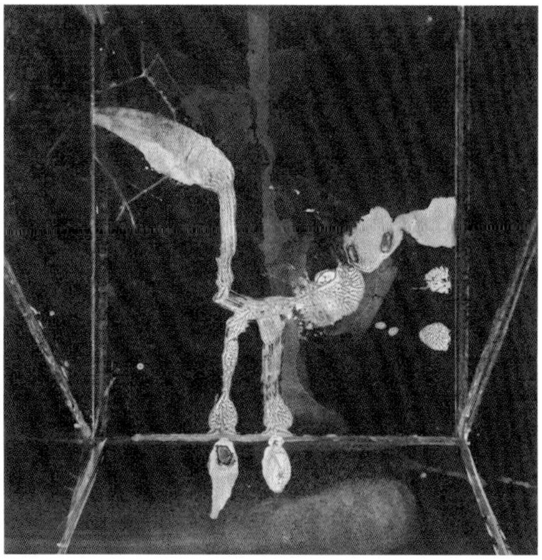

SANS TITRE, CIRCA 1930
PASTEL ET GOUACHE SUR PAPIER. COLLECTION PARTICULIÈRE

BOMBSITE, CIRCA 1930
GOUACHE SUR PAPIER. COLLECTION PARTICULIÈRE

CAGE, CIRCA 1940
GOUACHE SUR PAPIER. COLLECTION PARTICULIÈRE

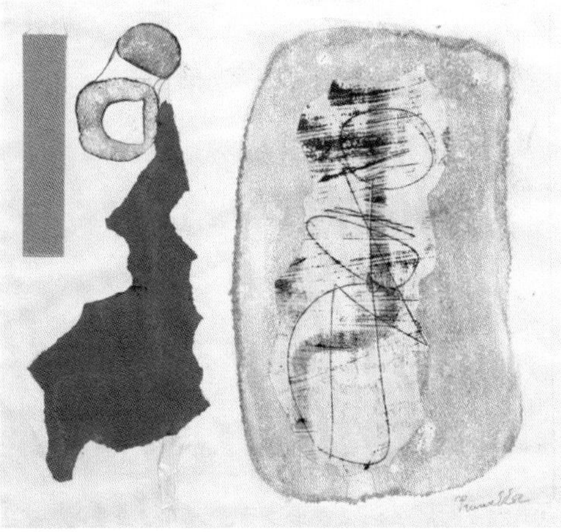

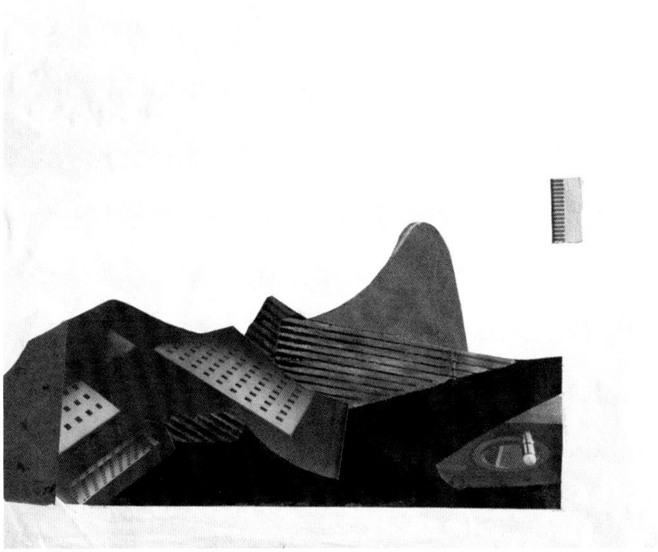

SANS TITRE, CIRCA 1940
GOUACHE ET COLLAGE SUR PAPIER. COLLECTION PARTICULIÈRE

SANS TITRE, CIRCA 1930
GOUACHE ET COLLAGE SUR PAPIER. COLLECTION PARTICULIÈRE

EILEEN GRAY ET PRUNELLA CLOUGH
SANS TITRE, CIRCA 1960
GOUACHE ET COLLAGE SUR PAPIER. COLLECTION PARTICULIÈRE

SANS TITRE, CIRCA 1930
GOUACHE ET COLLAGE SUR PAPIER. COLLECTION PARTICULIÈRE

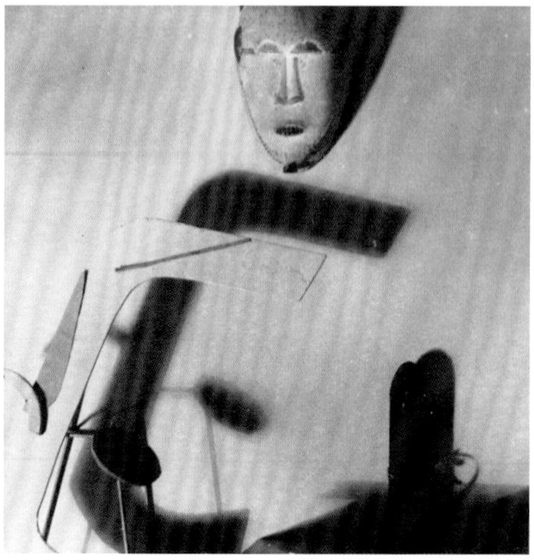

BOIS PÉTRIFIÉ, CIRCA 1950
PHOTOGRAPHIE NOIR ET BLANC. COLLECTION PARTICULIÈRE

BOIS PÉTRIFIÉ, CIRCA 1950
PHOTOGRAPHIE NOIR ET BLANC. COLLECTION PARTICULIÈRE

NATURE MORTE AU MASQUE KPAN, ANNÉES 1920
PHOTOGRAPHIE NOIR ET BLANC
COLLECTION PARTICULIÈRE

CITADELLE DE SAINT-TROPEZ, CIRCA 1950
PHOTOGRAPHIE NOIR ET BLANC
COLLECTION PARTICULIÈRE

CITADELLE DE SAINT-TROPEZ, CIRCA 1950
PHOTOGRAPHIE NOIR ET BLANC
COLLECTION PARTICULIÈRE

PORT-GRIMAUD, CIRCA 1950
PHOTOGRAPHIE NOIR ET BLANC
COLLECTION PARTICULIÈRE

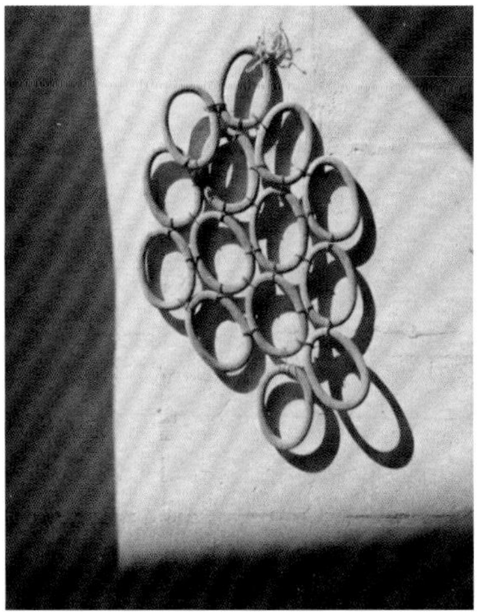

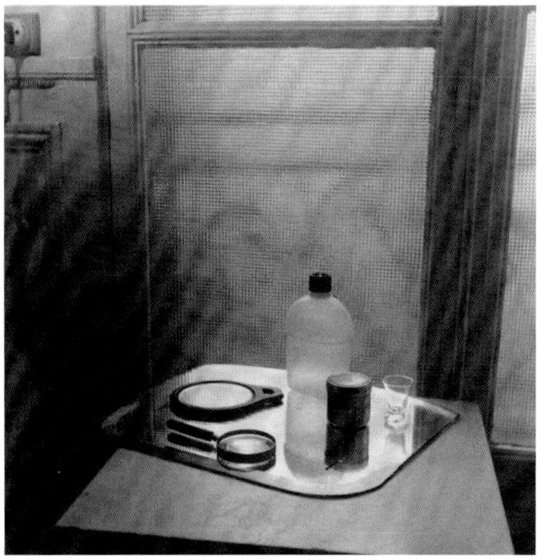

ANNEAUX DE RIDEAU, CIRCA 1930
PHOTOGRAPHIE NOIR ET BLANC.
COLLECTION PARTICULIÈRE

NATURE MORTE, CIRCA 1950
PHOTOGRAPHIE NOIR ET BLANC.
COLLECTION PARTICULIÈRE

TABLESCAPE, ANNÉES 1920
PHOTOGRAPHIE NOIR ET BLANC.
COLLECTION PARTICULIÈRE

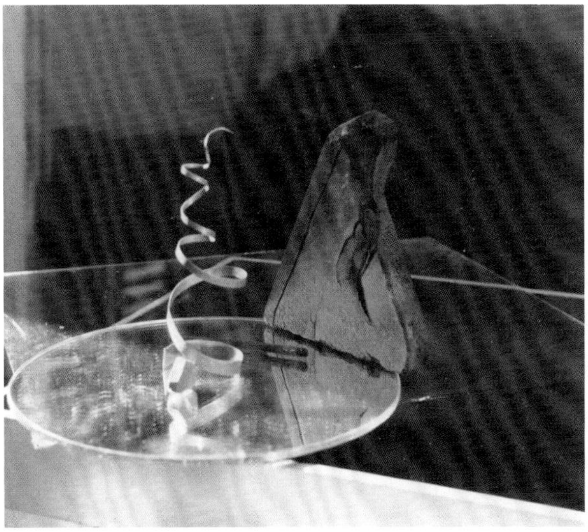

TABLESCAPE, ANNÉES 1920
PHOTOGRAPHIE NOIR ET BLANC.
COLLECTION PARTICULIÈRE

TABLESCAPE, ANNÉES 1920
PHOTOGRAPHIE NOIR ET BLANC.
COLLECTION PARTICULIÈRE

TORSE EN MARBRE DU 21, RUE BONAPARTE,
ANNÉES 1920
PHOTOGRAPHIE NOIR ET BLANC.
COLLECTION PARTICULIÈRE

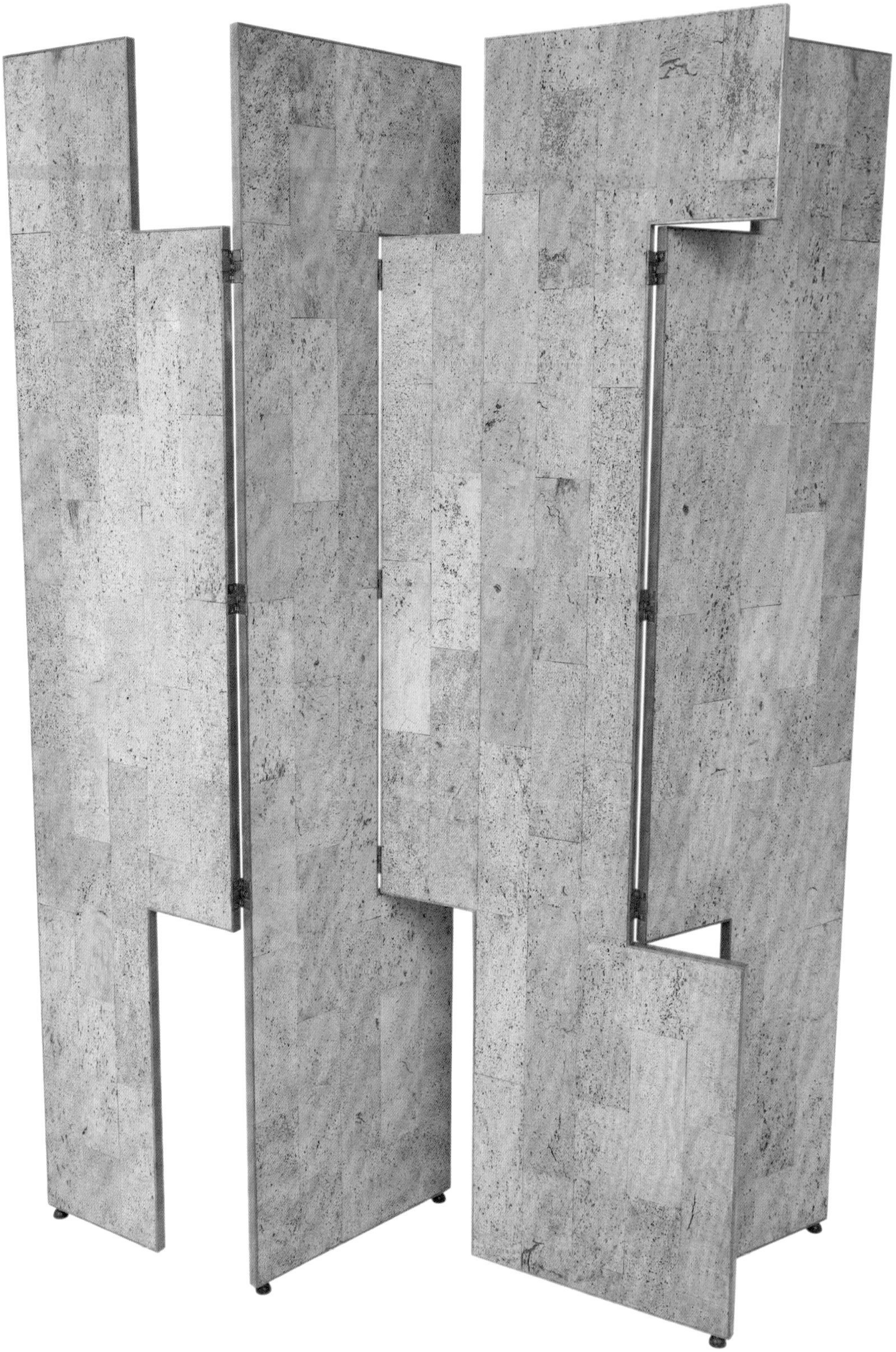

PARAVENT, 1973
D'APRÈS UN MODÈLE DE 1960
QUATRE PANNEAUX EN LIÈGE
ÉDITÉ EN 5 EXEMPLAIRES
BRISTOL MUSEUMS & ART GALLERY, BRISTOL
INV.: NA222

LISTE DES ŒUVRES EXPOSÉES

Sauf mention contraire, toutes les œuvres sont d'Eileen Gray

Architecture

— Projet de devanture pour la galerie Jean Désert
Crayon rouge sur papier
Non signé, non daté
Victoria and Albert Museum, Londres
Inv. : AAD/1980/9/236/1
[Repr. p. 66]

— Plan de la chambre d'amis de *E 1027*, *circa* 1926
Encre de Chine sur calque
Collection particulière

— Eileen Gray et Jean Badovici
Plan de la maison *E 1027*, *circa* 1926
Niveau rez-de-chaussée supérieur
Crayon sur papier fort
Galerie Doria, Paris
[Repr. p. 95]

— *E 1027*, Roquebrune-Cap-Martin, 1926-1929
Maquette réalisée par Steven Belflower et Todd Mc Dowell, University of Florida, 1993-1994
Irish Architectural Foundation, Irish Architectural Archive, Dublin
Inv. : 2006/15.2

— Plan et élévations de la façade est de *E 1027*, *circa* 1927
Stylo et encre sur papier
Victoria and Albert Museum, Londres
Inv. : AAD/1980/9/188/10

— Plan et élévations de la façade sud de *E 1027*, 1927
Stylo et encre sur papier
Victoria and Albert Museum, Londres
Inv. : AAD/1980/9/188/9

— Plan de la course du soleil de *E 1027*, 1929
Stylo et encre sur papier
Victoria and Albert Museum, Londres
Inv. : AAD/1980/9/188/29
[Repr. p. 118]

— Plan de la course du soleil de *Tempe a Pailla*, *circa* 1930
Crayon sur papier
Collection particulière

— Élévation côté jardin de *Tempe a Pailla*, 1931-1934
Encre de Chine sur papier
Centre Pompidou, Mnam-Cci, Paris
Inv. : AM 1998-2-200

— Plan de niveau et plan du rez-de-chaussée de *Tempe a Pailla*, 1931-1934
Encre de Chine sur papier contrecollé sur carton
Centre Pompidou, Mnam-Cci, Paris
Inv. : AM 1998-2-197

— *Tempe a Pailla*, Castellar, 1931-1935
Maquette réalisée par Caroline Ueberschaer, Steven Belflower et Todd McDowell, University of Florida, 1993-1994
Bois et papier
Irish Architectural Foundation, Irish Architectural Archive, Dublin
Inv. : 2006/15.3

— *Lou Pérou*, Saint-Tropez, 1954-1961
Maquette réalisée par Michael Proteau, University of Florida, 1993-1994
Bois et papier
Irish Architectural Foundation, Irish Architectural Archive, Dublin
Inv. : 2006/15.5

– Le Corbusier
Dessin préparatoire pour la peinture murale *Danseuse, porte et spirale* réalisée pour *E 1027*, s. d.
Crayon, graphite, pastel, crayon gras sur papier
Non signé, non daté
Fondation Le Corbusier, Paris

— Le Corbusier
Dessin préparatoire pour la peinture murale *Deux nus féminins assis* réalisée pour *E 1027*, s. d.
Encre, pastel, crayon de couleur sur papier vergé
Non signé, non daté
Fondation Le Corbusier, Paris

— Le Corbusier
Dessin préparatoire pour la peinture murale *Personnages assis* réalisée pour *E 1027*, 1937
Gouache, papier collé sur papier collé sur carton
Signé et daté en bas à gauche « Le Corbusier 37 »
Fondation Le Corbusier, Paris

Mobilier et objets

— Meuble d'échantillons de laque, s. d.
Bois
Don de Seizo Sugawara à Eileen Gray
Collection particulière
[Repr. p. 46]

— Table, s. d.
Prototype
Plateau supérieur et base circulaire en bois ; pied en tube métallique
Modèle conçu à l'origine pour *E 1027*, Roquebrune-Cap-Martin
Les Arts décoratifs, Musée des arts décoratifs, Paris
Inv. : 41350
[Repr. p. 174]

— Eileen Gray et Seizo Sugawara
Le Magicien de la nuit, *circa* 1913
Panneau en laque de Chine gravé façon Coromandel et rehaussé de couleurs, à incrustations de burgau, sur fond uni de laque rouge sang-de-bœuf ; encadrement d'origine en laque noir
Signé au dos « Sougawara »
Collection particulière
[Repr. p. 144]

— Panneau à double face, *circa* 1915
Bois légèrement bombé ; une face en laque noir et l'autre présentant une composition quadrillée, carrés et rectangles noirs sur fond apparent
Galerie Doria, Paris
[Repr. p. 145]

— *Table aux chars*, *circa* 1915
Bois laqué rouge et noir ; tiroir à poignée d'ébène et d'ivoire
Conçue pour Jacques Doucet
Collection particulière, courtesy galerie Vallois, Paris
[Repr. p. 146]

— Paravent en briques noires, *circa* 1918
Prototype
Bois noirci, métal
Galerie Vallois, Paris **[Repr. p. 148]**

— Eileen Gray et Seizo Sugawara
Clair de lune, *circa* 1918
Bas-relief en bois laqué et laque arraché ; laque brun travaillé en relief et points de nacre ; paysage abstrait dans un cadre en laque rouge, noir et vieil or
Galerie Vallois, Paris
[Repr. p. 145]

— Console, *circa* 1918-1920
Bois laqué de Chine poli et arraché ; plateau en laque ardoise moucheté et métallisé, tirettes aux deux extrémités en bois laqué orange corail ; piètement composé d'un tablier curviligne et de trois disques en laque. Les pieds en laque kaki, brun foncé et orange sont agrémentés, dans leur partie supérieure, d'une composition en laque arraché et se terminent par des pieds boules laqués corail
Pièce unique
Collection particulière
[Repr. p. 150]

— Fauteuil *Sirène*, *circa* 1919
Structure en bois sculpté et laqué, assise en velours
Anthony DeLorenzo
[Repr. p. 147]

— Paravent en briques, 1919-1922
Bois laqué noir
Collection particulière, courtesy galerie Vallois, Paris
[Repr. p. 149]

— Assiette, *circa* 1920
Bois laqué brun tacheté argent
Galerie Vallois, Paris
[Repr. p. 152]

— Boîte, *circa* 1920
Bois laqué bordeaux agrémenté d'un décor géométrique argenté
Collection particulière, courtesy galerie Vallois, Paris
[Repr. p. 152]

— Boîte, *circa* 1920
Bois laqué caramel ; couvercle orné d'un élément d'ivoire
Galerie Vallois, Paris
[Repr. p. 151]

— Boîte cylindrique, *circa* 1920
Bois laqué noir
Joe et Marie Donnelly
[Repr. p. 151]

— Boîte ovale, *circa* 1920
Bois laqué, effet écaille de tortue ; couvercle creusé d'une ouverture carrée
Joe et Marie Donnelly
[Repr. p. 151]

— Coupe, *circa* 1920
Bois naturel et bois laqué noir agrémenté de dessins abstraits argentés
Galerie Vallois, Paris
[Repr. p. 153]

— Coupe, *circa* 1920
Bois laqué brun rouge ; décor laqué noir
Collection particulière, courtesy galerie Vallois, Paris
[Repr. p. 154]

— Coupe, *circa* 1920
Bois laqué noir avec des incrustations laquées or
Galerie Vallois, Paris
[Repr. p. 154]

— Coupe *Pirogue*, *circa* 1920
Bois laqué brun foncé agrémenté d'un filet laqué or
Collection particulière, courtesy galerie Vallois, Paris
[Repr. p. 154]

— Lampe, *circa* 1920
Fût à deux éléments effilés en ivoire sculpté et poli ; socle en acajou ; abat-jour en tissu
Galerie Vallois, Paris
[Repr. p. 161]

— Plateau, *circa* 1920
Bois laqué orangé, brun, noir et argent
Collection particulière, courtesy galerie Vallois, Paris
[Repr. p. 156]

— Table-coiffeuse, *circa* 1920
Chêne et sycomore ; plateau en verre
Galerie Vallois, Paris
[Repr. p. 160]

— Vase, *circa* 1920
Chêne sculpté et laqué
Collection particulière, courtesy galerie Vallois, Paris
[Repr. p. 155]

— Table, 1922-1924
Chêne et sycomore peints
Virginia Museum of Fine Arts, Richmond (Ve). Don de Sydney et Frances Lewis
Inv. : 85.114
[Repr. p. 168]

— Guéridon, *circa* 1922-1925
Bois naturel et bois laqué
Galerie Vallois, Paris
[Repr. p. 156]

— Paravent à six feuilles, *circa* 1922-1925
Bois laqué, incisé et peint
Stephen E. Kelly, New York
[Repr. p. 159]

— Lampadaire, 1923
Base en bois sculpté et laqué ; abat-jour en parchemin
Présenté dans *Une chambre à coucher boudoir pour Monte-Carlo* au Salon des artistes décorateurs à Paris en 1923
Virginia Museum of Fine Arts, Richmond (Ve). Don de Sydney et Frances Lewis
Inv. : 85.169A-C
[Repr. p. 161]

— Plan et élévations de table, 1923
Stylo sur papier
Victoria and Albert Museum, Londres
Inv. : AAD/1980/9/197-2

— Meuble d'architecte, 1924
Sycomore ; poignées en métal chromé
Réalisé pour l'architecte Henri Pacon
Joe et Marie Donnelly
[Repr. p. 166-167]

— Dessin du fauteuil *Non-Conformiste*, *circa* 1925
Crayon et encre sur papier
Victoria and Albert Museum, Londres. Don de Prunella Clough
Inv. : E1169-1983

— Lampadaire, *circa* 1925
Base en bois laqué noir et orange composée de figures géométriques et cubistes ; tige en laiton ; abat-jour conique en papier
Pièce unique disposée dans l'appartement d'Eileen Gray rue Bonaparte jusqu'à la fin de sa vie
Collection particulière
[Repr. p. 157]

— Lampadaire, *circa* 1925
Structure en bois et métal ; base et tablette circulaire en bois laqué beige ; culot et pied en laque noir peigné ; abat-jour en parchemin
Joe et Marie Donnelly
[Repr. p. 158]

— *Table ajustable*, *circa* 1925
Prototype
Structure en acier tubulaire ; plateau circulaire en contreplaqué laqué
Collection particulière
[Repr. p. 184]

— Double prise électrique, 1925
Aluminium, bois et cuivre
Utilisée pour la terrasse de *E 1027*, Roquebrune-Cap-Martin
Collection particulière
[Repr. p. 181]

— Fauteuil *Non-Conformiste*, 1925-1928
Structure en tube peint ; assise en contreplaqué et bois peint ; accoudoir en bois peint
Réalisé pour *E 1027*, Roquebrune-Cap-Martin
Collection particulière
[Repr. p. 182]

— Table basse, 1925-1928
Plateau décentré en contreplaqué peint, structure en tube peint
Réalisée pour *E 1027*, Roquebrune-Cap-Martin
Collection particulière
[Repr. p. 180]

— Table basse, 1925-1928
Structure décentrée en tube nickelé ; plateau en bois naturel gravé
Mobilier provenant de *E 1027*, Roquebrune-Cap-Martin
Collection particulière
[Repr. p. 180]

— Table *Trombone*, 1925-1928
Métal chromé d'époque
Table personnelle d'Eileen Gray pour son appartement rue Bonaparte, Paris
Collection particulière
[Repr. p. 171]

— Tabouret à goupille, 1925-1928
Structure en fer chromé ; assise en cuir avec surpiqûres ; mécanisme permettant d'incliner l'assise
Réalisé pour *E 1027*, Roquebrune-Cap-Martin
Collection particulière
[Repr. p. 176]

— Appliques, *circa* 1925-1929
Métal chromé en deux parties vissées
Utilisées pour la terrasse de *E 1027* (Roquebrune-Cap-Martin), *Tempe a Pailla* (Castellar) et l'appartement de la rue Bonaparte (Paris)
Collection particulière
[Repr. p. 181]

— *Table ajustable*, 1926
Structure en acier tubulaire laqué ; plateau circulaire transparent en acétate de cellulose ; hauteur réglable
Mobilier provenant de *E 1027*, Roquebrune-Cap-Martin
Centre Pompidou, Mnam-Cci, Paris
Inv. : AM 1992-1-3
[Repr. p. 185]

— *Table ajustable*, *circa* 1926-1929
Structure en acier tubulaire ; plateau circulaire en verre
Collection particulière
[Œuvre non exposée]
[Repr. p. 184]

— Cabinet à tiroirs pivotants, 1926-1929
Bois peint
Mobilier provenant de *E 1027*, Roquebrune-Cap-Martin
Centre Pompidou, Mnam-Cci, Paris
Inv. : AM 1992-1-4
[Repr. p. 173]

— Chaise de salle à manger, 1926-1929
Structure en acier tubulaire nickelé ; dossier légèrement incliné agrémenté de deux barreaux horizontaux ; assise gainée
de cuir brun d'origine, reposant sur deux pieds avant droits et deux pieds arrière cambrés, terminés par quatre patins circulaires en bubinga
Centre Pompidou, Mnam-Cci, Paris
Inv. : AM 2011-1-35
[Repr. p. 178]

— Coiffeuse-paravent, 1926-1929
Structure en bois peint habillée de feuilles d'aluminium ; miroirs ; étagères en verre ; tiroirs mobiles et pivotants garnis de liège et tapissés de feuilles d'argent
Mobilier provenant de *E 1027*, Roquebrune-Cap-Martin
Centre Pompidou, Mnam-Cci, Paris
Inv. : AM 1992-1-6
[Repr. p. 175]

— Fauteuil, 1926-1929
Structure en tube de métal laqué ; assise et dossier en bois peint
Centre Pompidou, Mnam-Cci, Paris
Inv. : AM 1992-1-7
[Repr. p. 183]

— Fauteuil *Transat*, 1926-1929
Structure en sycomore verni avec pièces d'assemblage en acier nickelé ; assise en cuir noir synthétique ; appui-tête orientable
Mobilier provenant de *E 1027*, Roquebrune-Cap-Martin
Centre Pompidou, Mnam-Cci, Paris
Inv. : AM 1992-1-1
[Repr. p. 187]

— *Table élément*, 1926-1929
Plateau rabattable en bois peint ; piètement en acier tubulaire laqué
Mobilier provenant de *E 1027*, Roquebrune-Cap-Martin
Centre Pompidou, Mnam-Cci, Paris
Inv. : AM 1992-1-5
[Repr. p. 176]

— Table roulante, 1926-1929
Structure en tube de métal peint ; plateau, panneaux et rangement vertical en bois peint
Mobilier provenant de *E 1027*, Roquebrune-Cap-Martin
Centre Pompidou, Mnam-Cci, Paris
Inv. : AM 1992-1-2
[Repr. p. 173]

— Fauteuil *Transat*, *circa* 1926-1930
Structure en bois laqué noir, tendue d'une toile enduite vert amande ; dossier à bascule agrémenté de têtes de vis en acier nickelé ; pieds et montants terminés par des sabots en laiton nickelé
Mobilier provenant de la collection Jean Badovici
Courtesy Bröhan Design Foundation, Berlin
[Repr. p. 186]

— Coiffeuse, *circa* 1927
Structure en métal tubulaire chromé ; plateau et tiroirs pivotants en contreplaqué revêtus de cuir
Réalisée pour *E 1027*, Roquebrune-Cap-Martin
Collection particulière
[Repr. p. 174]

— Dessin du fauteuil *Transat*, *circa* 1927
Crayon sur papier
Victoria and Albert Museum, Londres. Don de Prunella Clough
Inv. : E1130-1983

— Table de salle à manger, *circa* 1927
Métal tubulaire nickelé, liège et bois
Réalisée pour *E 1027*, Roquebrune-Cap-Martin
Galerie Anne-Sophie Duval, Paris
[Repr. p. 179]

— Dessin du *Divan courbe*, *circa* 1927-1929

Crayon sur papier
Victoria and Albert Museum, Londres
Inv. : AAD/1980/9/194-2

— Tabouret, *circa* 1928-1930
Structure en cornière de métal apparente ; tiges en fer ; base en bois peint ; assise en toile enduite avec surpiqûres
Collection particulière
[Repr. p. 189]

— Cabinet, *circa* 1929
Meuble de rangement quadrangulaire en bois peint blanc et marron d'origine comportant un petit abattant en partie supérieure, trois petits tiroirs en façade et quatre tiroirs à l'anglaise en partie médiane, qui sont retenus par une porte les recouvrant en grande partie. Une étagère en partie inférieure divise deux larges niches. Deux portes sont dissimulées sur le côté droit. L'application des tasseaux horizontaux et verticaux souligne un discret hommage au mouvement De Stijl.
Pièce unique conçue pour *E 1027*, Roquebrune-Cap-Martin
Collection particulière
[Repr. p. 177]

— *Divan courbe*, 1929
Structure en tube d'acier chromé ; assise et dossier rembourrés et revêtus de tissu enduit de PVC
Centre Pompidou, Mnam-Cci, Paris
Inv. : AM 1992-1-231
[Repr. p. 169]

— Dessin de chaise articulée, *circa* 1930
Crayon sur papier
Victoria and Albert Museum, Londres. Don de Prunella Clough
Inv. : E1411-1983

— Dessin de chaise pliante avec la fonction d'une échelle pour accéder à un espace de rangement dans un faux plafond, *circa* 1930
Crayon et encre sur calque
Victoria and Albert Museum, Londres. Don de Prunella Clough
Inv. : E1139-1983

— Dessin de chaise pour *Tempe a Pailla, circa* 1930
Encre de chine sur calque
Victoria and Albert Museum, Londres. Don de Prunella Clough
Inv. : E1170

— Fauteuil *Bibendum, circa* 1930
Dossier et accoudoirs formés de deux rouleaux superposés s'évasant et cousus sur une assise profonde en demi-cercle ; garniture en toile d'origine couleur ivoire ; base en métal chromé
Cette première édition sera suivie par une autre version en cuir blanc.
Mobilier provenant de l'appartement de Mme Tachard
Collection particulière
[Repr. p. 172]

— Lampe *Tube, circa* 1930
Tube incandescent et métal chromé
The Museum of Modern Art, New York
Estee et Joseph Lauder
Design Fund, 1980
[Repr. p. 191]

— Paire de chaises, *circa* 1930
Métal tubulaire chromé, cuir et caoutchouc
Disposée dans *Tempe a Pailla*
Galerie Anne-Sophie Duval, Paris
[Repr. p. 190]

— Suspension *Aéroplane, circa* 1930
Deux plaques de verre superposées opalin blanc et bleue ; structure en métal chromé ; deux tubes incandescents insérés dans des embouts en caoutchouc
Collection particulière
[Repr. p. 171]

— Fauteuil *Transat*, 1930
Structure en bois laqué noir de section rectangulaire ; deux côtés reliés par un tube en laiton nickelé ; sabots et éléments de jointure en laiton nickelé ; assise matelassée et appui-tête placé dans un cadre pivotant, en cuir naturel d'origine, doublé d'une toile beige d'origine également
Choisi pour le palais du maharajah d'Indore par Eckart Muthesius
Collection particulière
[Repr. p. 187]

— Tabouret, 1930
Piètement en aluminium ; assise en cuir rouge avec une poignée cachée
Réalisé pour la chambre personnelle d'Eileen Gray dans son appartement rue Bonaparte, Paris
Collection particulière
[Repr. p. 171]

— Chaise à assise amovible, 1930-1933
Structure en fer peint ; coussin recouvert de rabane
Réalisée pour *Tempe a Pailla*, Castellar
Collection particulière
[Repr. p. 188]

— Chaise de terrasse pliante, 1930-1933
Structure en métal avec dossier rabattable, toile de bâche et tendeurs
Réalisée pour *Tempe a Pailla*, Castellar
Collection particulière
[Repr. p. 192]

— *Meuble mobile pour pantalons*, 1930-1933
Contreplaqué peint, celluloïd transparent vissé, cornières, quatre roulettes et sept cintres en aluminium
Réalisé pour *Tempe a Pailla*, Castellar
Collection particulière
[Repr. p. 194]

— *Siège-escabeau-porte-serviettes*, 1930-1933
Bois peint bicolore blanc et vert foncé
Réalisé pour *Tempe a Pailla*, Castellar
Collection particulière
[Repr. p. 195]

— Table basse, 1935
Bois et métal tubulaire
Réalisée pour *Tempe a Pailla*, Castellar
National Museum of Ireland, Dublin
Inv. : NMIEG 2003.212
[Repr. p. 192]

— Chaise longue pliante, 1938
Structure en forme de « S » en bois laminé et peint ; assise en toile de bâche
Réalisée pour *Tempe a Pailla*, Castellar
Victoria and Albert Museum, Londres
Inv. : CIRC.579-1971
[Repr. p. 193]

— Dessin de la chaise longue pliante *S, circa* 1965-1970
Dessin au crayon sur papier
Victoria and Albert Museum, Londres. Don de Prunella Clough
Inv. : E1124-1983

— Paravent, 1973
D'après un modèle de 1960
Quatre panneaux en liège
Édité en 5 exemplaires
Bristol Museums & Art Gallery, Bristol
Inv. : Na222
[Repr. p. 204]

Tapis

— Projet de tapis, s. d.
Gouache et encre sur papier
Victoria and Albert Museum, Londres
Inv. : CIRC 239-1973

— Projet de tapis pour la galerie Jean Désert, s. d.
Gouache sur carton
Collection particulière

— Projet de tapis pour la galerie Jean Désert, s. d.
Gouache sur carton
Collection particulière

— Maquette de tapis au point noué, 1910-1920
Fils de laine de couleurs
Collection particulière
[Repr. p. 162]

— Projet de tapis beige, marron foncé, 1918-1921
Gouache sur papier
National Museum of Ireland, Dublin
Inv. : NMIEG 2000.165

— Projet de tapis, *circa* 1920
Crayon, gouache et collage sur papier
Collection particulière

— Projet de tapis, *circa* 1920
Crayon, gouache et collage sur papier
Collection particulière

— Projet de tapis, *circa* 1920
Crayon sur papier
Collection particulière

— Projet de tapis, *circa* 1920
Gouache et collage sur papier
Collection particulière

— Projet de tapis, *circa* 1920
Gouache sur papier
Collection particulière

— Projet de tapis, *circa* 1920
Gouache sur papier
Collection particulière

— Projet de tapis, *circa* 1920
Gouache sur papier
Collection particulière

— Projet de tapis, *circa* 1920
Gouache sur papier
Collection particulière

— Projet de tapis, *circa* 1920
Gouache sur papier
Collection particulière

— Projet de tapis *Biribi* pour la galerie Jean Désert, 1921-1923
Gouache sur papier
National Museum of Ireland, Dublin
Inv. : NMIEG 2000.166

— Projet de tapis *L'Art noir* pour la galerie Jean Désert, 1922
Gouache sur papier
Collection particulière

— Projet de tapis noir et jaune pour la galerie Jean Désert, 1922-1923
Gouache et collage sur papier
National Museum of Ireland, Dublin
Inv. : NMIEG 2003.89

— Tapis, *circa* 1922-1924
Laine, décor géométrique en relief dans les tons beige, brun, bleu cyan et vert céladon
Mobilier provenant de l'appartement de Mme Tachard
Collection particulière
[Repr. p. 17 et 166]

— Projet de tapis noir, marron et orange pour la galerie Jean Désert, 1923-1924
Gouache et collage sur papier
National Museum of Ireland, Dublin
Inv. : NMIEG 2003.95

— Projet de tapis noir et rouge pour la galerie Jean Désert, 1923-1925

Gouache et collage sur papier
National Museum of Ireland, Dublin
Inv. : NMIEG 2003.92

— Maquette de tapis, *circa* 1925
Fils de laine ; fils de laine et soie ;
bordure en laine bouclée en relief
Porte l'étiquette d'époque au nom de « Gray & W. »
Collection particulière
[Repr. p. 162]

— Projet de tapis pour la galerie Jean Désert, *circa* 1925
Collage sur papier
Collection particulière

— Tapis, *circa* 1925
Coton
Galerie Vallois, Paris
[Repr. p. 163]

— Projet de tapis *Centimètre* pour la galerie Jean Désert, 1926-1929
Gouache sur papier
Collection particulière

— Projet de tapis *Marine d'abord* pour la galerie Jean Désert, 1926-1929
Crayon et encre de Chine
Collection particulière

— Projet de tapis *Marine d'abord* pour la galerie Jean Désert, 1926-1929
Gouache sur papier
Collection particulière

— Tapis, 1926-1929
Tissé en laine indigo foncé, beige et jaune ; laine sur chaîne double tissée à la main ; avec franges
Les Arts décoratifs, Musée des arts décoratifs, Paris
Inv. : 41971
[Repr. p. 162]

— Projet de tapis *Bobadilla*, *circa* 1928
Crayon, aquarelle, gouache et collage sur carton
Victoria and Albert Museum, Londres
Inv. : CIRC 535-1980

— Tapis, *circa* 1928
Feutre beige
The Museum of Modern Art, New York. Don de Prunella Clough, 1980
[Repr. p. 164]

— Tapis, 1929-1934
Bâche de couleur crème, avec surpiqûres blanches et liseré bleu
Mobilier provenant de *Tempe a Pailla*, Castellar
Collection particulière
[Repr. p. 188]

— Projet de tapis *Black Magic* pour la galerie Jean Désert, *circa* 1930
Crayon et gouache sur papier
Collection particulière

— Projet de tapis pour la galerie Jean Désert, *circa* 1930
Gouache et collage sur papier
Collection particulière

— Tapis *Saint-Tropez*, 1975
Laine
Édition Donegal Carpets
National Museum of Ireland, Dublin
Inv. : NMIEG 2008.1
[Repr. p. 82 et 164]

Œuvres graphiques

— *Bombsite*, *circa* 1930
Gouache sur papier
Collection particulière
[Repr. p. 198]

— *Sans titre*, *circa* 1930
Gouache sur papier
Collection particulière
[Repr. p. 196]

— *Sans titre*, *circa* 1930
Gouache sur papier
Collection particulière
[Repr. p. 196]

— *Sans titre*, *circa* 1930
Gouache et collage sur papier
Collection particulière
[Repr. p. 196]

— *Sans titre*, *circa* 1930
Collage sur papier
Collection particulière
[Repr. p. 197]

— *Sans titre*, *circa* 1930
Pastel et gouache sur papier
Collection particulière
[Repr. p. 198]

— *Sans titre*, *circa* 1930
Gouache et collage sur papier
Collection particulière
[Repr. p. 199]

— *Sans titre*, *circa* 1930
Gouache et collage sur papier
Collection particulière
[Repr. p. 199]

— *Map*, 1930
Pastel et gouache sur papier
Collection particulière
[Repr. p. 196]

— *Cage*, *circa* 1940
Gouache sur papier
Collection particulière
[Repr. p. 198]

— *Sans titre*, *circa* 1940
Collage et gouache sur papier
Collection particulière
[Repr. p. 197]

— *Sans titre*, *circa* 1940
Gouache et collage sur papier
Collection particulière
[Repr. p. 197]

— *Sans titre*, *circa* 1940
Huile sur panneau
Collection particulière
[Repr. p. 197]

— *Sans titre*, *circa* 1940
Gouache et collage sur papier
Collection particulière
[Repr. p. 15 et 199]

— Eileen Gray et Prunella Clough
Sans titre, *circa* 1960
Gouache et collage sur papier
Collection particulière
[Repr. p. 199]

— Percy Wyndham Lewis
Lady with a French Poodle, 1902
Crayon de couleur sur papier
Collection particulière

Photographie

— *Nature morte au masque kpan*, années 1920
Photographie noir et blanc
Collection particulière
[Repr. p. 200]

— *Tablescape*, années 1920
Photographie noir et blanc
Collection particulière
[Repr. p. 202]

— *Tablescape*, années 1920
Photographie noir et blanc
Collection particulière
[Repr. p. 203]

— *Tablescape*, années 1920
Photographie noir et blanc
Collection particulière
[Repr. p. 203]

— *Torse en marbre du 21, rue Bonaparte*, années 1920
Photographie noir et blanc
Collection particulière
[Repr. p. 203]

— *Anneaux de rideau*, *circa* 1930
Photographie noir et blanc
Collection particulière
[Repr. p. 202]

— *Bois pétrifié*, *circa* 1950
Photographie noir et blanc
Collection particulière
[Repr. p. 200]

— *Bois pétrifié*, *circa* 1950
Photographie noir et blanc
Collection particulière
[Repr. p. 200]

— *Citadelle à Saint-Tropez*, *circa* 1950
Photographie noir et blanc
Collection particulière
[Repr. p. 201]

— *Citadelle à Saint-Tropez*, *circa* 1950
Photographie noir et blanc
Collection particulière
[Repr. p. 201]

— *Nature morte*, *circa* 1950
Photographie noir et blanc
Collection particulière
[Repr. p. 202]

— *Port-Grimaud*, *circa* 1950
Photographie noir et blanc
Collection particulière
[Repr. p. 201]

— Man Ray
Romaine Brooks, *circa* 1925
Épreuve gélatino-argentique
Centre Pompidou, Mnam-Cci, Paris. Dation 1994
Inv. : AM 1994-394(3940)

— Man Ray
Elizabeth Eyre de Lanux, 1925
Épreuve gélatino-argentique
Recadrée au crayon noir par l'artiste. Trait au pastel rouge sur le tirage. Inscription au crayon noir au revers par une main inconnue : « Eyre de Lanux »
Centre Pompidou, Mnam-Cci, Paris. Dation 1994
Inv. : AM 1994-394(3821)

— Man Ray
Gerald Murphy, *circa* 1926
Épreuve gélatino-argentique
Centre Pompidou, Mnam-Cci, Paris
Inv. : AM 1994-394(2395)

— Man Ray
Gertrude Stein, *circa* 1926
Épreuve gélatino-argentique
Centre Pompidou, Mnam-Cci, Paris
Inv. : AM 1994-394(3428)

– Man Ray
Yeshwant Rao Holkar Bahadur,
Autre titre : *Maharajah d'Indore*, *circa* 1927
Épreuve contact
Centre Pompidou, Mnam-Cci, Paris. Dation 1994
Inv. : AM 1994-394(1270)

– Man Ray
Charles de Noailles, 1930
Épreuve contact
Recadrée à l'encre noire par l'artiste
Centre Pompidou, Mnam-Cci, Paris. Dation 1994
Inv. : AM 1994-394(3582)

Films

— Entretien d'Eileen Gray avec Bernard Dunand
Extraits (4 min.) de l'émission télévisée *Aquarius* « Lacquer Lust », 1975
Réalisation : Derek Bailey - Production LWT
© ITN Source / ITV Studios
Sous-titrage : Softitrage
Courtesy Derek Bailey

— *Sans titre*, 1936, film 16 mm réalisé par Le Corbusier sur la villa *E 1027*, extraits
© Fondation Le Corbusier / Adagp / 2013

La famille Gray, *circa* 1879.
National Museum of Ireland,
Dublin

Brownswood, la maison familiale
d'Eileen Gray, avant 1895.
National Museum of Ireland,
Dublin

Eileen Gray
avec sa sœur Thora, 1895.
National Museum of Ireland,
Dublin

ÉLÉMENTS BIOGRAPHIQUES

Jennifer Laurent

1878

Naissance de Kathleen Eileen Moray Smith le 9 août dans la demeure familiale de Brownswood, près d'Enniscorthy, dans le comté de Wexford en Irlande.
Elle est le dernier enfant de James Maclaren Smith, peintre issu de la petite bourgeoisie, et d'Eveleen Pounden, qui, en 1895, fera valoir son droit au nom de Gray et deviendra la 19e lady Gray.

Elle partage son enfance entre Enniscorthy et la résidence familiale de South Kensington, à Londres, tout en effectuant de fréquents voyages à l'étranger.

1900

Mort de son frère, Lonsdale, durant la guerre des Boers, puis de son père.

Premier séjour à Paris pour visiter l'Exposition universelle avec sa mère ; cette expérience l'incite à s'inscrire dans une école d'art cette même année.

S'inscrit à la Slade School of Fine Art à Londres pour étudier la peinture, période durant laquelle elle occupe la résidence de sa famille au 169 S.W. Cromwell Road, South Kensington.
Ses visites au Victoria and Albert Museum la familiarisent avec les laques asiatiques.

1901

Commence l'étude du laque oriental auprès de D. Charles, dans son atelier du 92, Dean Street à Soho ; elle restera en contact avec Charles durant toute sa carrière, lui demandant des conseils et échangeant avec lui sur de nouvelles techniques.

1902

S'établit à Paris avec un groupe d'amis – au nombre desquels figurent Kathleen Bruce et Jessie Gavin – pour étudier le dessin à l'Académie Colarossi, rue de la Grande-Chaumière à Montparnasse.

Trouve un logement au 3, rue Joseph-Bara, dans le 6e arrondissement, non loin du quartier des artistes à Montparnasse, où elle s'installe avec Bruce et Gavin.

Quitte l'Académie Colarossi pour l'Académie Julian, située rue du Dragon, qui prépare les étudiants à intégrer l'École des beaux-arts.

Expose une aquarelle intitulée *Derniers rayons de soleil d'une belle journée* au 120e Salon de la Société des artistes français, au Grand Palais.

1905

Expose un tableau intitulé *Femme au sablier* au 123e Salon de la Société des artistes français, au Grand Palais.

Retourne à Londres pour se rapprocher de sa mère malade ; reprend l'apprentissage du laque dans l'atelier de D. Charles ainsi que ses études à la Slade School.

Contracte une grave typhoïde et en réchappe miraculeusement ; se rend en Algérie pour sa convalescence.

1906

Retourne définitivement à Paris.

1907

Achète un appartement dans un hôtel particulier du XVIIIe siècle au 21, rue Bonaparte, appartement qu'elle conservera toute sa vie.

Eileen Gray à Paris, *circa* 1900.
Collection particulière

Eileen Gray lors d'un séjour dans les Alpes, s. d.
Collection particulière

Eileen Gray « à la Lord Byron », *circa* 1910.
Collection particulière

Commence à collaborer avec le laqueur japonais Seizo Sugawara, qui avait été envoyé en France par son pays pour réparer les laques exposés au Pavillon japonais durant l'Exposition universelle de 1900 à Paris.

1908

Un voyage dans l'Atlas avec son amie Evelyn Wyld en 1908-1909 permet aux deux femmes de se familiariser avec les techniques de tissage et de teinture des artisans locaux.

1909

Gray achète sa première voiture, une Chenard & Walcker, et commence à s'intéresser à l'aviation.

1910

Ouvre un atelier de tissage avec Wyld au 17-19, rue Visconti, et commence à dessiner des motifs de tapis ; les deux femmes achètent des métiers en Angleterre et font venir un tisserand pour former un groupe d'apprenties qu'elles ont engagées.

Ouvre un atelier de laque avec Sugawara au 11, rue Guénégaud.

1912

Sillonne les États-Unis en train en compagnie de sa sœur Thora, de Gabrielle Bloch et de Florence Gardiner.

1913

Expose pour la première fois au 8e Salon de la Société des artistes décorateurs, au Pavillon de Marsan, au Musée des arts décoratifs à Paris. Gray présente quatre pièces : un dessus de cheminée intitulé *Om Mani Padme Hum*, une frise, des panneaux de bibliothèque jaune et argent, et un panneau laqué intitulé *La Forêt enchantée*. Ce dernier, également connu sous le nom *Le Magicien de la nuit*, attire l'attention de plusieurs futurs mécènes de l'artiste, dont Élisabeth de Gramont, duchesse de Clermont-Tonnerre, et le couturier Jacques Doucet.

1914

Doucet achète à l'atelier de Gray un paravent en laque, *Le Destin*, et, plus tard, lui commande plusieurs autres pièces de mobilier pour son nouvel appartement du 46, avenue du Bois, dont la décoration est confiée à Paul Iribe et Pierre-Émile Legrain. Quinze ans plus tard, le mobilier de Gray sera mis en valeur dans le décor du célèbre studio de Doucet, rue Saint-James à Neuilly.

1915

Expose un meuble laqué dans la section française des arts décoratifs modernes à la « Panama-Pacific International Exposition », à San Francisco.

Avec Élisabeth de Gramont, devient durant plusieurs mois ambulancière dans le Paris en guerre avant de rentrer avec Sugawara à Londres, où elle ouvre un atelier près de Cheyne Walk à Chelsea.

Son frère aîné, James, est tué à la guerre.

1917

Ne trouvant pas de clients pour ses meubles à Londres, Gray retourne à Paris, où elle reprend le travail dans ses ateliers de laque et de tissage.

L'édition anglaise de *Vogue* publie un article très élogieux sur ses laques.

1918

À la mort de sa mère, le 24 décembre, Gray retourne sur son lieu de naissance, Enniscorthy, pour les funérailles.

Berenice Abbott,
Portrait d'Eileen Gray, Paris, 1926.
Collection particulière

1919

Expose un paravent en laque intitulé *La Nuit* au 10e Salon de la Société des artistes décorateurs, au Pavillon de Marsan, au Musée des arts décoratifs.

Commence à rénover un appartement au 9, rue de Lota pour Juliette Lévy, dite Madame Mathieu Lévy, riche propriétaire de l'enseigne J. Suzanne Talbot ; ce chantier joue un rôle important dans la progression de la carrière de Gray, qui s'oriente vers l'architecture. À l'occasion de la seconde phase du projet – qui commence en 1922 et se terminera en 1924 –, elle engage un ébéniste, Kichizo Inagaki, pour l'aider dans le travail exigeant du hall d'entrée.

1920

Se rend au Mexique et visite Teotihuacán. Participe au premier vol des services postaux vers Acapulco.

1921

Achète une petite maison de week-end rue du Bas-Samois, à Samois-sur-Seine. Deux ans plus tard, elle achètera la maison mitoyenne, qu'elle utilisera d'abord comme atelier de laque pour Sugawara et qui sera rattachée plus tard à la première maison. Gray y accueillera occasionnellement des amis, et notamment la chanteuse de music-hall Damia, dont elle est très proche.

1922

Le 17 mai, organise un vernissage pour l'ouverture de la galerie Jean Désert au 217, rue du Faubourg-Saint-Honoré, où elle vend ses meubles et ses tapis. Gray comptera parmi ses clients le vicomte et la vicomtesse Charles et Marie-Laure de Noailles, le riche entrepreneur Jean-Henri Labourdette, l'artiste-peintre américaine Romaine Brooks et le maharajah d'Indore.

Expose au Salon d'automne, au Grand Palais, un ensemble de meubles comprenant une commode en bois exotique avec dessus laqué brun, un paravent laqué, un tapis à points noués, un tapis tissé et diverses tentures murales.

Participe à l'exposition de groupe « Exposition française d'Amsterdam. Industrie d'art et de luxe », organisée par le ministère français des Affaires étrangères au Paleis Voor Volksvlijt, à Amsterdam, pour promouvoir les arts décoratifs français à l'étranger.

1923

Participe au 14e Salon de la Société des artistes décorateurs, au Grand Palais ; elle y expose un ensemble intitulé *Une chambre à coucher boudoir pour Monte-Carlo*, qui lui vaut des critiques essentiellement négatives dans la presse française. Cet ensemble élaboré comprend un panneau en laque abstrait rouge, blanc et or, un lit de repos laqué, une paire de paravents constitués de fines briques rectangulaires blanches, une table d'appoint ronde à piètement octogonal, un bureau laqué noir avec poignées en ivoire sculpté, deux tapis et divers luminaires. En revanche, l'ensemble est très apprécié des critiques néerlandais, parmi lesquels les architectes Sybold van Ravesteyn, J. J. P. Oud et Jan Wils – qui appartiennent au mouvement De Stijl – et Albert Boeken.

À l'occasion d'une de ses premières incursions dans le monde de l'architecture, Gray commence les plans d'un projet expérimental inspiré de la villa Moissi d'Adolf Loos ; le projet ne se concrétisera jamais.

1924

Participe au 15e Salon de la Société des artistes décorateurs au Grand Palais ; elle expose des tapis et des tentures dans le cadre de la décoration d'un appartement présenté par Pierre Chareau sous le titre « La réception et l'intimité d'un appartement moderne ».

Participe à « L'Architecture et les arts qui s'y rattachent », exposition organisée par l'amicale de l'École spéciale d'architecture ; elle présente une coiffeuse, un miroir, une table et deux lampes.

Un numéro spécial de *Wendingen*, revue néerlandaise d'art et d'architecture d'avant-garde (le titre signifie « tournant décisif »), est consacré aux intérieurs de Gray ; il comprend une introduction de Jan Wils et un article de Jean Badovici.

1925

En compagnie de Badovici, visite la maison Schröder de Gerrit Rietveld à Utrecht.

1926

Ayant acheté un terrain en bord de mer à Roquebrune-Cap-Martin, se lance dans les plans d'une résidence de vacances pour Badovici ; ce projet, qui deviendra sa réalisation architecturale la plus célèbre, porte le nom de *E 1027*, d'après un jeu sur ses initiales et celles de Badovici. Construite en collaboration avec Badovici, la villa sera achevée en 1929.

Conçoit une *Petite Maison pour un ingénieur* qui demeurera à l'état de projet.

Gray et Wyld exposent leurs tapis à l'Exposition d'art appliqué annuelle, au Musée Galliera.

1927

Wyld quitte l'atelier de tissage de Gray pour créer et confectionner ses propres tapis en collaboration avec l'artiste-peintre américaine Eyre de Lanux.

Se rend à Stuttgart avec Badovici, où elle visite l'exposition d'architecture moderniste « Die Wohnung ». Parmi les exposants figurent Walter Gropius, Mies van der Rohe et Le Corbusier.

1929

Création de l'Union des artistes modernes (UAM) par un groupe de membres dissidents de la Société des artistes décorateurs ; Gray en est l'un des membres fondateurs.

Sous le titre *E 1027. Maison en bord de mer*, un numéro spécial de *L'Architecture vivante* est consacré à la villa.

Vend la demeure familiale des Gray à Enniscorthy.

1930

Commence des plans pour un studio parisien à l'intention de Badovici au 7, rue Chateaubriand.

En collaboration avec Badovici, présente des photographies et des plans de *E 1027* à la première exposition de l'UAM, au Pavillon de Marsan (*Maison en bord de mer au Cap-Martin – Roquebrune*). Gray est déçue par le mauvais emplacement de son stand et par le fait que sa participation ne soit pas mentionnée dans le catalogue.

Ferme définitivement la galerie Jean Désert et l'atelier de laque au 11, rue Guénégaud.

1931

Présente à la deuxième exposition annuelle de l'UAM, organisée à la galerie Georges Petit, des plans de systèmes de rangement pour des appartements modernes, des photographies du studio qu'elle a conçu pour Badovici rue Chateaubriand et des projets pour une tente de camping.

Commence les plans de *Tempe a Pailla*, maison qu'elle se destine, sur un site qui surplombe la Méditerranée à Castellar ; il s'agit de son premier projet architectural indépendant. Les travaux de construction commencent en 1934 et s'achèveront en 1935.

1933

À l'occasion d'un second projet de décoration intérieure pour le nouvel appartement de Madame Mathieu Lévy, boulevard Suchet, cette fois placé sous la direction de l'architecte Paul Ruaud, Gray crée un canapé blanc et deux chaises *Bibendum* blanches ; l'intérieur est présenté dans *L'Illustration*, sans mention du nom de Gray.

Commence à travailler sur une commande privée pour une *Maison-atelier pour deux sculpteurs*, qui comprend une partie logement et un atelier ; deux versions de ce projet seront élaborées au cours des deux années suivantes, mais aucune ne sera réalisée.

Participe au 23e Salon de la Société des artistes décorateurs, au Grand Palais, où elle présente des meubles et des sièges pour un hall, ainsi que des photographies et des maquettes architecturales.

1934

Démissionne de l'UAM.

Se rend au Mexique et en revient via New York, où elle rencontre Frederick Kiesler.

1936

Élabore des plans pour une *Maison ellipse* préfabriquée, composée d'unités modulaires et conçue pour être facilement transportée, montée et démontée ; les plans resteront à l'état de projet.

1937

Les plans de Gray pour un *Centre de vacances*, commencés en 1936, sont présentés à l'Exposition internationale de Paris dans le Pavillon des temps nouveaux de Le Corbusier. Le projet, qui comprend une plate-forme de stationnement, une zone administrative, divers complexes de vacances, un terrain de camping, un restaurant, une zone de loisirs et un gymnase, ne sera jamais réalisé.

Alan Irvine, *Portrait d'Eileen Gray dans son appartement parisien*, 1970. Centre Pompidou, Bibliothèque Kandinsky, Paris. Fonds Eileen Gray

« Le Décor de la vie de 1900 à 1925 », exposition organisée au Pavillon de Marsan durant l'Exposition internationale, présente deux meubles conçus par Gray pour Doucet dans les années 1910 : une table laquée rouge connue sous le nom de *Table aux chars* et un paravent à double face laqué intitulé *Le Destin*.

1939

Achète un vignoble doté d'un vieux bâtiment en pierre au pied de la chapelle Sainte-Anne, en bordure de Saint-Tropez, où, quinze ans plus tard, elle s'attaquera à sa dernière réalisation architecturale, la maison *Lou Pérou*.

1941

En tant qu'étrangères durant la guerre, Gray et plusieurs de ses amies, dont Kate Weatherby et Evelyn Wyld, sont contraintes de quitter la côte méditerranéenne pour Lourmarin, dans le Vaucluse.

1945

Une fois la paix rétablie, Gray découvre que *Tempe a Pailla* a été pillée et que la plupart de ses biens ont été détruits. Elle décide alors d'entreprendre de conséquents travaux de restauration.

1946

Adoptant dans ses sujets architecturaux une orientation de plus en plus sociale, Gray commence des plans pour un *Centre culturel et social* qui comprend une zone de loisirs, un espace de restauration et une bibliothèque ; les plans resteront à l'état de projet.

1953

Gray adhère de nouveau à l'UAM, et accepte de participer à l'exposition du Musée d'art moderne, où elle compte présenter certaines de ses créations réalisées pour sa maison *Tempe a Pailla* ; l'exposition sera annulée.

1954

Gray rénove et agrandit *Lou Pérou* ; la maison sera achevée en 1961. Gray y passera désormais ses étés et retournera dans son appartement parisien chaque automne.

1955

Vente de *Tempe a Pailla* au peintre britannique Graham Sutherland.

1956

Badovici meurt à Monaco le 17 août.

1968

Un article écrit par Joseph Rykwert, historien de l'architecture, et publié dans la revue d'architecture et de design *Domus*, attire de nouveau l'attention sur le travail de Gray.

1972

Gray est nommée « Royal Designer for Industry » par la British Society of Arts.

À l'hôtel des ventes de Drouot, à Paris, l'ancienne collection Jacques Doucet est mise aux enchères ; parmi les meubles qui proviennent du studio du couturier, rue Saint-James, figurent le paravent laqué *Le Destin*, la *Table aux lotus* et la *Table au bilboquet*.

1973

Gray est élue membre d'honneur du Royal Institute of Irish Architects.

Une rétrospective intitulée « Eileen Gray. Pioneer of Design » est organisée par le Royal Institute of British Architects (RIBA) à Londres.

1976

Eileen Gray meurt dans son appartement parisien le 31 octobre.

Traduit de l'anglais par Jean-François Allain

BIBLIOGRAPHIE

Établie par Jean-François Archieri et Frédéric Migayrou

1. Publications et catalogues d'exposition monographiques

Badovici Jean, Wils Jan, *Eileen Gray. Meubelen en interieurs*, numéro spécial de la revue *Wendingen*, 6e série, no 6, Amsterdam, 1924, 32 p.

Gray Eileen, Badovici Jean, *E 1027. Maison en bord de mer*, Paris, Éd. Albert Morancé, 1929 **[E 1027]**; rééd.: Marseille, Éd. Imbernon, 2006, préfacée par Jean-Paul Rayon, Jean-Lucien Bonillo, Pierre-Antoine Gatier.

Eileen Gray. Pioneer of Design, cat. expo., Londres, Heinz Gallery, Royal Institute of British Architects [RIBA] / Westerham Press printed, 1973.

Lynch Elizabeth, *Eileen Gray. Her Life and Work*, thèse, Londres, Polytechnic of North London, 1976.

Murphy Elizabeth, *Eileen Gray. A Monograph*, Londres, 1976.

Rinn Annette, Lakah Paula, *Eileen Gray*, Giessen, 1978, 88 p.

Johnson John Stewart, *Eileen Gray Designer*, cat. expo., Londres, Victoria and Albert Museum / New York, Museum of Modern Art / Londres, Debrett's Peerage, 1979.

Loye Brigitte, *Eileen Gray. Un autre chemin pour la modernité... Une idée chorégraphique*, thèse, École nationale supérieure des beaux-arts, Paris, 1980.

Collection Eileen Gray. Mobilier, objets et projets de sa création, catalogue de la vente aux enchères du 25 mai 1980 au Sporting d'hiver, Monte-Carlo, Monaco, Sotheby Parke Bernet, 1980, 80 p.

Vandenweghe Jan, *Eileen Gray*, thèse, Gand, Sint Lucas Institute, 1983.

Loye Brigitte, *Eileen Gray, 1879-1976. Architecture, design*, préfacé par Michel Raynaud, Paris, Analeph / J.P. Viguier, 1984, 159 p.

Adam Peter, *Eileen Gray, Architect/ Designer. A Biography*, New York, H. N. Abrams, 1987, 400 p.; édition française: Peter Adam, *Eileen Gray, une biographie*, trad. de l'anglais par Jean-Baptiste Damien, Paris, Adam Biro, 1989.

Müller Christian (éd.), *Eileen Gray*, numéro spécial, *Archithese*, vol. 21, no 4, juillet-août 1991, Heiden, Arthur Niggli Verlag, p. 16-76.

Hecker Stefan, Müller Christian, *Eileen Gray. Works and Projects*, Barcelone, Editorial Gustavo Gili, 1993, 235 p.

Garner Philippe, *Eileen Gray. Design and Architecture, 1878-1976*, Cologne, Taschen, 1993 (rééd. 2006).

Constant Caroline, Wang Wilfried, *Eine Architektur für alle Sinne: die Arbeiten von Eileen Gray*, cat. expo., Francfort-sur-le-Main, Deutschen Architektur-Museum / Berlin, Wasmuth, 1996, 213 p.

Adam Peter, *The Adjustable Table E 1027 by Eileen Gray*, Francfort-sur-le-Main, Verlag Form, 1998.

Barrès Renaud, *E 1027. Essai d'une théorie de restauration active du patrimoine moderne et contemporain*, Montpellier, Éditions de l'Espérou, 2000.

Kerner Charlotte, *Die Nonkonformistin. Die Lebensgeschichte der Architektin und Designerin Eileen Gray*, Weinheim, Beltz & Gelberg, 2002, 263 p.

Rowlands Penelope, Bartolucci Marisa, Cabra Raul, *Eileen Gray*, San Francisco, Chronicle Books, « Compact Design Portfolio », 2002.

Constant Caroline, *Eileen Gray*, trad. de l'anglais par Jacques Bosser, Paris, Phaidon, 2003 (1re édition: Londres, Phaidon, 2000).

Baudot Francois, *Eileen Gray*, Paris, Éd. Assouline, « Mémoire du style », 2004, 79 p. (1re édition: Londres, Thames & Hudson, 1998).

Wilain Marion, Dervieux Alain, *Quelle restauration pour la villa E 1027?*, Paris, École d'architecture de Paris-Belleville, 2005, 98 p.

Rault Jasmine, *Eileen Gray. New Angles on Gender and Sexuality*, doctorat de philosophie, Montréal, McGill University, Department of Art History and Communication Studies, 2006.

Polo Roberto, Aboukrat Serge, *Eileen Gray. Œuvres sur papier*, Paris, Galerie Historismus, 2007, 137 p.

Adam Peter, *Eileen Gray. Her Life and Work*, Londres, Thames & Hudson, 2009, 360 p.

Koering Élise, *Eileen Gray et Charlotte Perriand dans les années 1920 et la question de l'intérieur corbuséen. Essai d'analyse et de mise en perspective*, thèse de doctorat, université de Versailles-Saint-Quentin-en-Yvelynes, 2010.

Maggio Francesco, *Eileen Gray. Interpretazioni grafiche*, préfacé par Marco Gaiani, Milan, Franco Angeli Editore, 2011, 300 p.

Rault Jasmine, *Eileen Gray and the Design of Sapphic Modernity*, Farnham, Ashgate Publishing Ltd., 2011.

Adam Peter, *Eileen Gray, sa vie, son œuvre*, Paris, Éditions de la Différence, 2012.

Goff Jennifer, *The Eileen Gray Collection at the National Museum of Ireland*, thèse de doctorat, University College Dublin, 2012.

2. Publications et catalogues d'exposition généraux

Chavance René, Vernes Henri, *Pour comprendre l'art décoratif moderne*, Paris, Librairie Hachette, 1925.

Mourey Gabriel, *Histoire générale de l'art français*, t. 3 : *Les Arts décoratifs*, Paris, Librairie de France, 1925, p. 299.

Moussinac Léon, *Le Meuble français moderne*, Paris, Librairie Hachette, 1925, p. 71.

Paris, Arts décoratifs 1925. Guide de l'exposition, Paris, Librairie Hachette, 1925.

Janneau Guillaume, *Technique du décor intérieur moderne*, Paris, Éd. Albert Morancé, 1927.

Exposition internationale des arts décoratifs et industriels modernes, 1925. Rapport général. Volume VI. Rapport de la classe 13. Tissu et papier, p. 32-48 **[Exposition Arts décoratifs 1925 ; Tapis]**.

Janneau Guillaume, *L'Architecture mineure. Technique du décor intérieur moderne*, Paris, Éd. Albert Morancé, 1928, p. 144.

Roche Antoine, *Paris 1928*, Paris, Librairie des Arts décoratifs - A. Calavas, s. d.

Bonney Thérèse et Louise, *Buying Antique and Modern Furniture in Paris*, New York, Robert M. McBride and Co., 1929, p. 48.

Bonney Thérèse et Louise, *A Shopping Guide to Paris*, New York, Robert M. McBride and Co., 1929, p. 192.

Matet Maurice, *Tapis modernes*, Paris, H. Ernst, vers 1930, pl. 12 et 36 **[Tapis]**.

Roche Antoine, *Paris 1929*, Paris, Librairie des Arts décoratifs, 1930, pl. 12-13 **[Tapis]**.

Teige Karel, *Nejmenši Byt*, Prague, V. Petr, 1932, p. 206, 208, 233 **[E 1027]**.

Aloi Roberto, *L'Arredamento Moderno*, première série, Milan, Ulrico Hoepli, 1934, ill. 514.

Chéronnet Louis, *Pour l'art moderne, cadre de la vie contemporaine*», Paris, Impr. de Vaugirard, 1934, 16 p. **[UAM]**.

Moreau Charles, *Sièges contemporains*, Paris, Charles Moreau, 1934, 32 pl. : fauteuil type *Transat* (*E 1027*), pl. 17, ill. 2, 3.

Le Corbusier, « Eileen Gray. Centre de vacances et de loisirs », *Des Canons, des munitions ? Merci ! Des logis... S.V.P.*, cat. expo. du Pavillon des temps nouveaux à l'Exposition Art et Techniques, 1937, Paris, Boulogne-sur-Seine, Éditions de L'Architecture d'aujourd'hui, 1938, p. 96-97 **[Architecture]**.

Aloi Roberto, *L'Arredamento Moderno*, deuxième série, Milan, Ulrico Hoepli, 1939, ill. 456, 765.

Aloi Roberto, *L'Arredamento Moderno*, troisième série, Milan, Ulrico Hoepli, 1947, ill. 583,737.

Willy Boesiger (dir.), *Le Corbusier. Œuvre complète, 1938-1946*, vol. 4, Zurich, Les Éditions d'architecture, 1946, p. 158-161.

Canella Luciano, Radici Renato, *Tavoli e Piani d'appoggio*, Milan, Editoriale Domus, 1948.

Herbst René, *25 années UAM, Union des artistes modernes, 1930-1955. Les formes utiles : l'architecture, les arts plastiques, les arts graphiques, le mobilier, l'équipement ménager*, Paris, Éditions du Salon des arts ménagers, 1956, 148 p.

Brunhammer Yvonne, *Les Années 25. Art déco / Bauhaus / Stijl / Esprit nouveau*, cat. expo., Paris, Musée des arts décoratifs 1966.

Battersby Martin, *The Decorative Twenties*, Londres, Studio Vista, 1969.

Brunhammer Yvonne, *The Nineteen Twenties Style*, Londres, Hamlyn, 1969.

Hogben Carol, *Modern Chairs, 1918-1970*, cat. expo., 1971, ill. 5, 24.

Ancienne Collection J. Doucet. Mobilier Art déco provenant du studio Saint-James à Neuilly. Catalogue de vente, Audap, Godeau, Solanet, Paris, Hôtel Drouot, 8 novembre 1972 **[Jacques Doucet]**.

Sharp Denis, *A Visual History of Twentieth-Century Architecture*, New York, Little Brown & Co, 1972.

Lorac-Gerbaud Andrée, *L'Art du laque*, Paris, Dessain et Tolra, 1973 **[Laque]**.

Benton Tim, Benton Charlotte, Scharf Aaron, *Design 1920's, Modernism in the Decorative Arts: Paris 1910-1930*, Milton Keynes, The Open University Press, 1975.

Brunhammer Yvonne, *Style 1925*, Paris, Baschet & Cie, 1975.

Herbert Gilbert, *Martienssen and the International Style. The Modern Movement in South African Architecture*, Cape Town, Rotterdam, A.A. Balkema, 1975.

Barten Sigrid, *Europäische Lackkunst vom 18. bis 20. Jahrhundert. Wegleitung des Kunstgewerbemuseums der Stadt*, cat. expo., Zurich, Museum Bellerive, 1976, 48 p.

Brunhammer Yvonne, *Cinquantenaire de l'Exposition de 1925*, cat. expo., Paris, Musée des arts décoratifs / Les Presses de la connaissance, 165 p.

De Fusco Renato, *Le Corbusier Designer i Mobili del 1929*, Milan, Electa, 1976.

Rinn Annette, Lakah Paula, *Eileen Gray. Seminar Paper*, Munich, Technische Hochschule, 1979.

Rubino Luciano, « Eileen Gray. Una designer contra il camping stile », *Le Spose del vento. La donna nelle arti e nel design degli ultimi cento anni*, Vérone, Bertani Editoriale, 1979, 225 p.

Arwas Victor, *Art Deco*, Londres, Academy Editions, 1980.

Emmanuel Muriel (éd.), *Contemporary Architects*, New York, St. Martin's Press, 1980.

Garner Philippe, *Möbel des 20 Jahrhunderts*, Munich, Keyser, 1980, 222 p.

Miller John, *Ten Twentieth-Century Houses*, Londres, Arts Council of Great Britain, 1980, 32 p.

Mobilier moderniste provenant du palais du maharajah d'Indore, catalogue de la vente aux enchères du 25 mai 1980 au Sotheby Sporting d'Hiver, Monte-Carlo, Monaco, Sotheby Parke Bernet, 1980.

Paris Hollywood. Décembre 1981-janvier 1982. Rosengart, Hudson Terraplane, René Prou, Norman Bel Geddes, Dorwin Teague, Kem Weber, Donald Deskey, Gilbert Rohde, Eileen Gray..., cat. expo., Paris, Galerie 1900-2000, 1980, 80 p.

Perren Joe van der, *Architektuur en Meubels van Huib Hoste*, Gand, 1980.

Van Geet Jan, Mácel Otakar, *Stühle aus Stahl. Metallmöbel 1925-1940*, Cologne, Walther König, 1980.

Kjellberg Pierre, *Art déco. Les maîtres du mobilier*, Paris, Éditions de l'Amateur, 1981, p. 80-81.

Smithson Alison et Peter, *The Heroic Period of Modern Architecture*, New York, Rizzoli, 1981.

Rubino Luciano, *Pierre Chareau & Bernard Bijvoet : dalla Francia dell'art deco verso un'architettura vera*, Rome, Edizioni Kappa, 1982.

Rykwert Joseph, *The Necessity of Artifice*, Londres, Academy Editions, 1982, 143 p.

Pionniers du meuble du xxe siècle, cat. expo., Genève, Musée d'art et d'histoire, 1983.

Anscombe Isabelle, *A Woman's Touch. Women In Design From 1860 To The Present Day*, Londres, Virago Press Ltd., 1984.

Chapon François, *Mystère et Splendeurs de Jacques Doucet, 1853-1929*, Paris, Jean-Claude Lattès, 1984 **[Jacques Doucet]**.

Duncan Alastair, *Art Deco Furniture. The French Designers*, Londres, Thames & Hudson, 1984.

Komanecky Michael, Butera Virginia F., *The Folding Image. Screens by Western Artists of the Nineteenth and Twentieth Centuries*, cat. expo., Washington, National Gallery of Art / New Haven, Yale University Art Gallery, 1984.

MacCarthy Fiona, Nuttgens Patrick, *Eye for Industry. Royal Designers for Industry, 1936-1986*, cat. expo., Londres, Royal Society of Arts, Victoria and Albert Museum / Lund Humphries, 1986, 96 p.

Barré-Despond Arlette, *UAM. Union des artistes modernes*, Paris, Éditions du Regard, 1986, 576 p.

Arzoumanian Varoujan, Bardou Patrick, *Le Corbusier et la Méditerranée*, Paris, Éditions Parenthèses, 1987, p. 191-199.

Bizot Chantal, Brunhammer Yvonne, Tise Suzanne, *Les Années UAM : 1929-1958*, cat. expo., Paris, Union des arts décoratifs, 1988.

Doumato Lamia, *Architecture and Women. A Bibliography Documenting Women Architects, Landscape Architects, Designers, Architectural Critics and Writers and Women in the U.S.*, New York, Garland Publishing, 1988, 269 p.

Brunhammer Yvonne, Tise Suzanne, *The Decorative Arts in France. La Société des artistes décorateurs 1900-1942*, New York, Rizzoli, 1989.

Burdett Richard et Wilfried Wang (éds), *9H. On Rigor*, Cambridge (Mass.), The MIT Press, 1989.

Mathias Martine, *Le xxe siècle au tapis. Aspects du tapis en France de l'Art nouveau à l'art contemporain*, cat. expo., Lyon, Centre culturel / Albaron, 1991, 110 p.

Sirat Jacques, Siriex Françoise, *Tapis français du xxe siècle. De l'Art nouveau aux créations contemporaines*, Paris, Éditions de l'Amateur, 1993.

Wilson Colin St John, *The Other Tradition of Modern Architecture. The Uncompleted Project*, Londres, Academy Editions, 1995.

Agrest Diana, Conway Patricia et Weisman Leslie Kanes (éds), *The Sex of Architecture*, New York, Harry N. Abrams, 1996, p. 188.

Colomina Beatriz, *Privacy and Publicity. Modern Architecture as Mass Media*, Cambridge (Mass.), The MIT Press, 1994 ; édition française : Beatriz Colomina, *La Publicité du privé. De Loos à Le Corbusier*, trad. de l'anglais par Marie-Ange Brayer, Orléans, Éditions HYX, 1998.

Ricon Baldessarini Sonia, *Architektinnen. Wie Frauen bauen. Eine spannende Entdeckung auch für Architekturfremde*, Berlin, Aviva, 2001, 90 p.

Silver Kenneth E., *Making Paradise. Art, Modernity and the Myth of the French Riviera*, Cambridge (Mass.), Londres, The MIT Press, 2001, 192 p.

Day Susan, *Art Deco and Modernist Carpets*, Londres, San Francisco, Chronicle Books, 2002, 224 p.

Ewig Isabelle, Gaehtgens Thomas W., Noell Matthias, *Das Bauhaus und Frankreich / Le Bauhaus et la France. 1919-1940*, Berlin, Akademie Verlag, 2002.

Kolosek Schlansker Lisa, *L'Invention du chic. Thérèse Bonney et le Paris moderne*, Paris, Norma Éditions, 2002, 192 p.

Tinniswood Adrian, *The Art Deco House. Avant-Garde Houses of the 1920s-1930s*, Londres, Mitchell Beazley, 2002.

Chadwick Whitney, Latimer Tirza True, *The Modern Woman Revisited. Paris Between the Wars*, New Brunswick, Rutgers University Press, 2003, 259 p.

Martin Brenda, Sparke Penny, *Women's Places. Architecture and Design 1860-1960*, Londres, Routledge, 2003, 176 p.

Samuel Flora, *Le Corbusier. Architect and Feminist*, New York, John Wiley and Sons Ltd, 2004.

Anderson Alex Thomas, *The Problem of the House. French Domestic Life and the Rise of Modern Architecture*, Seattle, University of Washington Press, 2006, 220 p.

Bilas Charles, Rosso Lucien, *Côte d'Azur. Architecture des années 20 et 30*, Paris, Éditions de l'Amateur, 2007, 175 p.

Fustier-Dautier Nerte, *Cap-Martin. Architectures en bord de mer*, Paris, Conservatoire du littoral, Dexia éditions / Arles, Actes Sud, 2007.

Heynen Hilde et Baydar Gülsüm (éds), *Negotiating Domesticity. Spatial Production of Gender in Modern Architecture*, Londres, New York, Routledge, 2005.

Adam Peter, *Mémoires à contre-vent. De Berlin sous Hitler à Londres et Paris avec la BBC*, Paris, La Différence, 2010, 460 p.

Bryant Jill, *Dazzling Women Designers*, Toronto, Second Story Press, 2010.

Spalding Frances, *Prunella Clough. Region Unmapped*, Farnham, Lund Humphries, 2012.

3. Articles

Pillard-Verneuil Maurice, « Le Salon de la Société des artistes décorateurs en 1913 », *Art et Décoration*, t. 33, janvier-juin 1913, p. 88-100 **[Laque]**.

« Nouvelles - Concours - Expositions : Nouvelles diverses - Sociétés artistiques. Assemblée générale de la Société des artistes décorateurs », *Art et Décoration*, t. 34, juillet-décembre 1913, p. 5 **[Laque]**.

Koechlin Raymond, « L'art français moderne n'est pas "munichois" », *L'Art français moderne*, janvier 1916, p. 1-37 **[Jacques Doucet]**.

A. S., « An Artist in Lacquer », *Vogue*, n° 3, 1er août 1917, Londres, p. 29 **[Laque]**.

Roger-Marx Claude, « Le Salon des Artistes décorateurs », *Le Crapouillot*, n° 2, 15 avril 1919, p. 7 **[Laque]**.

De Felice Roger, « Le Salon des artistes décorateurs », *Les Arts français*, 1919, p. 57-72 **[Laque]**.

« Lacquer Walls and Furniture Displace Old Gods in Paris and London », *Harper's Bazaar*, septembre 1920 **[Laque]**.

Vauxcelles Louis, « La vie artistique », *L'Amour de l'art*, novembre 1920, p. 243-245 **[Laque]**.

Pinturicchio, « Carnet des ateliers - A Galliera », *Le Carnet de la semaine*, 6e année, n° 289, 19 décembre 1920, p. 9 **[Laque]**.

Clermont-Tonnerre Élisabeth de (Élisabeth de Gramont), « Les laques de Miss Eileen Gray », *Feuillets d'art*, 2e année, n° 3, février-mars 1922, Paris, Vogel, p. 147-148 **[Laque]**.

English Ed, « The Lacquer Work of Miss Eileen Gray », *The Living Arts*, Londres, New York, n° 3, p. 147-148 **[Laque]**.

Raynal Maurice, « Les Arts », *L'Intransigeant*, 16 mai 1922, p. 2 **[Jean Désert]**.

« Les lettres et les arts. Expositions nouvelles », *La Libre Parole*, 23 mai 1922, p. 3 **[Jean Désert]**.

Raynal Maurice, « Les arts », *L'Intransigeant*, 5 juin 1922, p. 2 **[Jean Désert]**.

« Bargain Time », *Daily Mail*, Londres, 10 juin 1922. **[Jean Désert]**.

« The Lacquer Work », *Daily Mail*, Londres, 10 juin 1922 **[Laque]**.

« The Lacquer Cult », *New York Herald Tribune*, 20 juin 1922 **[Laque]**.

« L'actualité. Expositions visitées », *L'Art et les Artistes*, n° 29, juillet 1922, p. 403 **[Jean Désert]**.

« Odd Designs at Art Studio "Jean Désert". Furniture in Bizarre Forms and Styles », *Chicago Tribune*, 7 juillet 1922 **[Jean Désert]**.

« Beaux-arts. Carnets », *Comœdia*, 27 octobre 1922, p. 5 **[Exposition Amsterdam 1922]**.

Au Salon d'automne, rubrique « Les Arts », numéro spécial du *Crapouillot*, 16 novembre 1922, p. 10-21 **[Laque]**.

Mauposié F. E., « M. Dior va inaugurer à Amsterdam une exposition française », *L'Intransigeant*, 28 novembre 1922, p. 1 **[Exposition Amsterdam 1922]**.

Vaillat Léandre, « Le décor de la vie. Au Salon d'automne : le meuble », *Le Temps*, 28 novembre 1922, p. 4 **[Laque]**.

Le Fèvre G., « À l'exposition d'Amsterdam. Il faut que nous continuions à créer, nous dit M. Charles Plumet », *L'Intransigeant*, 30 novembre 1922, p. 3 **[Exposition Amsterdam 1922]**.

Watelin L.-Ch., « L'art décoratif et les arts appliqués au Salon d'automne », *L'Art et les Artistes*, t. 6, n° 32, décembre 1922, p. 107-114 **[Jean Désert]**.

De Gay Arsène, « Échos. L'Exposition française d'Amsterdam », *La Renaissance*, n° 49, 9 décembre 1922, p. 14 **[Exposition Amsterdam 1922]**.

Thiébault-Sisson, « Art et Curiosité. À propos du banquet de la Chambre de commerce. L'Exposition internationale des arts décoratifs », *Le Temps*, 15 décembre 1922, p. 4 **[Exposition Amsterdam 1922]**.

Rambosson Yvanhoé, « Exposition de Monza », *L'Amour de l'art*, n° 2, février 1923, p. 472 **[Exposition Amsterdam 1922]**.

Rambosson Yvanhoé, « Exposition d'Amsterdam », *L'Amour de l'art*, n° 3, mars 1923, p. 503 **[Exposition Amsterdam 1922]**.

« Beautiful Lacquered Furniture », *Daily Mail*, 29 mars 1923 **[Laque]**.

Rambosson Yvanhoé, « Beaux-arts. Le Salon des artistes décorateurs », *Comœdia*, 3 mai 1923, p. 4.

M.R., « M. Léon Bérard inaugure le Salon des décorateurs », *L'Intransigeant*, 5 mai 1923, p. 3 **[14e Salon des artistes décorateurs]**.

« Le salon des décorateurs », *Le Matin*, 5 mai 1923 **[14e Salon des artistes décorateurs]**.

Fegdal Charles, « Le Salon des artistes décorateurs », *Bonsoir*, n° 1553, 8 mai 1923, p. 2 **[14e Salon des artistes décorateurs]**.

Waldemar George, « Le Salon des artisans décorateurs », *Ère nouvelle*, 8 mai 1923 **[14e Salon des artistes décorateurs]**.

Pawlowski Gaston de, « Le 14e Salon des artistes décorateurs », *Le Journal*, 10 mai 1923, p. 5 **[14e Salon des artistes décorateurs]**.

Alexandre Arsène, « La vie artistique. Au salon des décorateurs », *La Renaissance*, n° 19, 12 mai 1923, p. 19-20 **[14e Salon des artistes décorateurs]**.

Rambosson Yvanhoé, « Beaux-arts. Le Salon des artistes décorateurs », *Comœdia*, 12 mai 1923, p. 3 **[14e Salon des artistes décorateurs]**.

La Broue Camille, « Au Grand Palais. Le Salon des artistes décorateurs », *Écho national*, n° 491, 15 mai 1923, p. 2 **[14e Salon des artistes décorateurs]**.

Mourey Gabriel, « Le 14e Salon des artistes décorateurs », *L'Amour de l'art*, vol. 4, n° 5, mai 1923, p. 557-564 **[14e Salon des artistes décorateurs]**.

Chavance René, « Le 14e Salon des artistes décorateurs », *Art et Décoration*, t. 43, janvier-juin 1923, p. 161-192 et 174-175 **[14e Salon des artistes décorateurs]**.

Chavance René, « Les Salons de 1923 », *Beaux-Arts*, juin 1923, p. 1-8 **[14e Salon des artistes décorateurs]**.

« Le Salon du décorateur », *Le Crapouillot*, 1er juin 1923, p. 16-18 **[14e Salon des artistes décorateurs]**.

Rambosson Yvanhoé, « Les arts appliqués. Le Salon des artistes décorateurs. Les ensembles », *Revue bleue*, n° 11, 2 juin 1923, p. 390-392 **[14e Salon des artistes décorateurs]**.

De Montgaillard Guy, « Le Salon des artistes français », *La Rampe*, n° 335, 3 juin 1923, p. 16 **[14e Salon des artistes décorateurs]**.

Clouzot Henri, « Les arts appliqués, réflexions sur le 14e Salon des artistes décorateurs », *L'Europe nouvelle*, no 27, 7 juillet 1923, p. 864-866 **[14e Salon des artistes décorateurs]**.

Van Ravesteyn Sybold, Boeken Albert, « Moderne Fransche Kunstnijverheid », *Bouwkundig Weekblad*, 14 juillet 1923, p. 321 **[14e Salon des artistes décorateurs]**.

Janneau Guillaume, « Le mouvement moderne. Le Salon des décorateurs », *La Renaissance de l'art français et des industries de luxe*, juillet 1923, p. 427-434 **[14e Salon des artistes décorateurs]**.

Varenne Gaston, « L'art urbain et le mobilier au Salon d'automne », *Art et Décoration*, t. 44, juillet-décembre 1923, p. 161-184 **[14e Salon des artistes décorateurs]**.

« Eastern Influence », *Times*, Londres, 5 août 1923 **[Laque]**.

Le Rapin, « Beaux-arts. Nouvelles au fusain. Au Salon d'automne », *Comœdia*, 3 octobre 1923, p. 3 **[14e Salon des artistes décorateurs]**.

Le Rapin, « Beaux-arts. Nouvelles au fusain. L'Art décoratif au Salon d'automne », *Comœdia*, 29 octobre 1923, p. 5 **[14e Salon des artistes décorateurs]**.

Chavance René, « Le Salon d'automne », *L'Explorateur français*, no 380, 15 novembre 1923, p. 454-455 **[14e Salon des artistes décorateurs]**.

Wathelin L.-Ch., « Les possibilités de notre art décoratif en 1925 », *L'Art et les Artistes*, no 41, novembre 1923, p. 155-162.

Waldemar George, « Le mois artistique. Le Salon d'automne. La folle enchère », *La Revue mondiale*, no 23, 1er décembre 1923, p. 348-350 **[14e Salon des artistes décorateurs]**.

Chavance René, « Arts et lettres. Encore une visite au Salon d'automne », *La Liberté*, 5 décembre 1923, p. 2 **[14e Salon des artistes décorateurs]**.

Fougère Étienne, « Rapport général de l'exposition d'Amsterdam. Industrie d'art et de luxe. Classe des artistes décorateurs », *Exposition française d'Amsterdam, 15 novembre-15 décembre 1922. Industries d'art et de luxe. Rapport général*, Lyon, Grance & Giraud, 1923, p. 79-80 **[Exposition Amsterdam 1922]**.

Badovici Jean, « L'art d'Eileen Gray », *Eileen Gray. Meubelen en interieurs*, numéro spécial entièrement consacré à Eileen Gray de la revue *Wendingen*, 6e série, no 6, Amsterdam, 1924, p. 12-15 **[Article monographique]**.

Watelin L.-Ch., « Les possibilités de notre art décoratif », *L'Art et les Artistes*, janvier 1924, p. 155-162.

Deshairs Léon, « Le 15e Salon des artistes décorateurs », *Art et Décoration*, t. 45, janvier-juin 1924.

Alexandre Arsène, « La vie artistique. L'exposition de l'Union centrale », *La Renaissance*, no 9, 1er mars 1924, p. 25-26 **[15e Salon des artistes décorateurs]**.

« Les expositions. Galerie Jean Désert, 217 Faubourg Saint-Honoré. Exposition des nouvelles créations d'art (Symphonies de couleurs appliquées aux étoffes) », *La Renaissance*, no 11, 15 mars 1924, p. 13 **[Jean Désert]**.

« L'œuvre d'art. Les expositions. Chez les architectes », *L'Œuvre*, 26 mars 1924, p. 4 **[De Stijl ; École spéciale d'architecture]**.

Vauxcelles Louis, « Nos feuilletons. La semaine artistique », *L'Ère nouvelle*, 27 mars 1924, p. 2 **[De Stijl ; École spéciale d'architecture]**.

Pinturicchio, « Le carnet des ateliers », *Le Carnet de la semaine*, no 460, 30 mars 1924, p. 9 **[De Stijl ; École spéciale d'architecture]**.

« Les lettres et les arts. Les expositions. À l'École d'architecture », *La Libre Parole*, 30 mars 1924, p. 3 **[De Stijl ; École spéciale d'architecture]**.

Chavance René, « L'architecture et les arts qui s'y rattachent », *La Liberté*, 2 avril 1924, p. 2 **[15e Salon des artistes décorateurs ; École spéciale d'architecture]**.

Waldemar George, « Les arts. Exposition d'architecture et d'art décoratif », *Paris-Journal*, no 2496, 11 avril 1924, p. 6 **[De Stijl, École spéciale d'architecture]**.

Le Rapin, « Beaux-arts. Nouvelles au fusain. Pour le Salon des artistes décorateurs », *Comœdia*, 18 avril 1924, p. 3 **[15e Salon des artistes décorateurs]**.

Clouzot Henri, « En marge de l'art appliqué moderne », *L'Amour de l'art*, no 4, avril 1924, p. 105-125.

Warnod André, « Le Salon des artistes décorateurs », *L'Avenir*, 9 mai 1924, p. 2 **[15e Salon des artistes décorateurs]**.

« L'œuvre littéraire et artistique. Les expositions. Au Grand Palais : le Salon de la Société des artistes décorateurs », *L'Œuvre*, 14 mai 1924, p. 5 **[15e Salon des artistes décorateurs]**.

Clouzot Henri, « Arts et curiosités. Les Salons d'art appliqué moderne au Grand Palais », *L'Opinion*, no 49, 16 mai 1924, p. 13-14 **[15e Salon des artistes décorateurs]**.

Waldemar George, « Le 15e Salon de la Société des artistes décorateurs (un problème mal posé) », *Paris-Journal*, 16 mai 1924, p. 6 **[15e Salon des artistes décorateurs]**.

Clouzot Henri, « Les arts appliqués. Quelques réflexions sur le Salon des artistes décorateurs », *L'Europe nouvelle*, no 327, 24 mai 1924, p. 668-669 **[15e Salon des artistes décorateurs]**.

Vaillat Léandre, « Le décor de la vie. Le 15e Salon des artistes décorateurs », *Le Temps*, 24 mai 1924, p. 3-4 **[15e Salon des artistes décorateurs]**.

Watelin L.-Ch., « Le Salon des décorateurs », *L'Art et les Artistes*, no 47, mai 1924, p. 390-395 **[15e Salon des artistes décorateurs]**.

Rambosson Yvanhoé, « Beaux-arts et arts décoratifs. Au Salon des décorateurs. Les ensembles », *Comœdia*, 8 juin 1924, p. 4 **[15e Salon des artistes décorateurs]**.

Rambosson Yvanhoé, « Beaux-arts et arts décoratifs. Au Salon des décorateurs. Vitrines et objets divers », *Comœdia*, 22 juin 1924, p. 4 **[15e Salon des artistes décorateurs]**.

Rambosson Yvanhoé, « Le Salon des décorateurs », *L'Amour de l'art*, no 6, juin 1924, p. 190-194 **[15e Salon des artistes décorateurs]**.

Zervos Christian, « Choix des œuvres les plus expressives de la décoration contemporaine », *Les Arts de la maison*, printemps-été 1924, Paris, Éd. Albert Morancé, p. 18-20 ; Eileen Gray : pl. 18-20 **[Laque]**.

« Eileen Gray », *Telegraaf*, 27 septembre 1924 **[Article monographique]**.

Waldemar George, « Le mois artistique. L'art décoratif et urbain au Salon d'automne », *La Revue mondiale*, no 23, 1er décembre 1924, p. 306-308.

« Art décoratif. Au Pavillon de Marsan », *Paris-Journal*, 12 décembre 1924.

« Les nouvelles adhésions de l'amicale », *Bulletin périodique de l'amicale de l'École spéciale d'architecture*, n° 7, décembre 1924, p. 30-31.

« Salon des Artistes décorateurs », *L'Architecture*, vol. 37, n° 13, 1924, p. 159-164 **[15e Salon des artistes décorateurs]**.

Rémon Georges, « Les décors de la vie. L'habitation d'aujourd'hui », *L'Art vivant*, 1re année, n° 1, 1er janvier 1925, p. 11-13 **[15e Salon des artistes décorateurs]**.

Waldemar George, « Le mois artistique. L'art décoratif moderne », *La Revue mondiale*, n° 5, 1er mars 1925, p. 82-85.

Paul Francis, « Chronique parisienne », *Le Figaro*, supplément artistique, n° 67, 26 mars 1925, p. 381 **[Jean Désert]**.

Janneau Guillaume, « Introduction à l'exposition des Arts décoratifs. Considérations sur l'esprit moderne », *Art et Décoration*, vol. 47, n° 5, mai 1925, p. 127-176 **[Exposition Arts décoratifs 1925]**.

Clouzot Henri, « Les ensembles mobiliers (à l'exposition des Arts décoratifs) », *La Renaissance de l'art français et des industries de luxe*, août 1925, p. 349-362 **[Exposition Arts décoratifs 1925]**.

Clouzot Henri, « Le meuble français moderne », *L'Illustration*, n° 4307, 19 septembre 1925, p. 277-280.

Jean René, « L'Exposition annuelle du Musée Galliera. Exposition d'arts décoratifs », *Comœdia*, 14 décembre 1925, p. 1.

Dormoy Marie, « Les intérieurs à l'Exposition internationale des Arts décoratifs », *L'Amour de l'art*, n° 8, 1925, p. 312-323 **[Exposition Arts décoratifs 1925]**.

« Un temple de l'art moderne : l'appartement de M. J. Doucet », *Fémina*, 1925, p. 29-32 **[Jacques Doucet]**.

Chavance René, Vernes Henri, « Le mobilier, les artistes meubliers », *Pour comprendre l'art décoratif moderne*, Paris, Librairie Hachette, 1925, p. 148.

Clouzot Henri, « Les meubles », *Paris, Arts décoratifs 1925. Guide de l'exposition*, Paris, Librairie Hachette, 1925, p. 214-231 **[Exposition Arts décoratifs 1925]**.

Clouzot Henri, « Les arts appliqués au Musée Galliera », *L'Europe nouvelle*, n° 412, 9 janvier 1926, p. 56-57 **[Tapis]**.

Clouzot Henri, « Les arts appliqués. Les tapis de Gustave Fayet », *L'Europe nouvelle*, n° 421, 13 mars 1926, p. 340 **[Tapis]**.

Clouzot Henri, « À l'avant-garde de l'art appliqué » [exposition des « Cinq », galerie Barbazanges], *La Renaissance de l'art français et des industries de luxe*, 9e année, n° 4, avril 1926, p. 219-224.

« Types de villas modernes », *Jardins et Cottages*, n° 1, 1re année, avril 1926, p. 9 **[Villa Noailles]**.

« Un appartement moderne. Chez Mme Jacques Errera. Pierre Chareau », *Art et Industrie*, n° 8, novembre 1926, p. 13-17 **[Laque]**.

Rosenthal Gabrielle, « Les tapis nouveaux », *L'Amour de l'art*, n° 8, 1926, p. 280-282 **[Tapis]**.

Cordis C. de, « Arts décoratifs. La laque », *Revue moderne des arts et de la vie*, n° 7, 15 avril 1927, p. 29-30.

« Jean Dunand », *L'Art d'aujourd'hui*, 4e année, n° 13, printemps 1927, p. 10 et pl. 17 **[Appartement de Mme Labourdette-Debacker]**.

Clouzot Henri, « Art. Autour d'un tapis », *L'Opinion*, n° 32, 6 août 1927, p. 17-18 **[Tapis]**.

Publicité Jean Désert, *Entracte*, n° 1, septembre 1927, p. 28 ; n° 2, octobre 1927, p. 20 ; n° 3, novembre 1927, p. 20 ; n° 4, décembre 1927, p. 48 **[Jean Désert]**.

« Des tapis aux meubles modernes », *La Femme de France*, n° 1, 2 octobre 1927, p. 22.

« Annuaire de l'art décoratif moderne », *L'Art urbain*, 1927, p. 211-212, 217, 235.

Publicité Jean Désert, *Entracte*, n° 5, janvier 1928, p. 4 ; n° 6, février 1928, p. 49 **[Jean Désert]**.

Janneau Guillaume, « Tapisseries et tapis », *Les Échos des industries d'art*, n° 30, janvier 1928, p. 5-14 **[Tapis]**.

« À la Muette. Chez M. Philippe de Rothschild. Ch. Siclis décorateur », *Art et Industrie*, n° 4, 10 avril 1928, p. 13-15 **[Tapis]**.

Clouzot Henri, « Le tapis moderne », *La Renaissance de l'art français et des industries de luxe*, 11e année, n° 4, avril 1928, p. 157-164 **[Tapis]**.

Le Rapin, « Beaux-arts. Nouvelles au fusain. Le premier Salon des artistes japonais », *Comœdia*, 9 juin 1928, p. 3 **[Laque]**.

Deshairs Léon, « Une villa moderne à Hyères », *Art et Décoration*, t. 54, juillet-décembre 1928, p. 21 **[Villa Noailles ; Tapis]**.

Derys Gaston, « Les tapis », *Parures*, n° 31, janvier 1929, p. 33-35 **[Tapis]**.

« Chronique. Nouvelles et concours », *Art et Décoration*, t. 55, janvier-juin 1929, p. 9 **[UAM]**.

Warnod André, « Les beaux-arts. On inaugure le Salon des artistes japonais », *Comœdia*, 9 avril 1929, p. 3 **[Laque]**.

Mourey Gabriel, « L'harmonie dans nos intérieurs », *Art et Décoration*, t. 55, mai 1929, p. 133.

« Les beaux-arts. À l'Union des artistes modernes », *Comœdia*, 31 mai 1929, p. 3 **[UAM]**.

Tisserand Ernest, « Le 19e Salon des décorateurs », *L'Art vivant*, 5e année, n° 107, 1er juin 1929, p. 439-442 **[19e Salon des artistes décorateurs ; UAM]**.

Rambosson Yvanhoé, « Le Salon des artistes décorateurs », supplément n° 4 du journal *Comœdia*, n° 6009, 30 juin 1929, p. 5-32 **[19e Salon des artistes décorateurs]**.

« Union des artistes modernes », *Les Échos des industries d'art*, n° 47, juin 1929, p. 32 **[UAM]**.

Cayeux Serge, « The Modernism of Jean-Michel Frank », *House and Garden*, septembre 1929, p. 124, 166, 170 **[Tapis]**.

Clouzot Henri, « Réflexions sur le tapis. Ce temps-ci », *Cahiers d'art contemporain*, n° 6, octobre 1929, p. 152-157 **[Tapis]**.

Chareau Pierre, « Meubles », *L'Art international d'aujourd'hui*, album n° 7, Paris, Éditions d'art Charles Moreau, 1929, pl. 16, 35 et 36.

« Revue de l'UAM », *L'Art international d'aujourd'hui*, Paris, Éditions d'art Charles Moreau, 1929, 8 p. [présentation des membres et de Pierre Chareau (invité) par la reproduction d'une œuvre pour chaque créateur, 24 pl., 8 p., texte introductif de Pierre Lièvre] **[UAM]**.

Publicité E. Gray et J. Badovici, « Maison en bord de mer », 34 pl. Cart. 70 francs, Paris, Éd. A. Morancé, *Les Nouvelles littéraires*, 22 mars 1930, p. 9 **[E 1027]**.

Publicité E. Gray et J. Badovici, « Maison en bord de mer », 1 album 24 x 28 de 34 pl., 70 francs, *La Construction moderne*, nº 26, 30 mars 1930 **[E 1027]**.

Joubin André, « Le studio de Jacques Doucet », *L'Illustration*, nº 4548, 3 mai 1930 **[Jacques Doucet]**.

« Les "jeunes" quittent le SAD et ils fondent l'UAM », *Paris-midi*, 14 mai 1930 **[UAM]**.

« Les beaux-arts. L'Union des artistes modernes », *Comœdia*, 15 mai 1930, p. 3 **[UAM]**.

Rambosson Yvanhoé, « Les artistes modernes. Les artistes dissidents du Salon des décorateurs exposent au Pavillon de Marsan », *Comœdia*, 11 juin 1930, p. 1 **[UAM]**.

Sauvage Marcel, « Dernière heure : un vernissage au Pavillon de Marsan. Le Salon de l'Union des artistes modernes », *L'Intransigeant*, 12 juin 1930, p. 3 **[UAM]**.

« Les arts. Au Salon de l'Union des artistes modernes », *L'Intransigeant*, 16 juin 1930, p. 5 **[UAM]**.

Wilms Rosemonde R., « Les arts. La décoration au Pavillon de Marsan : l'Union des artistes modernes », *L'Intransigeant*, 27 juin 1930, p. 4 **[UAM]**.

Tisserand Ernest, « L'Exposition de l'Union des artistes modernes », *L'Art vivant*, 6e année, nº 135, 1er août 1930, p. 628-631 **[UAM]**.

Limaigier Pierre, « Le Salon de l'Union des artistes modernes », *Ma Petite Maison. Revue mensuelle de l'habitation*, 26e année, nouvelle série, nº 114, septembre 1930, p. 20-22 **[UAM]**.

« Wohnhaus am Meeresufer bei Cap-Martin », *Baumeister*, vol. 28, nº 10, octobre 1930, p. 421-424 **[E 1027]**.

Rambosson Yvanhoé, « L'Union des artistes modernes », *La Revue de l'art ancien et moderne*, nº 772, novembre 1930, p. 397-403 **[UAM]**.

Jourdain Francis, « The First Salon of the Union des Artistes Modernes at the Pavillon de Marsan. Origin and Raison d'être of the New Society », *The Studio*, nº 452, novembre 1930, p. 368-371 **[UAM]**.

Delaunay Sonia, « Tapis et tissus », *L'Art international d'aujourd'hui*, album nº 15, Paris, Éditions d'art Charles Moreau, 1930, pl. nº 22 **[Tapis]**.

Chéronnet Louis, « Une installation de Claude Lévy », *Art et Décoration*, t. 59, janvier-juin 1931, p. 83-86 **[Tapis]**.

Sartoris Alberto, « La prima mostra dell Union des Artistes Modernes », *Le Arti plastiche*, nº 6, 16 mars 1931 **[UAM]**.

« Les beaux-arts. L'Exposition de l'Union des artistes modernes », *Comœdia*, 11 mai 1931, p. 3 **[UAM]**.

« Les Deux Aveugles. Les Arts. Provisoire », *L'Intransigeant*, 18 mai 1931, p. 5 **[UAM]**.

Vauxcelles Louis, « Cabinet des ateliers. Le tour des galeries », *Le Carnet de la semaine*, nº 833, 24 mai 1931, p. 21 **[UAM]**.

Giedion Siegfried, « L'Architecture contemporaine dans les pays méridionaux : 1. Midi de la France, Tunisie, Amérique du Sud », *Cahiers d'art*, vol. 6, nº 2, 1931, p. 102-103 **[E 1027]**.

« De belles applications de la glace en décoration », *Glaces et Verres*, nº 26, février-mars 1932, p. 8-9 **[Tapis]**.

Sartoris Albert, « L'architettura razionale », *Gli elementi dell'architettura funzionale*, préfacé par Le Corbusier, Milan, Ulrico Hoepli, 7 avril 1932, p. 168-171 **[E 1027]**.

« Appartement de Mme J. Suzanne Talbot », *L'Illustration* nº 4708, 27 mai 1933, n. p.

Rambosson Yvanhoé, *Revue de l'art ancien et moderne*, nº 799, juillet 1933, p. 325-334.

« Chez M. et Mme Paul Brach », *Art et Industrie*, septembre-octobre 1933, p. 16-17 **[Tapis]**.

Eckstein Hans, « Die Schöne Wohnung », *Wohnraüme der Gegenwart*, Munich, F. Bruckmann, 1934, p. 111 **[E 1027]**.

« Demande d'admission : Rose Adler, reliure (parrains : Mallet-Stevens, Chareau) ; Eileen Gray, décorateur architecte (parrains : Dunand, Daura) », *Bulletin*, nº 7, février 1937 **[Chambre syndicale des artistes décorateurs modernes]**.

« Nouveaux membres admis : GRAY, Eileen (Melle) architecte-décorateur, 21 rue Bonaparte, Paris VIe », *Bulletin*, nº 8, mars 1937 **[Chambre syndicale des artistes décorateurs modernes]**.

« Procès verbal de l'Assemblée générale de la Société des artistes décorateurs, du 12 décembre 1938 », *Bulletin de la Société des artistes décorateurs*, nº 82, 1er février 1939.

Martienssen Rex, « Mediterranean Houses », *The South African Architectural Record*, Johannesburg, octobre 1941 **[E 1027]**.

Le Corbusier, « Fresques murales », dans Willy Boesiger (dir.), *Le Corbusier. Œuvre complète, 1938-1946*, vol. 4, Zurich, Les Éditions d'architecture, 1946, p. 158-161 **[E 1027 ; Le Corbusier]**.

Le Corbusier, « Unité », *L'Architecture d'aujourd'hui*, avril 1948, numéro hors série, p. 45, 50, 53, 55 **[E 1027 ; Le Corbusier]**.

« Le Cobusier Muralist », *Interiors*, juin 1948.

« Avis de décès. Jean Badovici », *Techniques et Architecture*, novembre 1956, vol. 16, nº 4, p. 24.

« Projet pour un Centre culturel. Architecte : Eileen Gray », *L'Architecture d'aujourd'hui*, nº 82, février 1959, p. 41.

Revel Jean-François, « Jacques Doucet. Couturier et collectionneur, *L'Œil*, nº 84, décembre 1961, p. 47 **[Jacques Doucet]**.

Rykwert Joseph, « Un omaggio a Eileen Gray, pioniera del design », *Domus*, Milan, nº 468, décembre 1968, p. 33-46, 12 ill. **[Article monographique]**.

Rykwert Joseph, « Eileen Gray. Two Houses and an Interior, 1926-1933 », *Perspecta*, nº 13-14, 1971, p. 66-73 **[Article monographique]**.

Johnson John Stewart, « The New An tiques. Art Deco and Modernism », *Antiques*, nº 101, janvier 1972, p. 230.

Johnson John Stewart, « Pioneer Lady », *Architectural Review*, Londres, nº 152, août 1972, p. 125 **[Article monographique]**.

« Pioneer Lady », *Architectural Review*, Londres, nº 152, août 1972, p. 125.

Rykwert Joseph, « Eileen Gray. Pioneer of Design », *Architectural Review*, Londres, vol. 152, nº 910, décembre 1972, p. 357-361.

« Little-Known Pioneer : Eileen Gray », *Building*, Londres, vol. 223, nº 6761, décembre 1972, p. 36.

« Eileen Gray », *Building Design*, nº 132, 5 janvier 1973, p. 8.

Russel John, « Conquering the Landscape », *Sunday Times*, Londres, 28 janvier 1973.

Gray David, « The Complete Designer », *Design*, Londres, nº 289, janvier 1973, p. 68-73.

« Eileen Gray, Pioneer of Design. Heinz Gallery, London Exhibition », *Apollo*, nouvelle série, nº 97, janvier 1973.

« Eileen Gray », *Plan*, Dublin, janvier 1973.

Banham Reyner, « Nostalgia for Style », *New Society*, vol. 23, nº 539, 1er février 1973, p. 248-249.

Radford Penny, « Design Report. A One Woman Show », *Times*, Londres, 22 février 1973, p. 18.

Wallworth Brian, « Eileen Gray, Pioneer of Design », *Review*, vol. 25, nº 4, 24 février 1973, p. 102.

« Eileen Gray, a Neglected Pioneer of Modern Design », *RIBA Journal*, vol. 80, nº 2, février 1973, p. 58-59.

« Folies pour un style Art déco », *Connaissance des arts*, nº 252, février 1973, p. 113.

Gardiner Stefan, « The Magic of Eileen Gray », *Observer*, Londres, 4 mars 1973.

Rock D., « Lessons for Today in Two Exhibitions : Futurismo 1909-1919 and Eileen Gray, Pioneer of Design », *Building*, vol. 224, nº 6771, 9 mars 1973, p. 95-96.

Blume Mary, « Eileen Gray », *International Herald Tribune*, 11 mars 1973.

Oliver G., « Eileen Gray, Pioneer of Design. Heinz Gallery, London Exhibition », *The Connoisseur*, Londres, mars 1973, p. 225.

« Eileen Gray, Pioneer of Design. Heinz Gallery, London Exhibition », *Burlington Magazine*, vol. 115, mars 1973.

Vaizey Marina, « The Collection of Mr and Mrs Robert Walker. Part II », *The Connoisseur*, Londres, avril 1973, p. 232-234.

« Plus jeune que jamais », *Échos de Grande-Bretagne*, nº 665, 24 mai 1973, p. 9-10.

Garner Philippe, « The Lacquer Work of Eileen Gray and Jean Dunand », *The Connoisseur*, mai 1973, vol. 183, nº 735, p. 3-11 **[Laque]**.

Walker Dorothy, « Alphabetic Extravaganzas », *Hibernia*, Londres, 8 juin 1973.

Schlumberger Éveline, « Eileen Gray », *Connaissance des arts*, nº 258, août 1973, p. 70-81.

« Eileen Gray. Portrait of a Pioneer », *Docu-Bulletin*, nº 12, août 1973, p. 6-9.

Brockmann Heinz, « A Remarkable Pioneer », *Financial Times*, Londres, 1973.

Lutteman, « Eileen Gray. Interior Designer and Design Pioneer », *Form*, Stockholm, vol. 69, nº 647, 1973, p. 121-123.

« RIBA Drawings Collection », *Architectural Design*, nº 43, 1973, p. 186.

« Trois survivants des Années folles : Eileen Gray, l'ensemblière, Marcel Coard, le décorateur, Michel Dufet, le designer », *L'Estampille*, nº 40, 1973, p. 43-46, 61.

Blume Mary, « Eileen Gray », *Réalités*, Paris, nº 281, avril 1974, p. 42-47.

Goldberger Paul, « Their Vision was Bold and Personal », *New York Times*, 13 mai 1975.

Reif Rita, « The Man who Made the Present », *New York Times*, 13 mai 1975.

Teitelbaum Mo, « Lady of the Rue Bonaparte », *Sunday Times Magazine*, 22 juin 1975, p. 28-40.

Eley P., « Unflagging Gray », *Architectural Review*, Londres, nº 258, juin 1975, p. 2-3.

McCoy Esther, « Report from Los Angeles », *Progressive Architecture*, Stanford (Conn.), juillet 1975, vol. 56, nº 7, p. 24.

« Eminence Gray », *Design*, Londres, nº 319, juillet 1975, p. 23.

« Eileen Gray, 1877-1976 », *Building Design*, nº 322, 5 novembre 1975, p. 32.

Blume Mary, « Decorator, Architect and a Woman of Distinction », *Evening Press*, Londres, 8 septembre 1975.

Marin de Teran Luis, « La Visita de la Vieja Dama : Eileen Gray », *Arquitecturas Bis*, Barcelone, nº 16, novembre 1976, p. 7-18.

Rayon Jean-Paul, « Eileen Gray : un manifeste, 1926-1929 », *Architecture Mouvement Continuité*, nº 37, novembre 1975, p. 49-56 **[E 1027]**.

Dumoulin Marie-Christine, « Visite chez une pionnière du design », *Elle*, 26 janvier 1976, p. 63-65.

Binchy Maerve, « A Far from Demure Life », *Irish Times*, Dublin, 16 février 1976.

Grehan Ida, « Pioneer from Enniscorthy », *Cara*, Londres, vol. 9, nº 2, avril 1976, p. 11.

Kay J. H., « Who is Eileen Gray and are you sitting in one of her chairs », *MS*, New York, nº 4, avril 1976, p. 80-83.

« Obituary. Eileen Gray », *Times*, Londres, 3 novembre 1976.

« Obituary. Eileen Gray », *Irish Times*, Dublin, 4 novembre 1976.

« Design Review. Gray Table », *Architectural Review*, Londres, nº 158, décembre 1976, p. 367.

Thompson J., « World of the Double Win. Male and Female Principles in Design », *Feminist Art Journal*, vol. 5, nº 3, automne 1976, p. 16-20.

« Eileen Gray », *Connaissance des arts*, nº 299, janvier 1977, p. 9.

Gray David, « Eileen Gray (d. Oct. 1976). Obituary », *Design*, Londres, nº 338, février 1977, p. 57.

Carr Richard, « Eileen Gray Lives », *Building Design*, Londres, 30 juin 1977.

Frampton Kenneth, « L'Architecture vivante Revisited », *Oppositions*, nº 10, octobre 1977, p. 102-105.

« Eileen Gray. Ahead of her Time ? », *Fulham Chronicle*, Londres, 16 février 1978.

Blume Mary, « Designing Woman », *International Herald Tribune*, 17 février 1978.

Anderson Susan Heller, « A Long Life of Versatile Activity », *New York Times*, 28 mars 1978.

Baillie Mary, « Eileen Gray's Flair and Courage », *Glasgow Herald*, Glasgow, 20 juin 1978.

Gray David, « Eileen Gray. The Production Man's Favourite Master », *Design*, Londres, nº 354, juin 1978, p. 28.

Adam Peter, « Eileen Gray », *Vogue*, Munich, août 1978, p. 236.

Rykwert Joseph, « Two Houses and an Interior », *A&U. Architecture & Urbanism*, août 1978, nº 95, p. 97-106.

Craig Miller Richard, « Eileen Gray's 1927 Table. After almost half a century, Stendig revives a pioneer design... », *Interiors*, vol. 138, n° 3, octobre 1978, p. 104-105.

« Eileen Gray. Exhibition of her Work at the V & A », *Architects' Journal*, vol. 169, n° 5, 31 janvier 1979, p. 204-205.

« Eileen Gray », *Evening Standard*, Londres, 1er février 1979.

Shepherd Michael, « Home Comforts », *Sunday Telegraph*, Londres, 4 février 1979.

Philips Barry, « Bold Miss Gray », *Observer*, Londres, 4 février 1979.

Feaver William, « The Lacquer Queen », *Observer*, Londres, 5 février 1979.

Corin Hugues, « Studies of Gray », *Building Design*, Londres, 9 février 1979.

Mullaly H., « Art and Design. Victoria and Albert Museum », *Apollo*, Londres, nouvelle série, vol. 104, février 1979, p. 161-162.

« Designer Far Too Little Known », *House and Garden*, Londres, février 1979.

« Eileen Gray », *Cosmopolitan*, Londres, février 1979.

« Two Extraordinary Women », *Interior Design*, Londres, février 1979, p. 19.

« Eileen Gray », *Arts Review*, Londres, 2 mars 1979.

Spurling John, « In the Abstract », *New Statesman*, Londres, 9 mars 1979.

Jones R.W., « Design Liberated... Eileen Gray, 1879-1976 », *Residential Interiors*, Londres, vol. 4, mars 1979, p. 84-85.

Robertson Bryan, « Eileen Gray », *Harpers & Queens*, Londres, mars 1979.

« 28-78 Architecture », *Domus*, Milan, mars 1979.

« Eileen Gray. Victoria & Albert Museum », *Burlington Magazine*, Londres, n° 121, mars 1979, p. 189

« Une femme et le design. Victoria & Albert Museum, Londres », *Connaissance des arts*, n° 325, mars 1979, p. 30.

Darley Gillian, « Gray. Victoria and Albert Museum », *The Connoisseur*, Londres, avril 1979, p. 299.

Feaver William, « Apartheid for Fashionmongers », *Art News*, vol. 76, n° 2, avril 1979, p. 125.

Lucie-Smith Edward, « Art Deco Saint : Eileen Gray », *Art and Artist*, Londres, vol. 13, avril 1979, p. 20-21.

Rutherford J., « Eileen Gray. Victoria & Albert Museum », *Casabella*, Milan, vol. 43, avril 1979, p. 3.

« Gray at the V & A », *Design*, Londres, n° 364, avril 1979, p. 33.

« Gray Exhibition at the MOMA », *Industrial Design*, New York, n° 26, novembre 1979, p. 13.

Branzi Andrea, « Ceno Progetti di Ricordare », *Modo*, Milan, n° 25, 1979.

Engel Anne, « Eileen Gray. Exhibition at the V & A », *Architectural Design*, vol. 49, n° 5-6, 1979, p. 130-131.

Israël Laurent, « Les pilotis », *Architecture Mouvement Continuité*, n° 49, 1979.

Slesin Suzanne, « Eileen Gray. A Prophetic Designer », *New York Times*, 24 janvier 1980.

Filler Martin, « The Dark Lady of High Tech », *Times Magazine*, New York, 27 janvier 1980.

Rickey Carrie, « Shades of Gray », *Village Voice*, New York, 18 février 1980.

Goldberger Paul, « Eileen Gray », *New York Times*, 28 février 1980.

Von Moos Stanislaus, « Le Corbusier as Painter », *Oppositions*, New York, n° 19-20, février 1980, p. 88-105.

« Gray Matter. MOMA Exhibition », *Interiors*, vol. 139, n° 7, février 1980, p. 11.

Frampton Kenneth, « Stellar Material. Eileen Gray at the Modern », *Skyline*, vol. 2, n° 8, mars 1980, p. 3.

Gandee C. K., « MOMA Shows the 20's Avant-Garde Work of Eileen Gray », *Architectural Record*, New York, vol. 167, mars 1980, p. 37.

Jackson P. R., « Living », *House & Garden*, New York, 1980, mars 1980, p. 18.

« Eileen Gray », *International Design*, mars 1980.

« Gray Designer. MOMA Exhibition », *Progressive Architecture*, Stamford (Conn.), vol. 167, mars 1980, p. 34.

« Gray. MOMA Exhibition », *Interior Design*, Londres, mars 1980, p. 262-265.

« Les tapis reviennent à la mode », *La Maison de Marie-Claire*, avril 1980.

Barnes H., « Architectural Digest Visits Graham Sutherland », *Architectural Digest*, Los Angeles, vol. 37, mai 1980, p. 126-131.

Dona Claudia, « A Soft Rationalism by a Great Woman Designer », *Modo*, vol. 4, n° 29, mai 1980, p. 45-49.

Weese Cynthia, « Eileen Gray, Architect Designer », *Inland Architect*, vol. 24, n° 4, mai 1980, p. 25-27.

Pile John, « Eileen Gray on Display. Museum of Modern Art, New York », *Industrial Design*, New York, vol. 27, mai-juin 1980, p. 14.

Cohen Ronny H., « Eileen Gray. Surprise by Design », *Art in America*, vol. 68, n° 7, septembre 1980, p. 88-93.

« Eileen Gray. Sunrise by Design. Museum of Modern Art, New York », *Art in America*, New York, vol. 68, septembre 1980, p. 88-93.

« Eileen Gray. Villa Tempe a Pailla », *L'Architecture d'aujourd'hui*, n° 210, septembre 1980, p. 6-9.

K. B., « Eileen Gray », *Gazette de l'Hôtel Drouot*, octobre 1980.

Adam Peter, « Modernism in Milan », *International Herald Tribune*, 1980.

Walker Dorothy, « Portrait of the Artist as a Young Woman », *The Crane Bag. Book of Irish Studies*, vol. 4, n° 1, *Images of the Irish Woman*, Dublin, Blackwater Press, 1980, p. 106-111.

Wooster Ann Sargent, « Protagonisti Eileen Gray », *Casa Vogue*, Milan, n° 110, 1980.

« Eileen Gray. Designerin », *Architektur & Wohnen*, n° 3, 1980.

« Exhibition at the Museum of Modern Art », *DU*, Zurich, n° 5, 1980, p. 90.

Bell David Howard, « The Necessity of Artifice by Joseph Rykwert », *JAE*, vol. 36, n° 2, hiver 1981, p. 30-31.

Nevins Deborah F., « Eileen Gray » et « From Eclectism to Doubt. An Interview with Eileen Gray by Jean Badovici », *Making Room. Women in Architecture*, numéro spécial, *Heresies*, n° 11, 1981, p. 68-72.

Odoni G., « Firmata Eileen Gray e Le Corbusier », *Casa Vogue*, Milan, n° 119, 1981.

« Das Erbe der Eileen Gray », *Ambiente*, Offenburg, 1981, p. 163.

Anscombe Isabelle, « Expatriates in Paris. Eileen Gray, Evelyn Wyld and Eyre de Lanux », *Apollo*, vol. 115, n° 240, février 1982, p. 117-118.

Nairn J., « Classic Eileen Gray Furniture Designs. Available for the First Time in U.S. », *Architectural Record*, New York, vol. 170, février 1982, p. 128.

Rayon Jean-Paul, Loye Brigitte, « Eileen Gray 1879-1976 », *Casabella*, vol. 46, n° 480, mai 1982, p. 38-45.

Sudjic Deyan, « Shades of Gray », *World of Interiors*, Londres, juin 1982.

Deslarge G., « Eileen Gray Designer, 1879-1976 », *Cahiers des arts visuels au Québec*, vol. 4, n° 13, printemps 1982, p. 27-28.

Fahlman Betsy, « Eyre de Lanux », *Woman's Art Journal*, vol. 3, n° 2, automne 1982-hiver 1983, p. 44-48.

Putman Andrée, « Présentation of Jean Badovici & Eileen Gray. Une maison en bord de mer », *Cahiers de l'énergumène*, n° 1, Paris, automne-hiver 1982.

Bakema B., « Artist Design Screens », *Cosa*, vol. 34, n° 5, octobre 1983, p. 3-6.

Bonillo Jean-Louis, Chancel J.-M., Hayot A., Prelorenzo Claude, « Les Villas de la Côte d'Azur : 1920-1940. Entre modernité et régionalisme », *Cahiers de la recherche architecturale*, n° 14, 1984, p. 26-41.

« Das Werk der Eileen Gray. Funktionelles Design », *Form. Zeitschrift für Gestaltung*, n° 105, 1984.

Rayon Jean-Paul, « L'Étoile du Nord et l'Étoile du Sud », dans Yve-Alain Bois et Bruno Reichlin, *De Stijl et l'architecture en France*, Bruxelles, Pierre Mardaga, 1985, p. 121-138.

Overy Paul, « De Stijl in France », *Studio International*, n° 199, juin 1986, p. 48-53.

« Il Progetto del Mobile in Francia 1919-1939 / Furniture Design in France 1919-1939 », *Rassegna*, 8e année, n° 26, juin 1986, p. 61-64.

Buckley Cheryl, « Made in Patriarchy. Toward a Feminist Analysis of Women and Design », *Design Issues*, vol. 3, n° 2, automne 1986, p. 3-14.

Venhoeven Ton, « E 1027, esthetick van beweging. De villa van Eileen Gray in Roquebrune/ E 1027, Aesthetics of Motion. The Villa by Eileen Gray in Roquebrune », *Archisno*, n° 11, novembre 1986, p. 28-38.

Berman Avis, « Eileen Gray. In the Vanguard of Twentieth-Century Design », *Architectural Digest*, vol. 44, n° 5, mai 1987, p. 62, 66, 70.

Hauschild Joachim, « Eileen Gray, eine große Designerin. Schönheit und Nützlichkeit », *Weltkunst 12*, Munich, 15 juin 1987, p. 77-80.

Currimbhoy Nayana, « Eileen Gray. Architect, Designer », *Interiors*, vol. 147, n° 5, décembre 1987, p. 24-25, 28.

Johnson John Stewart, « Eileen Gray at Richmond », *Arts in Virginia*, nos 1-3, 1987, p. 34-43.

« Five Works of British Born Eileen Gray Interior Decorator », *Arts in Virginia*, vol. 27, nos 1-3, 1987.

Gray David, « Exquisite Amateur », *Designers' Journal*, n° 33, janvier 1988, p. 80.

Manser Jose, « Eileen Gray », *RIBA Journal*, vol. 95, n° 1, janvier 1988, p. 72.

Moore Rowan, « Design Eileen Gray », *Vogue*, janvier 1988, p. 32-33.

Walker Lynne, « Instinct and Emotion. Eileen Gray, Architect/ Designer : A Biography, by Peter Adam », *Building Design*, n° 869, 22 janvier 1988, p. 34-35.

Borgonovo Walter, « Peter Adam, Eileen Gray », *Domus*, Milan, n° 695, juin 1988, p. 9-10.

Morteo Enrico, Romanelli Marco, « La sedia moderna : progetto, produzione e ri-produzione », *Domus*, Milan, n° 697, septembre 1988, p. 76-110.

Anscombe Isabelle, « Peter Adam, Eileen Gray », *Burlington Magazine*, vol. 130, n° 1027, octobre 1988, p. 782.

Gleadell Colin, « Abstraction, Art and Design », *The V & A Album*, automne 1988.

Plant Margaret, « Eileen Gray », *Transition*, n° 25, hiver 1988, p. 93-94.

Dessauce Marc, « Eileen Gray, villa E 1027 : une contribution à l'histoire de l'architecture organique en France », *Bulletin de la Société de l'histoire de l'art français*, 1988, p. 233-244.

Naylor Gillian, « Peter Adam, Eileen Gray », *Design*, Londres, n° 471, 1988, p. 5.

Adam Peter, « Eileen Gray and Le Corbusier », dans Richard Burdett et Wilfried Wang (éds), *9H. On Rigor*, Cambridge (Mass.), The MIT Press, 1989, p. 150-153.

Clunas Craig, « Chinese Art and Chinese Artists in France (1924-1925) », *Arts asiatiques*, vol. 44, n° 44, 1989, p. 100-106.

Diamond Rosamund, « Eileen Gray. An Introduction », dans Richard Burdett et Wilfried Wang (éds), *9H. On Rigor*, Cambridge (Mass.), The MIT Press, 1989p. 148-149.

Eich Elke, « Eileen Gray, RDI. A Belated Recognition », *Art Aurea*, Dublin, n° 4, 1989, p. 54-58.

Rayon Jean-Paul, « Eileen Gray. The North Star and the South Star », dans Richard Burdett et Wilfried Wang (éds), *9H. On Rigor*, Cambridge (Mass.), The MIT Press, 1989, p. 164-187.

Safran Yehuda, « La Pelle », dans Richard Burdett et Wilfried Wang (éds), *9H. On Rigor*, Cambridge (Mass.), The MIT Press, 1989, p. 154-163.

« The Monte Carlo Sofa. Eileen Gray », *Design*, n° 495, 1989, p. 11.

Hecker Stefan, Müller Christian, « Eileen Gray. Une approche ludique de la modernité », *Archithese*, numéro spécial *Eileen Gray*, vol. 21, n° 4, juillet-août 1991, Heiden, Arthur Niggli Verlag, p. 24-34.

Hecker Stefan, Müller Christian, « Architectural Works of Eileen Gray », *Archithese*, numéro spécial *Eileen Gray*, vol. 21, n° 4, juillet-août 1991, Heiden, Arthur Niggli Verlag, p. 35-71.

Johnson John Stewart, « Eileen Gray, Designer », *Archithese*, numéro spécial *Eileen Gray*, vol. 21, n° 4, juillet-août 1991, Heiden, Arthur Niggli Verlag, p. 19-23.

Reichlin Bruno, « Eileen Gray. Das Fass des Diogenes wird wohnlich », *Archithese*, numéro spécial *Eileen Gray*, vol. 21, n° 4, juillet-août 1991, Heiden, Arthur Niggli Verlag, p. 72-76.

Rykwert Joseph, « What have I to say ... », *Archithese*, numéro spécial *Eileen Gray*, vol. 21, n° 4, juillet-août 1991, Heiden, Arthur Niggli Verlag, p. 76.

Stojanik Petra, « Nonconformist », *Archithese*, numéro spécial *Eileen Gray*, vol. 21, n° 4, juillet-août 1991, Heiden, Arthur Niggli Verlag, p. 18.

Swengley Nicole, « Send in the Clones », *Metropolitan Home*, New York, n° 11, décembre 1991-janvier 1992, p. 30-32.

Sudjic Deyan, « Putting Gray in the Limelight », *Blueprint*, n° 86, avril 1992, p. 40.

Caterall Claire, « Avanzadilla moderna : Eileen Gray, diseno y arquitectura », *Arquitectura viva*, n° 24, mai-juin 1992, p. 49-51.

Day Robin, « Simple Geometry », *RSA Journal*, vol. 140, n° 5430, juin 1992, p. 464-465.

Johnson John Stewart, « A Grey Occasion. Exteriors and Interiors : Eileen Gray. A Thirties Society Lecture Given by J. Stewart Johnson in Londres, 4 Feb. 1992 », *Architects' Journal*, vol. 195, n° 7, 19 février 1992, p. 55.

Manser Jose, « Feminity. That Tempered Modernist Severity », *The Independant*, Londres, n° 1678, 4 mars 1992, p. 17.

Harrod Tanya, « Still an Unsuitable Job for a Woman », *The Independant on Sunday*, n° 113, 8 mars 1992, p. 16.

Darley Gillian, « Reticent Retrospective. Designer Profile : Eileen Gray », *Architects' Journal*, vol. 195, n° 17, 29 avril 1992, p. 53.

Ockman Joan, « Two Women in Architecture », *Journal of Architectural Education*, vol. 46, n° 1, septembre 1992, p. 51-55.

Benton Charlotte, « Eileen Gray, Peter Adam », *Journal of Design History*, vol. 5, n° 4, 1992, p. 308-310.

Locatelli Massimiliano, « Armonia e Genialita », *Ottagono*, Milan, 1992, n° 104, p. 149-150.

Sweet Fay, « Gray Matter. Exhibition at the Design Museum », *Design Week*, n° 7, 1992, p. 12-13.

« Reinventing Eileen Gray », *Design Review*, Londres, n° 4, 1992, p. 12.

Colomina Beatriz, « War on Architecture : E 1027, House Designed by Eileen Gray at Cap-Martin », *Assemblage*, numéro spécial de la revue *Violence, Space*, n° 20, avril 1993, Cambridge (Mass.), Londres, The MIT Press, p. 6-93.

Benton Charlotte, « Peter Adam, Eileen Gray, 1879-1976 : architecture/design & Brigitte Loye, Eileen Gray architecture design », *Journal of the Society of Architectural Historians*, vol. 52, n° 2, juin 1993, p. 239-240.

Irvine Alan, « Eileen Gray : designer and architect by Philippe Garner », *RSA Journal*, vol. 141, n° 5444, novembre 1993, p. 835-836.

Wolinski Natacha, « Les joyaux de l'héritage Doucet », *Beaux-Arts magazine*, n° 151, décembre 1993, p. 91-95.

Constant Caroline, « E 1027 : The Nonheroic Modernism of Eileen Gray », *Journal of the Society of Architectural Historians*, vol. 53, n° 3, septembre 1994, p. 265-279.

Colomina Beatriz, « Battle Lines : E 1027 », *Texte zur Kunst*, vol. 4, n° 16, novembre 1994, p. 104-117 ; republié dans *A Journal for Architecture in America*, vol. 9 : *Regarding the Proper*, printemps 1995, p. 22-31 ; repris dans Francesca Hughes, *The Architect : Reconstructing Her Practice*, Cambridge (Mass.), The MIT Press, 1996 ; trad. française : Beatriz Colomina, « Lignes de bataille : E 1027 », *L'Architecture en question. Revue d'esthétique*, n° 29, janvier 1996.

« Le Corbusier. Bilder im Cabanon », *Bauwelt*, vol. 87, n° 1-2, 12 janvier 1996, p. 80.

Hecker Stefan, Müller Christian F., « Virtuelle Realiteit en Monumentenzorg : Maison en bord de mer van Eileen Gray », *Archis*, n° 6, juin 1996, p. 37-41.

Monnier Gérard, « Figures du monde de l'art à Paris : Eileen Gray, Charlotte Perriand, Jeanne Bucher », *French Cultural Studies*, vol. 7, n° 20, juin 1996, p. 141-147.

« Eileen Gray (1878-1976) », *L'Architecture d'aujourd'hui*, n° 307, octobre 1996, p. 14.

Dawson Layla, « Gray Eminence », *Building Design*, n° 1284, novembre 1996, p. 16.

O'Beirne Tomas, « Eileen Gray's House in Southern France », *Irish Architect*, n° 122, novembre 1996, p. 9-10.

Santifaller Enrico, « Eigenwillige Einzelgängerin : Eileen Gray Ausstellung im DAM », *Baumeister*, vol. 93, n° 11, novembre 1996, p. 9.

Tietenberg Annette, « Eileen Gray », *Bauwelt*, vol. 87, n° 42, novembre 1996.

« Abseits vom Purismus der Zeit », *Deutsche Bauzeitung*, vol. 130, n° 11, novembre 1996, p. 30.

Ryan Daniel, « The Non-Conformist », *Circa*, hiver 1996, p. 45-47.

Benton Charlotte, « Eileen Gray : Designer and Architect, by Philippe Garner », *Journal of Design History*, vol. 9, n° 1, 1996, p. 71-72.

Constant Caroline, « Eileen Gray. Architecture and the Politics of Leisure », dans Alexander von Hoffman, *Form, Modernism, and History. Essays in Honor of Eduard F. Sekler*, Cambridge (Mass.), Harvard University Press, 1996, p. 81-94.

Huther Christian, « Eileen Gray », *Weltkunst*, vol. 66, n° 20, 1996, p. 24-47.

Krause Cornelia, « Eileen Gray in Frankfurt », *DB*, n° 11, 1996.

Lavin Sylvia, « Colomina's Web : Reply to Beatriz Colomina », dans Diana Agrest, Patricia Conway et Leslie Kanes Weisman (éds), *The Sex of Architecture*, New York, Harry N. Abrams, 1996, p. 188.

« Eileen Gray. Eine Architektur für alle Sinne im DAM, Frankfurt », *Bauwelt*, n° 42, 1996.

O'Keeffe Linda, « Quick Change Artistry. Redressing the Icons », *Metropolitan Home*, vol. 29, n° 2, mars-avril 1997, p. 142-145.

Franke Rainer, « Pourquoi ne construisez-vous pas ? Chronology of the Villa E 1027 by Eileen Gray and Jean Badovici », dans Eigener Herd, *Die heimliche Renaissance des Einfamilienhauses*, numéro spécial, *Baumeister*, vol. 94, n° 6, juin 1997, p. 62-67.

Crane Sheila R., « Reading The Sex of Architecture. Reexamining Inherited Ideologies », *Chicago Art Journal*, vol. 7, n° 1, printemps 1997, p. 54-58.

Alazetta Pascale, Lauriol Jean-Luc, *Détails*, Montpellier, École d'Architecture de Languedoc-Roussillon (EA), 1997, 2 vol. (99 p. et 45 p.).

Sirefman Susanna, « Preserving Gray Matter », *Architecture*, vol. 88, n° 5, mai 1999, p. 43.

Cohen David, « Graham Sutherland. Antibes », *The Burlington Magazine*, vol. 140, n° 1147, octobre 1998, p. 709-710.

Poussange Sophie, Dumont Marie-Jeanne, *E 1027. Monographie*, Paris, École d'architecture de Paris-Belleville, 1998, 2 t. (85 p. et n. p.).

Brisby Claire, « Jacques Doucet and the Patronage of Art Deco », *Apollo*, vol. 149, n° 447, mai 1999, p. 31-39.

Casciato Maristella, Mattogno Claudia, « Les femmes et l'architecture, une histoire à écrire », *Architecture intérieure. Créé*, Nancy, n° 291, 1999, p. 36-41.

Walker Dorothy, « L'art de vivre. The designs of Eileen Gray (1878-1976) », *Irish Arts Review Yearbook*, vol. 15, 1999, p. 118-125.

Sirefman Susanna, « French Government Purchases E 1027. Architects : Eileen Gray & Jean Badovici », *Architecture*, vol. 89, n° 1, janvier 2000, p. 30.

Gervais Julien, Elalouf David, *Du réalisme de trois villas d'Eileen Gray, de Pierre Chareau et de Paul Nelson au logement collectif social d'aujourd'hui*, Paris, École d'architecture de Paris-Villemin, septembre 2000, 65 p.

Bilas Charles, « La Modernité architecturale sous bénéfice d'inventaire », *L'Architecture d'aujourd'hui*, n° 331, décembre 2000, p. 36-43.

Faton-Boyancé Jeanne, « Eileen Gray, virtuose du laque », *L'Estampille. L'Objet d'art*, n° 353, décembre 2000, p. 38-49.

Maattaa Jennifer L., « Japanese and Chinese Influences on Art Deco Furniture », *Athanor*, vol. 18, 2000, p. 63-64.

Leigh Brown Patricia, Sirkin Lewis Sally, « Molding the Spareness of Eileen Gray with the Adventurousness of Jean-Michel Frank », *Architectural Digest*, vol. 58, n° 1, janvier 2001, p. 164-169.

Busuttil Stéphanie, « Passion design : chez Peyroulet », *Connaissance des arts*, 2001.

« Barbara Kenny. Eileen Gray Exhibition », *OBAIR. A bi-annual newsletter from the Office of Public Works*, janvier 2002, p. 15-20.

Dovey Kirsten, « Mellem Art Deco og funktionalisme », *Arkitekten*, vol. 104, n° 5, mars 2002, p. 14-17.

Ryan Raymund, « The Rehibernicisation of Miss Eileen Gray », *Irish Architect*, n° 176, avril 2002, p. 51-52.

Dal Co Francesco, « Solo una baracca di legno? Il cabanon di Le Corbusier », *Casabella*, vol. 66, n° 706-707, décembre 2002-janvier 2003, p. 19-29.

Gatier Pierre-Antoine, « La villa E 1027 et son jardin, Roquebrune-Cap-Martin, Alpes-Maritimes », *Monumental. Revue scientifique et technique de la sous-direction des monuments historiques*, Paris, Direction générale du patrimoine, 2002, p. 194-199.

Grawe Isabelle Diana, « Unité et diversité. Ein imaginäre Dialog zwischen Eileen Gray und Marcel Breuer über Innenräume », dans Isabelle Ewig, Thomas W. Gaehtgens, Matthias Noell, *Das Bauhaus und Frankreich / Le Bauhaus et la France. 1919-1940*, Berlin, Akademie Verlag, 2002, p. 117-139.

Marrey Bernard, « Trois villas du xxe siècle sur la Côte », *Monumental. Revue scientifique et technique de la sous-direction des monuments historiques*, Paris, Direction du patrimoine, 2002, p. 192-199.

Texier Simon, Freigang Christian, « Jean Badovici et *L'Architecture vivante* », dans Isabelle Ewig, Thomas W. Gaehtgens, Matthias Noell, *Das Bauhaus und Frankreich / Le Bauhaus et la France. 1919-1940*, Berlin, Akademie Verlag, 2002, p. 366-378.

Threuter Christina, « Le Corbusier und die phantasmatischen Räume der Oda-Liske E 1027 », dans Viktoria Schmidt-Linsenhoff (éd.), *Postkolonialismus*, numéro spécial de la revue *Kunst und Politik. Jahrbuch der Guernica-Gesellschaft*, vol. 4, Göttingen, Guernica-Gesellschaft / V & R Unipress, 2002, p. 49-62.

Barrès Renaud, « Eileen Gray, de Caroline Constant », *L'Architecture d'aujourd'hui*, n° 346, mai-juin 2003, p. 2.

Finessi Beppe, « Eileen Gray a Roquebrune. E 1027, maison en bord de mer (1926-1929) », *Abitare*, n° 430, juillet-août 2003, p. 62-67.

Cinqualbre Olivier, Constant Caroline, « Eileen Gray », *Cahiers du Musée national d'art moderne*, n° 85, automne 2003, p. 129-131.

Barrès Renaud, « E 1027, Roquebrune-Cap-Martin, France, 1926-29 », *Lotus International*, n° 119, décembre 2003, p. 120-135.

Nicolin Pierluigi, « La sindrome di Roquebrune. Roquebrune-Cap-Martin. Le Corbusier versus Eileen Gray », *Lotus International*, n° 119, décembre 2003, p. 106-119.

Walker Lynne, « Architecture and Reputation. Eileen Gray, Gender and Modernism », dans Brenda Martin, Penny Sparke, *Women's Places. Architecture and Design 1860-1960*, Londres, Routledge, 2003.

Ballard Michael, « The Poetry of Simple Geometry. A Model of Eileen Gray's E 1027 », *Perspective. The Journal of the Royal Society of Ulster Architects*, vol. 13, n° 1, janvier-février 2004, p. 28-31.

Flynn Tom, « Prunella Clough », *Art Review*, vol. 55, février 2004.

Flouquet Sophie, « Villa Eileen Gray, à quand la restauration ?, *L'Œil*, n° 557, avril 2004, p. 16.

Goff Jennifer, « Eileen Gray. E 1027 », *Architecture Ireland*, n° 200, septembre 2004, p. 78-79.

Wuilmot Éric, « Le *Transat* d'Eileen Gray », *À vivre*, n° 20, septembre-octobre 2004, p. 18-21.

Kaukas Havenhand Lucinda, « A View from the Margin. Interior Design », *Design Issues*, vol. 4, n° 20, automne 2004, p. 32-42.

Köhler Bettina, « Licht im Haus. Phöbus Apollon! Selene! Kerze! Glüh-Birne! Neon-Röhren! », *Werk, Bauen + Wohnen*, n° 12, 2004, p. 38-44.

Bonnevier Katarina, « Eileen Gray-koden dechiffrerad », *Arkitektur. The Swedish Review of Architecture*, vol. 105, n° 1, février 2005, p. 28-39.

Rault Jasmine, « Occupying E 1027. Reconsidering Le Corbusier's "Gift" to Eileen Gray », *Space and Culture*, n° 8, mai 2005, p. 160-179.

Aengenendt Luise, « Die Sirenen der Eileen Gray », *Weltkunst*, vol. 75, n° 6, juin 2005, p. 114-115.

Powers Alan, « How to be Chic », *Country Life*, vol. 199, n° 38, 22 septembre 2005, p. 107.

Croft Catherine, « Gray areas remain unexplored », *Building Design*, n° 1691, 23 septembre 2005, p. 20.

Sutherland Lyall, « Exhibition. Eileen Gray at the Design Museum », *Architects' Journal*, vol. 222, n° 11, 29 septembre 2005, p. 68-69.

Buxton Pamela, « Only Shades of Gray », *Blueprint*, n° 236, novembre 2005, p. 107.

Agboton Guy-Claude, « Eileen Gray, archi autodidacte », *IDEAT*, n° 41, décembre 2005, p. 128-129.

Bonnevier Katarina, « A Queer Analysis of Eileen Gray E 1027 », dans Hilde Heynen et Gülsüm Baydar (éds), *Negotiating Domesticity. Spatial Production of Gender in Modern Architecture*, Londres, New York, Routledge, 2005, p. 162-180.

Kawakami Hinako, « Sugawara Seiko no Rirek ni Kansuru Chousa-Shiryo », *Shukugawa Gakuin College*, n° 34, *Research Bulletin* (réimp.), mars 2006.

Bloch-Champfort Guy, Herman Didier, « Vacances à Roquebrune », *Connaissance des arts*, n° 649, mai 2007, p. 114-119.

Maulmin Valérie de, « Inédits d'Eileen Gray », *Connaissance des arts*, n° 654, novembre 2007, p. 148.

« Villa E 1027, rivive per l'architettura », *Arca*, n° 230, novembre 2007, p. 87.

Adam Peter, « Gouaches et collages d'Eileen Gray », *L'Objet d'art*, n° 430, décembre 2007, p. 66.

Honoré Vincent, « Space, Time, and a House by the Sea », *Circa*, nº 122, hiver 2007, p. 34-38.

Starr Ruth, « Eileen Gray : a Child of Japonism ? », *Artefact*, Dublin, nº 1, 2007.

Corty Axelle, « Eileen Gray, prophète du modernisme », *Connaissance des arts*, nº 658, mars 2008, p. 102-107.

Constant Caroline, « Eileen Gray : Designer and Architect, by Jörg Bundschuh, Cathal O'Shannon (film review) », *Journal of the Society of Architectural Historians*, vol. 67, nº 2, juin 2008, p. 306-330.

Bousteau Fabrice, « Entretien avec Cheska Vallois. La grande prêtresse de l'Art déco », *Beaux-Arts magazine*, nº 291, septembre 2008, p. 94-95.

« Techniques mixtes pour réhabiliter la villa d'Eileen Gray », *Les Cahiers techniques du bâtiment*, nº 285, février 2009, p. 16-21.

Nydal Anja-Karina, « Anja-Karina Nydal on Beatriz Colomina's obsession with the house that Corb broke », *Architects' Journal*, vol. 229, nº 12, 2 avril 2009, p. 49.

Rykwert Joseph, « Eileen Gray was the designer behind one of modernism's iconic buildings. She waited years to receive proper recognition. Giving credit where it is due is vitally important », *Architects' Journal*, vol. 229, nº 14, 23 avril 2009, p. 18.

Goff Jennifer, « In Search of Eileen Gray », *Apollo*, vol. 170, nº 568, septembre 2009, p. 56-61.

Crochet Alexandre, « Eileen Gray : icône absolue du design du XXe siècle ? » *Beaux-Arts magazine*, nº 304, octobre 2009, p. 48-51.

Goven François, Gatier Pierre-Antoine, Vallet Jean-Marc « La villa E 1027, Roquebrune-Cap-Martin, Alpes-Maritimes », *Monumental*, nº 2, 2009, p. 14-19.

Pantalacci Lena, *Lou Pérou. Fonctionnalisme critique ou régionalisme critique*, École nationale supérieure d'architecture de Marseille, séminaire d'histoire du projet, 2009.

Benton Tim, « Restaurer E 1027, la maison en bord de mer », *Archiscopie*, nº 95, mai 2010, p. 21-22.

Ryan Daniel J., « Sunshine and Shade in the Architecture of Eileen Gray », *Architectural Science Review*, vol. 53, nº 3, août 2010, p. 340-347.

Ryan Isadore, « Patrick D'Arcy and Eileen Gray », *History Ireland*, vol. 18, nº 6, novembre-décembre 2010, p. 14-15.

Boyer Marie-France, « Souvenirs of a Pioneer [Eileen Gray] », *World of Interiors*, vol. 30, nº 12, décembre 2010, p. 154-159.

Koering Élise, « Eileen Gray et les arts décoratifs : un autre regard », *FabricA. Travaux d'histoire culturelle et sociale de l'architecture et des formes urbaines*, nº 4, décembre 2010, p. 114-143.

Jones Edward, « Spirits of an Age. Original Architect : Eileen Gray », *Architecture Today*, nº 216, mars 2011, p. 10.

A. M., « Eileen Grays Tisch E 1027 », *Weltkunst*, vol. 81, nº 9, septembre 2011, p. 29.

Boyer Marie-France, « Shades of Gray », *World of Interiors*, vol. 31, nº 5, mai 2011, p. 208-217.

Espegel Alonso Carmen, Movilla Vega Daniel, « E 1027 : Maison en bord de mer. Theoretical Restoration », *Criterios de intervención en el patrimonio arquitectonico del siglo XX*, nº 301, juin 2011, p. 301-309.

Polan Judy, « Eileen Gray. From Shadow to Light », *Modernism*, vol. 14, nº 1, printemps 2011, p. 42-51.

McBrinn Joseph, « Review. Jasmine Rault's Eileen Gray and the Design of Sapphic Modernity : Staying In », *Irish Arts Review*, vol. 28, nº 3, septembre 2011, p. 134.

4. Textes de Jean Badovici et Eileen Gray

Gray Eileen et Badovici Jean, « De l'éclectisme au doute », *E 1027. Maison en bord de mer*, numéro spécial de *L'Architecture vivante*, Paris, Éd. Albert Morancé, 1929, p. 5-9 [reprise du texte paru dans *L'Architecture vivante*, nº 25-26, automne-hiver 1929, p. 17-21] ; rééd. : Gray Eileen et Badovici Jean, *"De l'éclectisme au doute", suivi de "La beauté du geste" de Michel Raynaud*, Paris, Altamira, 1994, 29 p. ; Marseille, Éd. Imbernon, 2006, préfacée par Jean-Paul Rayon, Jean-Lucien Bonillo, Pierre-Antoine Gatier.

Gray Eileen et Badovici Jean, « Description », *E 1027. Maison en bord de mer*, numéro spécial de *L'Architecture vivante*, Paris, Éd. Albert Morancé, 1929, p. 10-26 [reprise du texte paru dans *L'Architecture vivante*, nº 25-26, automne-hiver 1929, p. 23-38].

Gray Eileen et Badovici Jean, « La maison minimum », *L'Architecture d'aujourd'hui*, vol. 1, nº 1, novembre 1930, p. 64-67.

5. Écrits de Jean Badovici et publications parues sous sa direction aux Éditions Albert Morancé, Paris*

** Sauf mention contraire*

L'Architecture vivante, nº 1, automne 1923 : « Entretiens sur l'architecture vivante », p. 11-20.

L'Architecture vivante, nº 2, hiver 1923 : « En Hollande, H.-P. Berlage », p. 21-25 [avec introduction de J. Badovici, p. 21-23 et extraits de la conférence donnée par H.-P. Berlage à la Sorbonne le 27 novembre 1923, p. 23-25] ; « En Autriche, l'architecture et le style moderne », p. 26-34 [avec introduction de J. Badovici, p. 26-27, et extraits de l'étude « L'architecture et le style moderne » d'Adolf Loos, p. 27-34] ; « Entretiens sur l'architecture vivante », p. 35-38.

Maisons de rapport de Charles Plumet, présentées par Jean Badovici, architecte, Paris, Éd. Albert Morancé, collection « Documents d'architecture. Art français contemporain », 1923, 60 pl.

L'Architecture vivante, nº 3, printemps 1924 : « Constatations » par A. Georges et J. Badovici, p. 7-13 ; « Entretiens sur l'architecture vivante », p. 14-20.

L'Architecture vivante, nº 4, été 1924 : « Entretiens sur l'architecture vivante », p. 26-34.

« L'art d'Eileen Gray », *Eileen Gray. Meubelen en intérieurs*, numéro spécial entièrement consacré à Eileen Gray de la revue *Wendingen*, 6e série, nº 6, Amsterdam, Wendingen, 1924, p. 12-15.

L'Architecture vivante, nº 5, automne 1924 : « Entretiens sur l'architecture vivante », p. 7-16.

L'Architecture vivante, nº 6, hiver 1924 : « L'espace et le temps d'après Henri Poincaré », p. 17-20 ; « Entretiens sur l'architecture vivante », p. 23-30 ; « Eileen Gray », p. 27-28 et pl. 36.

Intérieurs de Süe et Mare, présentés par Jean Badovici, architecte, illustrés par Paul Véra, Paris, Éd. Albert Morancé, collection « Documents d'architecture. Art français contemporain », mars 1924 : « Études : dialogue », p. 7-10 ; « Süe et Mare, architectes-décorateurs », p. 12-15, et 50 pl.

"Harmonies", intérieurs de Ruhlmann, présentés par Jean Badovici, architecte, Paris, Éd. Albert Morancé, collection « Documents d'architecture. Art français contemporain », 1924 : « Études : dialogue », p. 5-9 ; « J.E. Ruhlmann », p. 10-14, et 40 pl.

L'Architecture vivante, n° 7, printemps 1925 : « Entretiens sur l'architecture vivante », p. 10-16.

La Maison d'aujourd'hui. Maisons individuelles, première série présentée par Jean Badovici, architecte, Paris, Éd. Albert Morancé, collection « Documents d'architecture. Art français contemporain », 1925 : « La maison à travers les âges » [texte de présentation], p. 5-6, ill. p. 7-9 ; « La maison d'aujourd'hui », p. 11-18, ill. p. 10 et 19, et 50 pl.

Intérieurs français, nos décorateurs, présentés par Jean Badovici, architecte, Paris, Éd. Albert Morancé, collection « Documents d'architecture. Art français contemporain », 1925 : « Nos décorateurs » [texte de présentation], p. 12-16 ; citation d'Eileen Gray, p. 13-14.

L'Architecture vivante, n° 8, été 1925 : « A. et G. Perret », p. 17-23 ; « Entretiens sur l'architecture vivante », p. 24-28.

« Le théâtre à l'Exposition internationale des arts décoratifs de 1925 », *L'Œuvre*, Paris, Éd. Albert Morancé, 4e époque, 32e année, fascicule n° 75, printemps-été 1925, p. 76-77, ill. p. 21.

L'Architecture vivante, n° 9, automne 1925 : « Les constructivistes », p. 5-10.

L'Architecture vivante, n° 10, hiver 1925 : « Entretiens sur l'architecture vivante », p. 27-34.

« La maison d'aujourd'hui », par Jean Badovici, dans Christian Zervos (dir.), *Cahiers d'art*, n° 1, janvier 1926 : p. 12, ill. p. 12-13.

« F. L. Wright », par Jean Badovici, dans Christian Zervos (dir.), *Cahiers d'art*, n° 2, février 1926 : p. 30-33, 6 ill.

L'Architecture vivante, n° 11, printemps 1926 : « Le mouvement constructif russe », p. 7-11 ; « Entretiens sur l'architecture vivante », p. 12-19.

L'Architecture vivante, n° 12, été 1926 : « L'école d'Amsterdam », p. 21-26.

L'Architecture vivante, n° 13, automne 1926 : « Rétrospective », p. 5-7.

L'Architecture vivante, n° 14, hiver 1926 : « L'architecture utilitaire », p. 17-24.

Grandes Constructions. I – Béton armé, acier et verre, Paris, Éd. Albert Morancé, collection « Documents d'architecture. Art français contemporain », vers 1927 : texte de présentation de Jean Badovici, architecte ; « Le béton armé », 40 p. avec plans dans le texte et 54 pl.

L'Architecture vivante, n° 17, automne 1927 : « Le palais de la Société des nations », p. 33.

Œuvre complète de Le Corbusier et P. Jeanneret, numéro spécial de *L'Architecture vivante* [reprise du texte paru dans le numéro d'automne 1927 de *L'Architecture vivante*, avec une couverture particulière], série 1, Paris, Éd. Albert Morancé, 42 p. de texte et 25 pl.

Jean Badovici, « Qui bâtira le palais des Nations à Genève. Étude-manifeste de *Cahiers d'art* en faveur d'un projet moderne », dans Christian Zervos (dir.), *Cahiers d'art*, décembre 1927, p. 1-16 [reprise p. 16 d'un extrait de *L'Architecture vivante*, automne-hiver 1927, signé Jean Badovici].

L'Architecture vivante en Hollande, numéro spécial de *L'Architecture vivante*, série 1, Paris, Éd. Albert Morancé, 1927 : « Mondrian, Theo Van Doesburg, A. Loos... », par Jean Badovici, et 50 pl.

L'Architecture vivante, n° 19, printemps 1928 : « À propos de Stuttgart », p. 5-8.

L'Architecture vivante en Allemagne. La cité du Weissenhof à Stuttgart, numéro spécial de *L'Architecture vivante*, série 1, Paris, Éd. Albert Morancé, s. d. ; 54 p. : textes de J. Badovici, Le Corbusier et S. Giedion, et 50 pl. [reprise des numéros 19 et 20 de printemps-été 1928 avec une couverture particulière].

L'Architecture vivante, n° 21, automne 1928 : « À Francfort », p. 5-7.

L'Architecture vivante, n° 22, hiver 1928 : « Le problème du toit », p. 20-23.

L'Architecture vivante, n° 23, printemps 1929 : « Juin 1928 », p. 5-7.

L'Architecture vivante, n° 24, été 1929 : « Réalisations et projets [de Le Corbusier et P. Jeanneret] », p. 25-33.

Œuvre complète de Le Corbusier et P. Jeanneret, numéro spécial de *L'Architecture vivante*, série 2, Paris, Éd. Albert Morancé, 48 p. de texte et 50 pl. [reprise des numéros 23 et 24 de printemps-été 1929 avec une couverture particulière].

L'Architecture vivante, n° 25-26, automne-hiver 1929 : « Les maisons métalliques en Allemagne », p. 5-13 ; « De l'éclectisme au doute [dialogue] » par Eileen Gray et Jean Badovici, p. 17-21 et « Description », p. 23-38.

E 1027. Maison en bord de mer, par Eileen Gray et Jean Badovici, numéro spécial de *L'Architecture vivante*, Paris, Éd. Albert Morancé, 1929, 28 p. et 34 pl. [reprise du numéro de l'automne-hiver 1929 avec une couverture particulière].

L'Architecture vivante en Allemagne. Les maisons métalliques en Allemagne, numéro spécial de *L'Architecture vivante*, série 2, Paris, Éd. Albert Morancé, 1929 : texte de J. Badovici, 18 p., et 25 pl. [reprise du numéro d'automne 1929 avec une couverture particulière].

Œuvre complète de Le Corbusier et P. Jeanneret, numéro spécial de *L'Architecture vivante*, série 3, Paris, Éd. Albert Morancé, 1930, 52 p. de texte et 25 pl. [reprise de la publication du numéro de printemps 1930 avec une couverture particulière].

L'Architecture vivante, n° 28, été 1930 : « Frank Lloyd Wright », p. 49-51.

Frank Lloyd Wright, architecte américain, numéro spécial de *L'Architecture vivante*, Paris, Éd. Albert Morancé, s. d., 32 p. de texte et 25 pl. [reprise du numéro de l'été 1930 avec une couverture particulière].

L'Architecture vivante, n° 29-30, automne-hiver 1930 : « Le moment architectural en URSS », p. 5-10.

L'Architecture russe en URSS, numéro spécial de *L'Architecture vivante*, série 2, Paris, Éd. Albert Morancé, s. d. : texte de J. Badovici, 32 p. de texte et 50 pl. [reprise de la publication des numéros d'automne-hiver 1930 avec une couverture particulière].

L'Architecture vivante, n° 31, printemps 1931 : « E. Freyssinet », p. 5-7.

Grandes Constructions, par E. Freyssinet, numéro spécial de *L'Architecture vivante*, série 2, Paris, Éd. Albert Morancé, s. d., 20 p. de texte et 25 pl. : « Le Freyssinet » par J. Badovici, p. 5-7 ; « Les ponts en béton armé de très grande portée », par E. Freyssinet, p. 12-14 [reprise du numéro de printemps 1931 avec une couverture particulière].

Œuvre complète de Le Corbusier et P. Jeanneret, numéro spécial de *L'Architecture vivante*, série 4, Paris, Éd. Albert Morancé, 1931, 32 p. de texte et 25 pl. [reprise de la publication du numéro de l'été 1931 avec une couverture particulière].

L'Architecture vivante, n° 33, automne 1931 : « L'architecture en Allemagne », p. 5-9.

L'Architecture vivante, n° 34, hiver 1931 : « L'Exposition internationale du bâtiment à Berlin, 1931 », p. 21 *sq.*

L'Architecture vivante en Allemagne. L'architecture en Allemagne, l'Exposition internationale du bâtiment, à Berlin, 1931, numéro spécial de *L'Architecture vivante*, série 3, Paris, Éd. Albert Morancé, s. d., 38 p., textes de Jean Badovici et 50 pl. [reprise des numéros 33 et 34 d'automne-hiver 1931 avec une couverture particulière].

L'Architecture vivante, n° 35-36, printemps-été 1932 : « Tony Garnier », texte d'Albert Morancé et Jean Badovici, p. 5-7.

Œuvre complète de Le Corbusier et P. Jeanneret, numéro spécial de *L'Architecture vivante,* série 5, Paris, Éd. Albert Morancé, 1932, 25 pl.

L'Œuvre complète de Tony Garnier, numéro spécial de *L'Architecture vivante*, Paris, Éd. Albert Morancé, s. d., 36 p. et 50 pl. [reprise des numéros de printemps-été 1932 avec une couverture particulière].

L'Architecture vivante, n° 38, hiver 1932 : « Erich Mendelsohn », p. 33-34.

L'Architecture vivante en Allemagne. Erich Mendelsohn, numéro spécial de *L'Architecture vivante*, série 4, Paris, Éd. Albert Morancé, s. d., 22 p. : texte de Jean Badovici et 25 pl. [reprise du numéro de l'hiver 1932 avec une couverture particulière].

L'Architecture vivante, n° 40, été 1933 : « Le moment héroïque de l'architecture moderne en URSS », p. 21-22.

L'Architecture vivante, n° 41, automne 1933 : « L'architecture hospitalière », p. 5.

Hôpitaux, sanatoria, cliniques, maisons de santé, maisons de retraite. Programme et solutions techniques de la construction hospitalière, numéro spécial de *L'Architecture vivante*, Paris, Éd. Albert Morancé, vers 1933, 32 p. de texte et 25 pl. [reprise du n° 41 d'automne 1933 avec une couverture particulière].

L'Architecture vivante, n° 42, hiver 1933 : « Troisième projet d'urbanisation d'Alger », p. 40 ; « Urbanisation de la rive gauche de l'Escaut, à Anvers », p. 57-58.

Œuvre complète de Le Corbusier et P. Jeanneret, numéro spécial de *L'Architecture vivante*, série 6, Paris, Éd. Albert Morancé, 1933 : texte de J. Badovici et Le Corbusier, et 24 pl.

L'Architecture vivante en Hollande, numéro spécial de *L'Architecture vivante*, série 2, Paris, Éd. Albert Morancé, 1933 : texte de J. J. P. Oud, et 25 pl.

Œuvre complète de Le Corbusier et P. Jeanneret, numéro spécial de *L'Architecture vivante*, série 7, Paris, Éd. Albert Morancé, 1934 : texte de Le Corbusier et 27 pl.

Deux Études de Paul Nelson. Maison de santé et pavillon de chirurgie, numéro spécial de *L'Architecture vivante*, Paris, Éd. Albert Morancé, 1936, 32 p. de texte et 25 pl.

L'Architecture d'aujourd'hui, n° 3, mars 1937 : « Peinture murale ou peinture spatiale ("le mur a crevé") », par Jean Badovici, p. 75-78 ; ill. : Le Corbusier, F. Léger, cathédrale de Torcello.

« Parijsche Tentoonstellingen 1937 » [sur l'exposition de 1937], *De Bouwkunst. Elsevier's. Jaargang 47, Deel 94*, Amsterdam, Elsevier, juillet-décembre 1937, p. 84-88.

Le Corbusier. Œuvre plastique, numéro spécial de *L'Architecture vivante*, série 8, Paris, Éd. Albert Morancé, vers 1937 : avant-propos de Jean Badovici : « Peintures, dessins et architecture », 28 p. de texte illustrées de 36 dessins ou croquis, de 4 dessins hors-texte, et 36 pl.

Encyclopédie de l'architecture, t. 11, Paris, Éd. Albert Morancé, 1938 : « Architecture de fêtes » ; « Arts et Techniques, Paris 1937 » ; introduction de Jean Badovici : « Une constatation, une orientation, une sélection », p. 1-2, 32 pl. [photographies de Hugo-Paul Herdeg].

La Maison suspendue. Recherche de Paul Nelson, numéro spécial de *L'Architecture vivante*, Paris, Éd. Albert Morancé, 1939 : « La maison suspendue » [texte de présentation de Paul Nelson], 18 p. de texte et 14 pl.

L'Architecture vivante en Grèce. Panos N. Dzélépy. Villages d'enfants, numéro spécial de *L'Architecture vivante*, Paris, Éd. Albert Morancé, [1949] : avant-propos du docteur Robert-Frédéric Bridgman, introduction de Jean Badovici, textes de Panos N. Dzélépy, 20 p. de texte et 64 pl.

6. Films

Sans titre, 1936, film 16 mm réalisé par Le Corbusier sur la villa *E 1027*; © Fondation Le Corbusier / Adagp / 2013.

Lacquer Lust : Eileen Gray, 1975, émission télévisée *Aquarius*, réalisée par Derek Bailey [entretien d'Eileen Gray avec Bernard Dunand] ; production LWT ; © ITN Source / ITV Studios. Sous-titrage : Softitrage. Courtesy Derek Bailey.

Eileen Gray. Invitation to a Voyage, 2006, film réalisé par Jörg Bundschuh, DVD, 52 min. ; coproduction : Kick Film GmbH (http://www.kickfilm.de) avec Brian Walsh (RTE) et Marijke Huijbregts (AVRO).

Eileen Gray. Designer and Architect, 2007, film réalisé par Jörg Bundschuh et Cathal O'Shannon, DVD, 52 min. ; production : First Run / Icarus Films.

La Table E 1027 d'Eileen Gray, 2012, film réalisé par Danielle Schirman, format HD 16/9, 26 min., collection « Design » ; coproduction Steamboat Films / Arte France / Centre Pompidou / Lobster Films.

Crédits photographiques

Agence P.-A. Gatier : p. 99, 101
Jean-François Archieri : p. 91
Archives de Paris : p. 60
Archives Galerie Gilles Peyroulet, Paris : p. 57, 58, 69 b., 74 h., 75 h., 100, 108, 139 h.
Artcurial-Briest-Poulain-F. Tajan/S. Briolant : p. 170
Christian Baraja, Studio SLB : p. 17, 150, 157, 166 g., 172, 177
BHVP/Roger-Viollet : p. 59
Bibliothèque Marguerite Durand/Roger-Viollet : p. 61
Thérèse Bonney/BHVP/Roger-Viollet : p. 102
Bristol Museums, Galleries & Archives : p. 204
Centre Pompidou, Bibliothèque Kandinsky, Paris. Fonds Eileen Gray [Guy Carrard] : p. 21, 24-25, 26 h., 27 h., 28, 40 milieu, 50, 56 g., 57 g., 63 milieu, 68, 69 h., 70, 71, 73, 74 b., 89 b., 92, 94, 95 b., 96-97, 105 g., 106, 107, 109, 111 h., 112, 117, 124, 126, 129, 133, 134 ; [photo Alan Irvine] 215
Centre Pompidou, Mnam-CCI, Dist. RMN-GP : [Georges Meguerditchian] 184 g. ; [Philippe Migeat] 178 ; [Jean-Claude Planchet] couverture, 173, 175, 176, 183, 185, 187 b. ; [Bertrand Prévost] 135, 162 h. dr., 169, 182, 188 h.
Centre Pompidou [Georges Meguerditchian] 162 h. dr. ; [Bertrand Prévost] 171, 180 b., 188 b., 192 h., 195 ; [Hervé Véronèse] 174 dr.
Christie's Images : p. 20, 33 bas, 184 dr., 186 ; Christie's Images Limited 2013 : p. 159
Courtesy Eileen Gray Archive : p. 15, 35, 46 g., 65, 66 h., 67, 119, 137 h., 141, 196-203, 210, 211
Courtesy Galerie Vallois, Paris : p. 46 dr., 49 g., 153 ; [Arnaud Carpentier] : p. 19, 40 h., 48 h., 56 dr., 145 h., 146, 148-149, 151 h., 152, 154-156, 161 g. ; [Serge Veignant] 160, 163,
Courtesy Jean Lafosse, Paris : p. 48 b.
Patrick Danino : p. 115, 117 b., 180 h., 181, 189, 194
Anthony DeLorenzo : p. 31, 147
Fondation Le Corbusier, Paris : p. 89 h., 120 b.
Freer Gallery of Art, Smithsonian Institution, Washington, D. C. : p. 33 h.
Albert Harlingue / Roger-Viollet : p. 62
Institut national d'histoire de l'art, Bibliothèque : p. 52-54, 86
Les Arts décoratifs : p. 131, 162 g., 174 g.
Louvre Abu Dhabi/Agence Photo F. : p. 33 milieu
Musée Rodin, Paris : p. 37, [Christian Baraja] : 38
Suzanne Nagy : p. 130
National Museum of Ireland, Dublin : p. 14, 44-45, 49 dr., 74 h. g., 76-82, 105 dr., 110, 113, 116, 164, 192 b., 209, [photo George Charles Beresford] 137 b.
Photo Ecl'Art, © Galerie Doria, Paris : p. 95 h., 145 b., 151 milieu et b., 158
Pour Berenice Abbott, © Commerce Graphics Ltd. : 138, 212
Yves Renaudin : p. 88
RIBA Library Drawings and Archives Collections : p. 75 b., 84-85, 123, 127
Daniel James Ryan : p. 120 h.
Smithsonian American Art Museum/Art Resource/Scala, Florence : p. 63 h.
Sotheby's-Art digital Studio : p. 187 h.
Studio Sébert : p. 18, 144
The Museum of Modern Art, New York/Scala, Florence : p. 165, 191
Victoria and Albert Museum, Londres : p. 26 b., 27 b., 34 b., 41, 42, 63 b., 66 b., 118, 121, 139 b., 193
Zarko Vijatovic : p. 167, 179, 190
Virginia Museum of Fine Arts, Richmond [Katherine Wetzel] : p. 161 dr., 168
Yorke Collection, Warburg Institute, University of London : p. 36 milieu
Louisa Young : p. 36 h.
DR : p. 34 h., 93

Pour les œuvres reproduites en quatrième de couverture, voir p. 95, 175 et 187.

Achevé d'imprimer sur les presses de l'imprimerie Deckers Snoeck, Anvers, en janvier 2013